『一带一路』先驱传

丝绸之路的
开拓者：

张骞

的故事

吴兴勇 编著

武汉大学出版社
WUHAN UNIVERSITY PRESS

图书在版编目(CIP)数据

丝绸之路的开拓者:张骞的故事/吴兴勇编著.—武汉:武汉大学出版社,2017.6(2018.10重印)

"一带一路"先驱传

ISBN 978-7-307-19356-7

Ⅰ.丝… Ⅱ.吴… Ⅲ.张骞(?－前114)—生平事迹 Ⅳ.K827＝341

中国版本图书馆 CIP 数据核字(2017)第 119786 号

责任编辑:聂勇军 责任校对:汪欣怡 版式设计:马 佳

出版发行:**武汉大学出版社** (430072 武昌 珞珈山)

(电子邮件:cbs22@whu.edu.cn 网址:www.wdp.com.cn)

印刷:武汉中科兴业印务有限公司

开本:720×1000 1/16 印张:16.25 字数:223千字 插页:1

版次:2017年6月第1版 2018年10月第2次印刷

ISBN 978-7-307-19356-7 定价:35.00元

目　录

第一章　匈奴和古代的西域(中亚) ·················· 1

第一节　古今中外匈奴史研究概况 ··············· 1

第二节　西域的范围及其历史地位 ··············· 3

第二章　汉人和匈奴的战争 ····················· 6

第一节　史学家司马迁最早记述匈奴 ············· 6

第二节　东西两帝国崛起 ····················· 7

第三节　迦太基毁于罗马,罗马又毁于迦太基 ········· 8

第四节　封禅是向匈奴示威 ··················· 10

第五节　备战讨伐匈奴的年代 ················· 11

第六节　汉朝实行新政是为了富国强兵、打击匈奴 ······ 15

第七节　秦皇和汉武的对外政策都是扩张领土和驱逐匈奴 ··· 16

第八节　张骞进入官场,也是从"郎"开始的 ········· 18

第九节　匈奴惧怕的飞将军李广曾和张骞并肩作战 ······ 18

第十节　早期抗击匈奴的史实 ················· 19

第十一节　凭垒固守然后大规模反击匈奴的李牧 ······· 21

第十二节　北击匈奴、完全收复失地的蒙恬 ········· 23

第十三节　冒顿单于和鸣镝 ·················· 24

第十四节　刘邦白登山被匈奴围困 …………………………… 28

第十五节　与匈奴和亲政策的失败 …………………………… 32

第十六节　武帝发兵驱逐匈奴 ………………………………… 33

第三章　史书记载的张骞通西域 ……………………………… 37

第一节　丝绸之路 ……………………………………………… 37

第二节　司马迁笔下的张骞 …………………………………… 38

第三节　班固笔下的张骞 ……………………………………… 46

第四章　现代作家对张骞通西域的描写 ……………………… 57

第一节　城固一少年 …………………………………………… 57

第二节　到西域去 ……………………………………………… 61

第三节　沙漠里的战斗 ………………………………………… 78

第四节　面对匈奴单于 ………………………………………… 86

第五节　囚徒岁月 ……………………………………………… 91

第六节　劳动 …………………………………………………… 97

第七节　逃脱 …………………………………………………… 105

第八节　到了大宛国 …………………………………………… 121

第九节　终于到了大月氏国 …………………………………… 127

第十节　回国 …………………………………………………… 143

第十一节　向汉武帝汇报 ……………………………………… 150

第十二节　带兵出击匈奴 ……………………………………… 160

第十三节　再次出使西域 ……………………………………… 171

第五章　张骞通西域以后的汉匈战争 ………………………… 192

第一节　汉朝彻底击败匈奴 …………………………………… 192

第二节　力战匈奴的三大将 …………………………………… 195

第三节　李广父子离奇死亡 …………………………………… 199

第四节　征服"西南夷" …………………………………… 202

第五节　李陵孤军深入 ……………………………………… 207

第六节　李陵与匈奴单于激战 ……………………………… 209

第七节　李陵兵败原因 ……………………………………… 212

第八节　司马迁为李陵辩护 ………………………………… 214

第九节　李陵全家被杀 ……………………………………… 217

第十节　司马迁受宫刑 ……………………………………… 218

第十一节　《报任安书》申述为李陵辩护的原因 ………… 221

第十二节　武帝的家庭悲剧 ………………………………… 223

第十三节　武帝下"罪己诏" ………………………………… 226

第十四节　匈奴族从中国消失 ……………………………… 227

尾声 …………………………………………………………… 229

附录　班超的故事 …………………………………………… 231

参考书目 ……………………………………………………… 250

第一章
匈奴和古代的西域（中亚）

第一节　古今中外匈奴史研究概况

根据中国古籍，我们知道匈奴民族的确存在过，而匈奴这个名称的存在比这个民族的本身更要长久得多。在真正的匈奴民族灭亡了1500年之后的今天，匈奴这个名称还家喻户晓，中外咸知。但当时许多与匈奴同时存在的邻族的名字，则早已湮没无闻，现在只有历史学家或民族史专家才知道它们的名字。匈奴人在世界史中留下了深刻的痕迹，他们由亚洲向西方迁徙运动，在乌拉尔山附近地区找到了栖身地，他们和乌果尔人融合，组成一个新的民族，欧洲人把他们称为匈人（Huns）。至今为止，"Huns"这个词在所有的欧洲语言中仍然是野蛮人的同义词。这也难怪，因为匈奴人在它存在的一千年的历史中，不但是个建设者，更是个破坏者。

可是，我们的任务不是要对一个长久消失了的民族加以什么褒贬。我们想弄清楚的是，一个人数不多的游牧民族是用什么手段建立一种这样的组合形式和文化类型的，而这种组合形式和文化类型竟容许它在数百年中始终保持独立和独树一帜的风格，直到它遭到彻底失败和完全灭亡为止。

这个民族的力量在哪里？为什么后来它的力量枯竭了？在邻国的眼中，匈奴是些什么人？他们留下些什么后人？如果我们能找到上面所提出的这些问题的答案，就能正确地确定匈奴在人类历史中的地位。

在中国谁首先对匈奴产生学术研究的兴趣，谁对他们的历史源流和民族特征格外关心？中国的"匈奴学"的奠基人应该是公元前 2 世纪的天才史学家、《史记》的作者司马迁。他不仅写下了汉帝国与匈奴作战的历史，而且还提出了一个这样的问题：为什么所向披靡的中国大军不能制服一群游牧的野蛮人？对这个问题，司马迁给予了一个在当时来说十分睿智的答案：中国的地理位置、气候和地形，与西域（中亚）完全不同，因此中国人不可能生活在匈奴的草原上，正如匈奴人不可能生活在中国的农耕土地上一样。所以，降服有另一种地貌的国家、制伏有另一种生活习惯的民族是不可能实现的。

探查历史过程的客观因素是司马迁的分析的合理内核。但是，以后的事实表明，他的地理学方法是站不住脚的。公元前一世纪，匈奴衰弱了，汉帝国在 50 年内成为了西域（中亚）的统治者。司马迁的继承者是天才的历史学家、儒家班固。班固写了历史著作《汉书》，这部书是中国的正史——二十四史中的一部。但他来不及写完这部著作，他是一位失宠的大臣窦宪的心腹，因而受牵连入狱。公元 92 年，他死于狱中。

班固有和当时人不同的看法，汉人总是以合理性的观点来看待征服匈奴人的问题，但班固认为，把异己的文化纳入帝国版图对中国可能是不利的。他认为匈奴人离中国的文化太远了，根本谈不上什么同化的问题。他详细地论证了巩固中国与匈奴的边界的必要性，即使和平时期也应当如此。这位历史学家之所以采取这种偏激的立场，很可能是由于他写这篇文字时，正值汉匈战争打得十分激烈的时候。

令我们感兴趣的第三部书，是范晔于公元五世纪续写的《后汉书》。在这部著作中，他引用了许多今天已经失传了的著作。按他自己的话来说，他对这些资料都"认真挑选过"。他的作品比前面两部书要苍白无力得多，但是，全赖这部书，范晔在历史上才取得很高的地位。后来，他因参加叛乱被判处死刑，即因彭城王义康谋反案受牵连而遭到斩首。

上述三本历史著作构成了东亚匈奴史的基础。

匈奴是一种独立的文化的创造者，当然，他们的文化的发展还不够充分。本节旨在阐明匈奴在全世界的历史地位，再从这里出发，研究匈奴与中华民族和汉帝国的关系。我们想要填补空白的是：除了匈奴与中国的关系外，还要探察匈奴人与草原诸游牧民族的相互关系，甚至探查匈奴人和西方的联系。关于匈奴人和西方的联系，我们在历史资料中找不到直接的证据，但是通过对比与罗列现有的资料，我们可以弄清楚这方面的情况。

第二节　西域的范围及其历史地位

西域（中亚）指什么地方

本节主要论述西域（中亚）的匈奴人，首先论述一下西域（中亚）。

所谓西域（中亚），即欧洲和中国之间的一片大草原，称欧亚草原。美国印第安纳大学西诺尔教授改用"内亚"（Inner Asia）称欧亚草原东部，"中欧亚"（Central Eurasia）称欧亚草原。他所谓的"内亚"正是古代匈奴、突厥和蒙古人活动的领域，而他所谓的"中欧亚"即我们常说的西域（中亚），地域较广，处在中国、东南亚、印度、伊朗、西亚和欧洲诸文明中心的包围之中，或者说处在这些主要文明中心的边缘地区，它主要是草原游牧地区。这个地区在历史上同中国、伊朗、印度、希腊、罗马、西欧，以及欧亚草原的各民族都有着密切的联系。在海路开通以前，西域（中亚）是东西交通和商路必经之地，因而有"文明的十字路口"、"丝绸之路"等美誉。

中国的史料中，如《穆天子传》、《山海经》、《周书》、《庄子》、《国语》、《楚辞》、《管子》、《尚书》、《吕氏春秋》、《战国策》等先秦古籍都提到西域（中亚）的情况。《庄子》一书曾提到一个"穷发"之国，在极北的地方，这指古代的西伯利亚的原始森林地带和西伯利亚草原地带。近代考古证明，在公元前三世纪，那儿存在着铜石并用的文化。

上述史料中最重要的当然要算《穆天子传》。该书于公元三世纪后期在一座战国魏墓中发现，大约是公元前三世纪的作品，书中所述周穆王西行的故事可见于其他史书记载，其所反映的地理情况应是战国时期东西商路的情况。

《穆天子传》说周穆王曾到达"西王母之邦"，拜会了西王母。这个西王母不是凭空产生的，这个神话来自西方。日本学者早已注意到西王母与流行于西亚和地中海沿岸的地母神信仰有联系。

西域（中亚）对于人类文明的贡献

野马的最早豢养，实始于西域（中亚）草原；"马的文化"就是从西域（中亚）地区逐渐传到世界各地的。若干和马有关的事务——如马鞍及较为文明的踏蹬——亦起源于西域（中亚）。

因为养马和骑马，古代西域（中亚）人民不得不废弃当时普遍穿用的宽袍，而发明一种灵便的衣服，也即我们所称的"裤"。最初若干世纪裤的使用仅限于西域（中亚）人民，但后来因骑马的习惯逐渐普及，于是穿裤的习惯，也由西域（中亚）传至世界其他各地。

和骑马有密切关系的又一西域（中亚）产物，是靴，古代几乎遍于各地的屦、履，逐渐为靴所取代。这些原始的靴，或以皮制，或以氈（毡）制，由此又可知，氈（毡）的制造，应亦为西域（中亚）文化特征之一，后来逐渐由此地传到世界各地。在此之后，西域（中亚）

人民又最先发明在靴和鞋上加一后跟的做法。

西域（中亚）在世界文化的互相传播中占有特别重要的地位。近年研究表明，印度及远东的伟大古典文明，并非是完全脱离西方而独立的文化，远在史前时代，近东、欧洲、亚洲和其他各地之间，就已经有文化的传播和流通了。

东、西方文化的互相交流，多数皆经过中央亚细亚，中央亚细亚为西方和东方的中介者，对全人类的文化发展有着重要影响。

希腊的艺术，曾传播到阿富汗北部，并经土耳其而到达中国，使中国的绘画、雕刻和音乐蒙受其影响。

欧洲的家具，如床、桌、椅，经西域（中亚）境内而东传，使中国人的室内环境大为改变。苜蓿和葡萄树也是由波斯经西域（中亚）传入中国的。

印度和中国的交通，多数是不直通的，一般以西域（中亚）为其中介。印度和中国，虽然疆土相连，但其间地形崎岖险阻，使直接往来极端困难。因此两国的交通常绕道西域（中亚）而行。唐僧取经就得经过西域（中亚）。

佛教的传播是由印度经西域（中亚）而进入中国及远东各国的，而使中国人皈依佛教的许多古代僧侣，并非全属印度人，而实为西域（中亚）的土著。这一事实足以说明，何以印度的佛教形式和中国的佛教形式有若干显著的差异。

从远古时代，中国的桃树、杏树就已由西域（中亚）西传到欧洲，其他中国植物如大黄、茶叶，亦备受西方人欢迎。

中国早就因产丝而闻名于古罗马世界。从中国通罗马的伟大丝路，得经过西域（中亚细亚），为求控制这一段道路，曾引发多次战争。

纸是公元2世纪时由中国人所发明，于8世纪传至西域（中亚），为阿拉伯所得。他们复将此秘密传授给欧洲人。纸币也是中国人创造的，于13世纪由蒙古人传至波斯，由此更传至欧洲。印刷术、火药、指南针，都是中国人发明经西域而传入欧洲的。

第二章
汉人和匈奴的战争

第一节　史学家司马迁最早记述匈奴

第一个系统记述匈奴历史的是中国史学家司马迁，在讲述匈奴史以前，先得介绍这位大史学家。他生于汉武帝时代，当时华夏民族的文明史已延续了三千年，并且达到了一个全盛的阶段。司马迁家世代担任史官，掌握了国家的图书资料，只有他们家族才能写出一部全面的三千年的通史，于是，被称为"史家之绝唱"的《史记》诞生了。《史记》中有关于匈奴的最可信的资料。

《史记》是司马谈、司马迁父子共同完成的，司马谈手把手地教导儿子司马迁如何写作历史书，同时让他拜当时最精通《尚书》的孔安国和《春秋》研究家董仲舒为师。司马迁在孔安国和董仲舒的教导下，得以了解《尚书》、《春秋》内容的真谛，和窥见从尧以来直到孔子的两千多年历史的全貌。

司马谈在培养儿子继承他的事业方面可说是用尽了工夫，他筹集资金让儿子到全国各地去游历，俗话说"行万里路，胜读万卷书"，司马迁在年纪很轻的时候，就游遍了中国的名山大川，足迹踏遍了黄河两岸、长江南北，冒险攀登了包括五岳在内的各崇山峻岭，拜访了各地的父老、隐士和氏族长者，从这些人口中他采集了不少史实，由此司马迁很可能采集到有关北方游牧民族，特别是匈奴人的源流的传闻，即匈奴是夏桀的后代，同时他推断华夏族的文明史最早不能以帝尧为上限（《尚书》就只上溯到帝尧），还应上溯到以黄帝为代表的五帝。司马迁断定，华夏民族到汉武帝时，已经有三千年的文明历史。

第二节　东西两帝国崛起

今人已经确定司马迁生于公元前（后简称为"前"）145 年，那么，这一年他的周围发生什么事呢？

公元前 145 年，离现在已十分遥远，但我们知道，当时我们这个星球上有两个超级大国，一个是东方的汉帝国，一个是西方的罗马国。一般读者可能对罗马国不熟悉，这是一个采取共和政体的城邦国家，最高领导人为执政官。它当时正忙着东征西讨，征服希腊半岛上的诸城邦国，罗马文明正在取代希腊文明。接着，罗马又毁灭了北非强国迦太基，成为地中海的霸主，它的历史正进入一个崭新的时代。

罗马有个元老院，院中都是贵族精英。但在新兴的汉帝国中可没有贵族，旧秦国的贵族被项羽通通消灭了，参加反秦起义的旧六国贵族如项梁、项羽、田横、田市、魏豹、范增等在争夺天下过程中或战死，或被杀，或自杀，或流亡，胜利者是一群市井中的平民。到公元前 145 年，汉帝国已经满了 60 年，按旧历计算，是届满了一甲子。而在这短短的 60 年里，在这群风格不高的掌权的下里巴人手中，权力斗争也很激烈。最初是刘邦亲自掌权，将异姓王韩信、彭越、英布等一个个诛灭，建立起"非刘氏不封王"的制度。但刘邦死于前 195 年，他儿子惠帝继位，前 188 年，惠帝死，吕后正式临朝称制，她违背刘邦订立的制度，大封吕氏为王，并开始迫害刘氏的子孙。前 180 年七月，她也撒手归西了。这年九月，右丞相陈平、太尉周勃等大杀吕氏诸王，并诛灭其家族，迎接刘邦的儿子代王刘恒为皇帝，是为太宗孝文皇帝。

刘恒即位后一直保持低调，施政温和，给民众较大自由空间，便于休养生息和形成和谐局面，从而产生了历史上著名的"文景之治"。"文景之治"从前179年到前141年，即汉文帝和汉景帝统治时期，前后共39年，其中汉文帝在位23年，汉景帝在位16年。

汉初的统治阶级信奉黄老哲学，黄老哲学的中心是无为，即无为而治。但汉初的"无为"，是客观条件下不允许有作为，无为是唯一的被动的选择。如对待匈奴的入侵，汉初只能采取守势。刘邦当初不知道匈奴的战斗力，前200年，冒顿单于带匈奴军队侵入太原，到达晋阳，刘邦轻敌，亲自带领30万兵马追击匈奴，结果被围平城七日，差一点全军覆灭。惠帝和吕后执政时，冒顿致书，欲结亲吕雉，朝臣计议，依然吸取平城之败的教训，不敢与匈奴作战。文帝时，曾打算亲征匈奴，被群臣劝止。当时经济还未恢复，国家财力尚弱，因此对匈奴不得不采取守势。

前140年，"文景之治"结束，一个新的时代开始了。汉帝国由收敛和隐忍转入进攻和扩张，领导这个新方针的是汉武帝。

第三节　迦太基毁于罗马，罗马又毁于迦太基

这个时候，西方的罗马城邦国家已有400年的发展历史，它掌管意大利半岛诸城邦也有100年了。在司马迁出生前四年（前149年），罗马大军浩浩荡荡，远征北非，进行第三次布匿战争，意在一举荡平商业大国迦太基，犹如今日北大西洋强国荡平利比亚一般。历史往往重演，今日的卡扎菲的利比亚被荡平了，当年的迦太基也于前146年被罗马彻底消灭，从此地中海成为了罗马国的内湖。

什么是布匿战争？布匿战争是欧洲古代史中最激烈的战事之一，一方是罗马，一方是迦太基。迦太基是当时的北非国家，地理位置相当于

今天的突尼斯地区。布匿战争是场断断续续的战争，分为三次大战。从前264年第一次布匿战争开战算起，到前146年迦太基彻底灭亡为止，一共历时118年。当时的中国是战国末年到汉朝初年。

罗马彻底把迦太基消灭，扫除了扩张障碍。布匿战争结束90年后，罗马的恺撒时代开始。前59年，恺撒当选为罗马执政官，直到前44年他被共和派刺杀为止，恺撒击败了另一罗马政治领袖庞培，一直称雄高卢、西班牙、不列颠和埃及。此后，恺撒成了强大的君主的代名词，欧洲帝王都自称恺撒。

布匿战争结束120年后，罗马步入帝国时代。前30年，罗马执政官屋大维与另一罗马政治领袖安敦尼的军队大战于希腊西海岸，安敦尼的军队战败投降，安敦尼和埃及艳后克娄巴特拉逃往埃及。前30年，安敦尼和克娄巴特拉在埃及自杀，埃及被屋大维占领（此事被拍成好莱坞名片《埃及艳后》）。罗马大权从此落入屋大维一人之手，共和国灭亡，罗马帝国开始。前47年，罗马元老议会为屋大维送上尊号"奥古斯都"，即"神圣"之意。

布匿战争结束、迦太基毁灭后的第二年，司马迁在东方的中国出生了。这在时间上也许是一种巧合。前145年，是个承前启后的不平凡的年份。东西两大强国都跨入一个新的时代。可惜，当时丝绸之路还在开拓阶段，又没有快捷的交通工具，这两个东西方强国的学者无法互访。因此，这一年降生的司马迁虽然有缘见证和目睹东方帝国盛世，记录一代雄主汉武帝的一生，但他不能见到罗马的文明。他将中国汉武帝以前的历史全盘整理出来，特别是对西汉初年的史实，进行了详尽的叙述，其眼光还旁及匈奴、大宛、朝鲜、乌孙、大月氏等亚洲邻国。

司马迁当时没有料到，他在《史记》中，以浓墨重彩描绘的匈奴人，后来迁徙到了欧洲，建立了一个和罗马帝国势均力敌的军事强国，东欧的各蛮族，在匈奴的驱赶下，进入罗马帝国的境内，被匈奴人驱赶的汪达尔人，夺取了罗马帝国的非洲行省。455年，汪达尔国王盖塞克率军队从北非迦太基出发，攻入罗马，将该城夷为平地。此后意大利的历史就不堪一提了。476 年，西罗马最后一个皇帝罗慕路斯被废，西罗马正式灭亡。当年灭亡迦太基的是罗马，但最后毁灭罗马的又是从迦太基出发的蛮族，真是一报还一报。

第四节　封禅是向匈奴示威

现代国家要举行各种纪念性活动，如美国举行"9·11"十周年纪念，总统亲临，因为这是大政。上古国家的大政是祭祀典礼，最重要的祭祀是封禅。何谓封禅？按字面理解，"封"就是垒高了土筑成坛台以祭天，"禅"是整除草地成为操场以祭地。一般来说，封禅就是天子祭祀天地山川鬼神，这种仪式很隆重，因为这不仅是一项宗教典礼，而且是治世的象征，国家统一的表现，其政治意义很重大。

至于上泰山（古称东岳，是五岳之首，在今山东省中部，主峰玉皇顶，在今泰安市北）封禅，又是最高级的封禅典礼。

秦始皇和汉武帝都曾上泰山封禅，他们为了庆祝大一统的强盛局面，才有此规模盛大之举。

统治者为了维护国家稳定，往往动用封禅这一法宝。例如，秦始皇统一六国后，为了用自己的威望震慑原六国的臣民，稳固新开辟的疆土，就以封禅为由，巡游天下。汉武帝的强敌是匈奴，因此他上泰山封禅，兼有向匈奴示威的意义。在上泰山之前，他曾亲率 18 万骑出长城巡边，封禅完毕，他走下泰山，又向东边的海边巡视，然后向北走到碣石（今河北省昌黎县北），再沿着边境的长城向西巡行，走到辽西郡（辖地相当于今天河北省东部辽宁省西部部分地区），经过九原县（今内蒙古包头市西），才回到长安。在这期间，匈奴的单于很害怕，不敢出动侵扰，边境平安无事。

这么看来，封禅不仅是一种象征性的祭祀活动，而且有辅助政治、震慑敌人的功用。因此，汉初每个皇帝当政时，都有大臣提出封禅的主张。汉文帝时，既有方士公孙臣鼓吹封禅，又有著名政论家贾谊主张封禅。贾谊（前200年—前168年），洛阳人，18岁时即以文才出名，20岁被文帝招为博士。他主张改革政治，曾很关心抗击匈奴的战况，也提出了相关的策略。他写的主要政论文有《过秦论》、《陈政事疏》（又称《治安策》）、《论积贮疏》等。

汉武帝时，著名辞赋家司马相如也很关心边界安宁，临终，特地上书一封，陈述封禅之事。司马相如（前179年—前118年）是蜀郡成都（今四川成都）人。武帝欣赏他的辞赋，召至长安。后因出使西南夷有功，任孝文园令。

司马谈和贾谊、司马相如一样，认为封禅是保证国家长治久安的大事。他在《封禅书》中对封禅的推崇可以说是到了极致。因而，他毕生投入的最重要的事情就是制定封禅的仪礼。

据《汉书》记载，元鼎六年（前111年）十月（当时以十月为岁首），武帝北巡，登单于台，遣使与匈奴单于挑战，但单于不敢出来应战。春正月，武帝率领人马经过缑氏（今河南省偃师县南），然后去泰山封禅。

第五节 备战讨伐匈奴的年代

汉武帝称得上是一位风流浪漫天子，生活方面多姿多彩，他的一生大有作为，立功甚伟，开创甚多，建树不少，这是毫无疑义的，但他又处在多种矛盾之中，有时甚至难以自拔。他身为天子，有时又自称平阳侯，说明他是一个不知足、不安分的人；他曾微服出巡，一生巡视不断，说明他不想安享现成之福；他敢作敢为，处理事情快刀斩乱麻，不优柔寡断。例如，他下令集全国之力痛惩匈奴，不惜掏空国库，兵马死伤无数，也要将胡虏逐往漠北，一方面为了替祖宗受辱雪耻，另一方面也为了保障边境民众安全。挫败匈奴是武帝一生最光彩的亮点。

他登位的最初几年（前140年—前129年），是中国备战讨伐匈奴的年代。前140年是武帝建元元年，经过十年备战，于武帝元光六年，即前129年，这场长达60年的汉匈大战终于打响。

但匈奴是个最强大的敌人，它从三方面包围汉朝，敌强我弱。武帝多年征讨，才止住匈奴猖狂的气焰。这场汉匈之战是在元光六年（前129年）拉开序幕的，这一年，匈奴侵入上谷县，试探汉朝的虚实。武帝派出卫青等四位将军，每位带领一万骑兵，分成四路迎击匈奴。卫青带领的一路骑兵打了胜仗，一直追击匈奴到龙城。匈奴由此战知道汉军已不是昔日的汉军，不可轻视了。

初战胜利后，汉军于元朔二年（前127年），又取得辉煌的胜利。这年开春，匈奴入侵上谷、渔阳，杀害和掳走官吏、民众千余人。武帝派遣卫青出击匈奴，旗开得胜，斩获无数，仅生俘的敌兵，就有数千，战利品中，牛羊就有百余万。将匈奴的白羊王、娄烦王从肥美的河南地（河套一带）驱逐出去，秦朝的故地都收回了。于是设置朔方郡，征发十余万人筑朔方城，将秦朝在当地修筑的要塞全部恢复，花费的金钱至少有数千万。这年夏天，为了加强边境的防守，又迁徙十余万民众到朔方居住。

元朔五年（前124年），因匈奴右贤王数次侵扰朔方，武帝派遣卫青带领三万骑兵为前锋，护卫由四位将军带领的重兵出击匈奴，又派遣两将带领人马作后援，总兵力达到十余万。一场血战之后，汉军获全胜。俘虏匈奴小王十余人，其他男女1.5万人，获得各类牲畜一千万头，汉武帝亲自到前线慰问军队，并在军中庆功会上拜卫青为大将军。

元朔六年（前123年）二月，大将军卫青统率有六位将军的联队，分六路出击匈奴，斩首千余级而还。四月，卫青又统率联队出击匈奴，俘获或斩首数万人。骠骑校尉霍去病立功最多，他的队伍俘获或斩首匈奴小王、相国、当户和骑士二千余人。

元狩二年（前121年）三月，骠骑将军霍去病带领万余骑兵出击匈奴，深入千余里，杀死两个小王，俘虏王子、相国、都尉等多人，俘获或斩首的匈奴共计 8900 人。夏天，霍去病又与有三位将军的联队共数万骑，分三路出击匈奴，霍去病的小队深入二千余里，俘虏小王十余人，相国、都尉以及普通匈奴兵投降的有二千五百人，斩首 3.2 万级。

元狩四年（前 119 年）春天，武帝派出大军攻击匈奴。卫青、霍去病每人带五万骑兵，从不同的道路，寻找匈奴决战。卫青深入千余里，越过大漠，斩首 1.5 万级。霍去病深入二千余里，越过大漠，俘虏小王三人，将军、相国等 80 余人，斩首 7.04 万级，封狼居胥山，登临瀚海。汉朝为了记功奖励，特地设置大司马的官位，卫青为大司马大将军，霍去病为大司马骠骑将军。从此以后，匈奴远徙，漠南无王庭。

除了和匈奴浴血苦战外，对不服从的属国，武帝也随时发兵攻击。如建元六年（前 135 年），闽越国攻击南越国，武帝派兵击之。又如前 111 年，武帝派兵十余万击破了南越宰相吕嘉的反叛力量，灭掉了南越国，以其地置南海、苍梧、合浦、交趾、九真、日南、珠崖、儋耳等九郡，从此以后，今天的广东、广西和海南以及越南北部并入中国。此外，鉴于西羌常勾结匈奴攻打中国，这一年武帝也发兵十万攻击西羌，大破之，平定了今青海地区。

由于武帝大力开拓边疆，帝国的版图大幅扩展，特别是他派张骞穿过河西走廊，寻找通西域的道路，势力得到进一步的扩张。元朔三年（前 126 年），张骞回国，带回关于西域各国的情报，汉朝与匈奴开始争夺西域霸权。元鼎六年（前 111 年），汉朝在原来被匈奴占领的河西走廊地区设置武威、酒泉、张掖、敦煌等郡县。太初元年（前 104 年），汉朝征发数万人攻击大宛。太初三年（前 102 年），大宛投降。太初四年（前 101 年），汉朝派兵擒获楼兰王，不久释放回国，令其与汉帝国夹击匈奴，这样，汉朝的势力进入今新疆的地域范围，汉朝的兵丁在轮台、渠犁等地屯田。为巩固东部边疆，元封二年（前 109 年）秋季，武帝招募定死罪的人当兵，由两位将军率领，分水陆两路攻打朝鲜，第二年，朝鲜平定，设置乐浪、临屯、玄菟、真番四郡。

对远方的邻国，汉武帝也注意联络它们，争取与其通往来或争取归附。如元光五年（前 130 年），派唐蒙为使者游说夜郎国（今贵州地区）归附汉朝，为了开发闭塞的夜郎，征发数万人修建通往那儿的道路。此后西南夷诸小国开始归附。又派司马相如作为和平使者说服邛、筰、昆明、斯榆等国归附汉朝，在这些地方设置十余县，划归蜀郡管理。但西南夷小国时附时叛。元鼎六年（前 111 年），西南夷的且兰国背叛，杀汉朝的使节，武帝征调巴蜀的罪人攻击且兰国和邛国，杀其君主，设置更强有力的地方政府，安定了今贵州、四川、云南等省的偏远地区。元封二年（前 109 年），在汉朝使者的劝说下，今云南地区的滇王降汉，汉朝在那儿设置益州郡。然后，武帝多次派人经过云南出使印度，但没有成功。元封六年（前 105 年）秋，汉朝将江都王刘建的女儿嫁给乌孙，西域诸国于是大量派遣使者来到汉朝首都访问。

汉武帝好大喜功，如到处巡游、祭祀、封禅，规模浩大，侵扰百姓，有些地方官无法接待，急得自杀。又大兴土木，如元鼎二年（前 115 年），建柏梁台，以铜作承露盘，高二十丈，大七围。但他也大兴水利，为民造福。如武帝元光六年（前 129 年），他命令水利工程师徐伯表监督数万民工开凿渭渠，渠道从长安开始，一直到黄河为止，全长三百余里，以利于将关东的粟米运到长安来。历时三年，才开通此渠。元鼎四年（前 113 年）前后，在朔方、西河、酒泉、汝南、九江、泰山等地大兴水利，在关中也开凿龙首、灵轵、成国等渠道，以利航运和灌溉，大渠的灌溉面积达万余顷，小渠不可胜计。元鼎六年（前 111 年），又在战国时代开凿的郑国渠旁边开凿六条辅渠道。元封二年（前 109 年），武帝亲临现场堵塞好为害 20 余年的黄河瓠子口大决口。

汉武帝是前 141 年登基的，他是汉朝的第五位皇帝。第二年，他首创年号，把这一年定为"建元元年"。"建元"这个名词作为中国帝王的第一个年号，似乎和嬴政自号"始皇"有异曲同工之妙。汉武帝刘彻和秦王嬴政相似之处甚多，在司马迁的笔下，他们两个真像一对兄弟。所以，现代一位与他们大同小异的人物在诗中将秦皇和汉武并提。

秦皇和汉武都是匈奴的克星，在他们治下，匈奴人退往漠北，不敢侵犯中原。

第六节　汉朝实行新政是为了富国强兵、打击匈奴

汉朝的模式是在吸收秦朝速亡的教训的基础上建立起来的。因而汉朝的皇帝治理国家首先注意解决百姓的生存问题，创造安定的社会环境，使人民能休养生息。"文景之治"也就应运而生。此外，汉朝能容许思想和文化的存在，因此这个政权就得到了精英的支持。

先秦的诸子百家对汉初政治都有影响，但影响最大的只有三家：道（以黄老为代表）、儒（以孔孟为代表）、法（以韩非为代表）。

汉惠帝、吕后当政时期实行的是道家的无为政治，汉文帝不但无为而治，而且施行德政。

但"文景之治"也有其局限性，实行道家的无为而治，从某种意义而言，只是一味地因袭而已，缺乏革新精神。

当时一些有远见的人士，就认识到一味遵从道家路线的危险，例如贾谊就是一个。他很有才学，生长在洛阳，但比司马迁早出生了二三十年，生不逢时。他写了很多文章，论述用儒家的礼乐教化移风易俗的好处，这是一种要求改革的儒者的呼声，可是却遭到一些不图进取、因循守旧的大臣们的一致反对，他们用大帽子压制贾谊，说他是"洛阳之人，年少初学。喜欲擅权，纷乱诸事"，由于守旧派的排挤，他在京城待不长，像一颗流星一样，在政坛上闪亮了一下，就消失了。终贾谊一生，才华和抱负都不得伸展。汉初道家和儒家的第一次冲突，就这样以儒者的失败而告终。

但司马迁出生得正是时候，此时的情势和贾谊时代大不相同，通过多年休养生息的汉帝国，财富充盈，国力强大，急于向周边扩展疆土，同时一个好大喜功、意志坚定、强大有力的帝王——汉武帝登上了历史

舞台，他希望有一番大作为，使华夏族迈向一个高峰，使中国步入一个开创性年代。新的情势使得儒家必然取代道家。

儒家和道家相比，是一种更能促使社会发展和鼓励人们进取的学说，它的核心是"礼"和"仁"，每个人都要"克己复礼"，即克制自己，言行遵守一定的规则，对人遵奉一定的礼仪。尊贵的统治者更应当克制自己的欲望，统治者要行仁政，爱护自己的老百姓。具体做法是轻徭薄赋，不违农时，减轻刑罚，救济鳏、寡、孤、独等。同时，为维护社会的稳定，还要求每个社会成员都能"让"，"让"也就是"仁"。儒家学术中还包含忠、孝、恕、义等观念。如果推行得当，对稳定社会也很有作用。"忠"能增加国家的凝聚力，"孝"可帮助国家解决养老的问题，"恕"能促进和解，"义"能提醒人们对社会的责任。

因此，汉武帝实行罢黜百家、独尊儒术的政策是开创了另一种政治模式，这种模式的核心是让精英也能分享利益，甚至可以说是帝王和精英共同治理天下。策试贤良方正之士的政策为精英进入统治阶层开辟了道路，从此精英都被皇帝网罗干净。精英稳定了，社会就能稳定，君主专制制度就能长期维持。

这种模式优于秦始皇的模式，因而为后世的统治者采用，延续了二千多年的中国君主专制制度都是汉武帝的模式的模拟和因循。直到西方的共和民主制度传入中国之前，中国政治始终照搬汉武帝的模式。

司马迁就生长在创造新模式的时代，并目睹汉武帝新模式的产生和试验成功。这种新模式有利于富国强兵，打击匈奴等外敌。

第七节　秦皇和汉武的对外政策都是扩张领土和驱逐匈奴

建元五年（前136年），20岁出头的汉武帝进一步得心应手地实行新政。此时窦太皇太后已体弱多病，管不了多少事了。于是，第二步改革出炉：在帝王的顾问班子里，增设"五经博士"。

建元六年（前 135 年），窦太皇太后驾崩，改革的阻力彻底排除，汉武帝可以大刀阔斧地进行体制改造了。这一年武帝做成了一件大事：将不是儒家的博士全部开缺，这就是历史上有名的"罢黜百家"。而留下来的儒家博士的地位则有所攀升，他们不再是装门面、跑龙套的角色，成了定编、定岗的官员，其任务是专门研究历史和政治，而且要求他们"通经致用"，即必须把研究成果用于实际。他们虽然没有实际的职务，但可以参加政务会议（朝议），从而打开了学术指导政治的大门。

再过 11 年，到了汉元朔五年（前 124 年），汉武帝继续完善体制改革：在这些博士的底下，设置弟子员 50 人，这有点像现在招收研究生，但名额少得多。对这些弟子员，每年都要考核，如果能精通一部古代儒家经典，就可以分配担任官吏，成绩特别好的可以担任"郎"，即做天子的侍从官，这么一来，普通百姓也可通过读书走向从政的宦途。

汉武帝的对外政策是扩张领土，做法与秦始皇没有两样。首先，他从匈奴手中夺回了不少失地，将匈奴赶到漠北去了，从而消除了北方的边患，保障了边境人民的生命财产。他做到这一步很不容易，历时多年，动员了全国的人力和财力。其次，东边的朝鲜，虽不是心腹之患，但也常常侵袭燕地，于是武帝将囚徒放出，编成一支军队，以猛虎下山之势，攻击朝鲜，令其臣服，燕地从此安定。再次，东南的越人（闽越），和岭南的南越国（两广和越南），常常扰乱一方，形成隐患，武帝计划组织一支大军，将这些地方的割据势力消灭，将其占据的土地并入中国版图。最后，西南的夷人也是隐患，武帝准备使用外交和军事两手让这些地方的小王侯俯首称臣，或与中国通好。后来，武帝的战略计划都取得了相当的成功。总的说来，东、南、西的小蛮邦都不足虑，武帝略一伸腿，就能使其一一归顺，唯独匈奴乃一大患，其占领的土地面积超过中国，其民众极强悍，全民皆兵，以后两千年，匈奴及其变种突厥、蒙古、女真等始终是中国的大敌。

第八节　张骞进入官场，也是从"郎"开始的

前 126 年（元朔三年），司马迁刚满 19 岁，就展开了一次走遍半个中国的游学。

通过周游全国的旅行，他对山川地理、古今战场了如指掌。这次壮游也有利于司马迁了解汉朝和匈奴作战的地理。

司马迁游历东南回京城后，由于古文大师孔安国的推荐，他成了汉朝政府的博士弟子员。又经过反复的经书考试，终于被任命为郎中。其时间大概在前 119 年，正值司马迁 26 岁时。

郎中这种官，必须一年到头跟随在皇帝周围，有点像战国时代的"士"（门客）。张骞进入官场，也是从"郎"开始的。

第九节　匈奴惧怕的飞将军李广曾和张骞并肩作战

汉代的关西人，属于秦国遗民之列，朝廷对关西人一直抱有成见，认为这些人时刻想复辟秦朝，不能重用。当时的官场，有关西、关东之别，所谓"关东出相，关西出将"，"相"就是宰相，其权势要超过"将"。关西人进入官场，没有青云直上的机会，挨整却难免。就拿著名将领李广来说吧，此人祖籍陇西成纪（在今甘肃省东南方），威名震慑边关，匈奴畏惧他，称他为"飞将军"，一听见他驻守在边境，就不敢南下半步。早在"文景之治"时期，李广就屡建奇功，但一直得不到应有的封赏。到武帝时，李广已经服务了三朝天子，却没有一个天子给他封侯。只因一次败绩，就把他削职为民。后来武帝发觉如果不用他，匈奴就频频南下侵扰，只好又把他召回，派他去当右北平太守。

司马迁多次在宫廷中见到自己的上司郎中令李广，他的印象是：

"我见到的李将军，纯朴得像老农，不善言辞。"他对自己上司的命运十分同情，很想为他抱不平，这种情绪也预伏下他后来的悲剧命运。

张骞曾和李广并肩作战，战事在元狩三年（前 120 年），张骞因是关西人，也不免挨整。他在此次作战中，被加上"误战机"的罪名，判处死罪，用钱赎买才免予一死。

第十节 早期抗击匈奴的史实

司马迁担任郎中，出入宫廷，可以直接接触一些抵抗匈奴的名将、探险家。例如卫青、霍去病、张骞、李广等。后来他根据对这些人的观察和采访，写成《卫将军骠骑列传》、《大宛列传》、《李将军列传》等著名篇章，又从这些人的口中了解到北方游牧民族匈奴的详情，而写成《匈奴列传》。

司马迁在《史记》中写道，匈奴乃夏后氏（古部落名，其领袖是大禹，夏后氏又是夏朝的代称）之苗裔。《史记》索隐引证《括地志》说："夏朝最后一个君主桀荒淫无道。商朝的汤王将他流放到鸣条，三年后病死。桀的儿子名叫淳维，带着桀的众多妻妾，避居北方的原野，以放牧牛羊为生，领着畜群，向有水草的地方迁徙，成为匈奴族的祖先。"

且不论这段传说的真伪，但可以肯定的是，在夏后氏部落进入草原之前，草原上一定还有好些原始游牧部落。这些部落是分散的、混杂的，与务农的华夏族夹杂而居，黄帝和尧时的荤粥，商朝的鬼方，周朝的猃狁，春秋时的戎狄，战国时的胡人，都是指这些原始游牧部落。

自三皇五帝以来，中原帝王多次与北方的游牧民族（匈奴、东胡、戎夷等）交战。早在黄帝时，就曾北逐荤粥；商朝时，武丁王三年征战，击溃了鬼方的侵犯。

周文王时代，曾受命伐戎夷大获全胜，后十年有余，武王放逐戎夷于泾河、洛河以北，要他们按时进献贡物。周穆王西伐犬戎，取其五王，并且迁徙戎族于太原。穆王的玄孙宣王，曾兴师征伐猃狁，四夷都为之宾服。

西周末年，犬戎攻杀周幽王于骊山之下，秦襄公兴兵大败犬戎，将其逐往岐山以西，因此，秦襄公被周王室封为诸侯。

春秋时，齐桓公北伐山戎，山戎望风而逃。晋文公曾打跑侵犯周王室的戎狄。晋国的赵襄子曾率兵越过勾注山，攻破并且并吞胡人占领的代地，进逼胡、貉地区。后来，赵襄子跟韩、魏两家瓜分了晋国的土地，形成战国七雄鼎立的局面，可在这七个国家中，就有赵、燕、秦三国与胡人接壤，相互间常有战争。

就拿力量最强的秦国来说吧，秦国北部的义渠即为匈奴的一支。秦昭王的时候，义渠戎王与宣太后私通，生了两个儿子。宣太后用欺诈手段在甘泉山杀死义渠戎王，接着发兵攻灭了义渠国。

赵国北部的楼烦和林胡也是匈奴的别支。赵武灵王改革赵国的风俗，下令文武官员都穿胡人服装，学习骑马射箭，从而东北攻灭中山国，向北打败林胡、楼烦。

赵武灵王的改革被称为"胡服骑射"，"骑射所以便山谷也，胡服所以便骑射也"。胡服为手段，骑射为目的。其特点是紧身束袖，便于骑马弯弓作战，而原来是身着上衣下裳，宽袍大袖，脚履鞋子，驾笨重战车，只宜在平原作战，改为短身小袖，皮带皮靴，头戴羽冠，骑快马持轻弓，能进行奔袭驰骋的机动灵活作战，从而建立了一支机动灵活的强大骑兵队伍，一举扭转了胡马南下的局面，驱匈奴，开拓北疆，国势鼎盛，赵国领土东至河北馆陶、枣强，北至河北曲阳及内蒙古固阳、集宁，西至黄河之滨的山西离石。赵武灵王打败楼烦和林胡，攻取黄河河套后，进行有计划的移民垦殖，开发边地。

燕国有一位贤将秦开，率燕兵袭击东胡，打败并且赶走了东胡，东胡退却了一千多里。

第十一节　凭垒固守然后大规模反击匈奴的李牧

战国末期，匈奴转而强大起来，邻近匈奴的赵国常年和匈奴作战，赵将李牧镇守边塞时，匈奴十余年不敢入侵赵国边境。李牧不仅英勇善战，而且精于谋略，他曾多年镇守在赵国的北方边境雁门郡，防御匈奴。他治军有一套特别的方法。练兵时，每天都要宰牛给士卒吃，直到他们吃饱喝足浑身是劲时才开始正式操练，且要求极其严格，未达到规定标准绝不罢休。他极注意侦察敌情，充分发挥烽火台的作用，所以匈奴稍有一点风吹草动他都能及时掌握。而对匈奴的骚扰活动他的处理更是与众不同，他下令如果匈奴骑兵袭扰边境，就赶快收拢队伍，凭垒固守，不得轻易交战；如果贸然出击，即使获胜，也将按军令处斩。这样，一直过了数年，匈奴每次来侵，李牧总是命令民间收藏牲畜、财物；边防部队则退入堡中，严密防守。匈奴抢不到什么财物，又找不到与赵军交战的机会，往往盛气而来，扫兴而归，匈奴无所获，赵军亦无损。这既能保证边境平安，又能维持两个民族的现状。况且当时赵国四面受敌，防守北方边境的兵力薄弱，李牧这种举措应该说是十分明智的。但时间一长，给了匈奴中的好战分子，也包括赵国边境士卒中的一些人一个印象：李牧怕打仗。这件事传到邯郸，赵王很是不满，斥责李牧说："身为守边大将，如何能如此怯敌。以后凡遇匈奴来犯，必须出战！"但李牧对王命不予理睬，照旧固守他的不出战策略。

李牧的守边原则是正确的，符合当时赵国边疆防务的实际。当时赵国的国力与匈奴相比，敌强我弱，边地又十分辽阔，极难防守，南面还要抵抗强大的秦国，东北要防备燕国，因此对于匈奴只能坚持安民养民、巩固边防、积极练兵的方针。

可是赵王不理解这一点，他勃然大怒，下令撤回李牧，另派别的将领去镇守。新任戍边将军来到雁门后，一反李牧的戍边原则，在一年多的时间里，连续出击，凡匈奴来犯，他都率军出战。结果师老兵疲，吃了许多败仗，赵军因此损失惨重。由于一直忙于征战，边地无法耕种和畜牧，严重地破坏了边疆的经济，弄得雁门一带的居民人心惶惶，许多人不得不离家流亡内地。赵王只好下诏再请李牧去守边。李牧闭门不出，说因病不便应命。赵王再三强令李牧率兵前往，李牧说："大王如果一定要臣受命，则臣请大王允许臣仍依前法，才敢奉令。"赵王答应了他的要求。

李牧再度出山后，打了一个漂亮的防御战，使匈奴十几年内不敢再犯赵国的边界。他再次来到雁门以后，重申过去的规定，依然按老办法约束和训练部队。几年后，边境一带的生产有了发展，人丁兴旺起来，民富而军蓄足。匈奴觊觎赵国边境的财物，以为李牧只会自守，不会打仗，就准备大规模来犯。而守边的赵国将士，由于经常得到李牧的厚赏，也都愿意一战，以报李牧之恩。到这时，当一切条件都已成熟之后，李牧才宣布不日即将与匈奴作一次决战，但严命不许走漏消息。他亲自选定战车1300乘，骏马13000匹，弓箭手10万人，能够攻坚执锐的精兵5万人，加紧训练。同时，他有意放出大批牲畜，漫山遍野尽是牛羊，引诱匈奴来抢掠。果然匈奴眼红了，接连出动几小股人马来劫夺，李牧下令只许败逃，不准还击，甚至故意留数十人让匈奴掠去。匈奴单于不知其中有诈，但见赵国边地牛羊遍野，出击士卒每次满载而归，非常高兴，便把零星分散的部落军队聚集在一起，亲自率领，大举进犯赵国。李牧见敌人中计，立即指挥部队张开两翼，首先包抄入侵之敌；然后投入主力，猛烈冲杀。高傲、麻痹的匈奴军，不意遭此打击，仓皇无措，溃不成军。李牧挥军掩杀，歼敌十万余骑兵。接着又乘胜前进，降服了东胡、林胡等许多部落。匈奴单于遭此惨败，十几年之内不敢接近赵国边境一步。李牧的威名远震北边，匈奴闻之丧胆。由此可见，李牧真是个天才的军事家，他通过"骄敌"、"示怯"的策略，由被动转为主动，由弱势变为强势，然后来一次大规模反击，一举成功。赵悼襄王十分信任李牧，封他为武安君。

第十二节 北击匈奴、完全收复失地的蒙恬

秦灭亡赵国等六国后，秦始皇派蒙恬率领十万军北击匈奴，完全收复黄河河套以南的土地。蒙恬加强边境各要塞的防卫，依靠万里长城，阻挡匈奴的入侵。又建立烽火台制度，每有匈奴入侵，则点燃烽火，使边境居民赶快躲避，不至于被匈奴人掳掠。

当时在北方与蒙恬共同戍边的是秦始皇的长子扶苏，在秦始皇的诸子中，只有扶苏是个贤明的人。扶苏公子反对焚书坑儒，是个讲仁义的明主，如果他能接掌大位，一定会给予民众以休养生息，国内已经白热化了的各种矛盾就会大大缓和，暴乱就不会发生，老百姓也不至于受刀兵之灾了。

公元前 210 年，秦始皇在沙丘巡行病危时，尚能意识到扶苏有蒙恬的 30 万精兵做后盾，应当由他继位。秦始皇提起笔来，用尽最后一点力气，在绢帛上抖抖索索地写上："诏皇子扶苏：以兵属蒙恬，与丧，会咸阳而葬。"

但当时任丞相的李斯和奸臣赵高合谋，伪造了秦始皇的两份诏书，一份是给李斯的，在这份假诏书中，主要的内容就是立胡亥为太子。另一份诏书是给长子扶苏的，其内容主要为：扶苏为子不孝，赐剑一把，令扶苏马上自杀，蒙恬为臣不忠，也一同赐死，驻守北方的三十万军队转交副将王离（著名秦国将军王翦的孙子）掌管。

扶苏接到诏书，便对蒙恬说："父要子死，不得不死。"说罢便取剑自刎，随即倒地死去。蒙恬不肯就这样死，使者急于回报邀功，便把他交给狱官，先囚禁于上郡阳周县（今陕西省子长县西北），自己则立刻回咸阳复命。

胡亥在赵高的指使下，派使者去阳周杀死了蒙恬，蒙恬的弟弟蒙毅这时还在代郡为秦始皇的健康祈祷，胡亥也派人到代郡，杀死了蒙毅。

秦朝杀害抵抗匈奴的大将，是自毁长城。秦朝于前209年杀害抗击匈奴名将蒙恬，秦朝也于三年后（前206年）灭亡。

第十三节　冒顿单于和鸣镝

蒙恬死后，中原大乱，群雄并起覆没秦朝，以往被秦朝流放去守卫边境的人，皆次第离去，于是匈奴得到了一个有利于扩张的宽松环境，匈奴夺去了水草肥美的河南地（今河套地区），榆中（今内蒙古河套东北岸）以东至阴山之北的34个县也被匈奴占去了。

到战国末期和秦代，匈奴部落统一了漠北草原，建立了匈奴国，中原的华夏人才称其为匈奴，也许"匈"是本名，"奴"是中原民族对其的蔑称。

匈奴没有文字，但有语言。例如："匈奴"的原意是"人民"；"单于"的原意是"皇帝"；"头曼"的原意是"一万"；"冒顿"的原意是"开始"；"若鞮"的原意是"孝顺"；"屠耆"的原意是"贤能"；"骨都侯"的原意是"威福"；"阏氏"的原意是"皇后"；"居次"的原意是"公主"；"祁连"的原意是"天"；"焉支"的原意是"颜色"等。匈奴的习俗也和汉俗有别。匈奴人常以月的圆缺来决定他们的行动，月圆时则进行攻战，月亏时则退兵。有利可得则前进，无利可求则后退，认为逃走不是可耻的事。匈奴人在战争中把掠来的人口收为奴婢，故每个战士都尽量俘虏人口。

秦汉时一面和匈奴作战，一面开展与匈奴的互市。匈奴人急需铁器、铜器、陶器、木器、漆器、石器、工具、马具、头饰和丝织品。汉人通过边境互市的方法把这些中原生产的用品供给他们，使他们不需抢掠也可得到这些东西。这样，就减少了匈奴入境侵扰的可能性。互市可通过以物易物的方式进行，也可用黄金作为货币。

匈奴的官职也与汉人不同。单于总揽匈奴军政一切大权，由左右骨都侯辅政。地方最高长官是左右贤王。匈奴习俗尚左，左贤王的权力与地位仅次于单于，所以常由太子担任。左右贤王之下，则有左右谷蠡王、左右大将、左右大都尉、左右大当户等高官。每个官吏都有固定的"分地"（即被划分的固定的游牧地区）。右贤王管理的地区是匈奴王国的西部，正好面对关中的上郡。

当时匈奴的君长名叫头曼单于（？—前209年），"单于"古音"缠余"，部落盟主之意。头曼单于生性勇悍，在他的领导下，诸分散的匈奴部落联合成一个强大的部落国家。他的长子名冒顿（？—前174年），"冒顿"古音"墨毒"，冒顿的勇悍程度，超过他的父亲，本应该立为太子。后来，头曼又续娶一王后，匈奴称王后为阏氏（古音"烟支"），给他生了一个少子，母子都为头曼所宠爱。阏氏年轻貌美，借得宠之时，在头曼面前经常说冒顿的坏话，想立亲子为太子。时间一长，头曼也产生了废长立幼之意，但苦无借口。某天，他忽生一计，原来匈奴之西有一大月氏国，也以放牧为主，与匈奴同俗。时有人口四十万，甲兵十余万，国势强盛，常犯匈奴边界。

头曼于是派人前往月氏，表示愿意以太子为质，以修两国之好。实际上，这是一条借刀杀人之计。头曼表面上与月氏修好，暗中却调动兵马，准备进攻月氏，以借月氏之手，杀掉太子冒顿。

冒顿出质月氏不久，头曼便发兵攻打月氏。月氏见头曼来攻，不由大怒，下令诛杀冒顿。不料，冒顿早有防范，他见风声不对，便暗中偷得一马，连夜逃出月氏，直奔匈奴大营。头曼见冒顿脱险，颇感惊讶，当问明底细后，却佩服他的智勇，感于父子之情，遂暂时打消了杀他之念，命其为骑将，领人马与月氏打了一仗，未分胜负，便率领人马返回了匈奴。

冒顿归国后，方知其父此次攻打月氏，并非他意，实乃欲置自己于死地，好立少弟为太子。若非自己有备逃回，早已成了刀下冤鬼。于是怨恨之心遂起，自思自想，如不早图良策，日后自己仍不免受害。数日之后，冒顿终于想出一条驭众之法，决定制服众人，方可保住自己太子地位。他命人造出一支上面有孔的骨箭，使之发射有声，取名鸣镝，留作己用。

冒顿造好鸣镝后，便招来属下，叮嘱道："你们见我鸣镝所射，便应当一齐放箭，违令者斩！"属众不知冒顿用意，只好齐声应令。冒顿为了训练属下为己所用，遂带他们外出打猎，凡是见到禽兽，只听鸣镝一响，便万箭齐发，稍有迟延者，便死于刀剑之下，时日一久，便无敢迟缓者。冒顿见初步目的达到，为了进一步立威，一天，他带领众人将自己的宝马牵出，然后用鸣镝向马射击，众人闻声放箭，可怜一匹骏马，就这样惨死在冒顿手中。当时，有几个未放箭者，冒顿立即将其斩首。

时过不久，一天冒顿打猎归来，见自己的宠姬站在帐外，为考查众属从己之心，便以她为靶，一箭射去，从属一愣，但前命难违，不得不射。有几人还以为冒顿弄错了对象，未敢动手，冒顿察觉后，不分青红皂白，一刀一个，全部杀死。自此，众人再不敢违令，不管是物还是人，只闻鸣镝一响，便接连放箭。他父亲头曼单于有一匹好马，放于野外，冒顿看见，搭箭便射，众人闻声相随，顿时将马射得如同刺猬一般。冒顿目睹此景，心中大悦，心想，从属可用了。数日后，冒顿请头曼出猎，自己领众人跟在马后，到了野外，冒顿突然用鸣镝射向自己的老父，众人也应声同射。一代悍王，就这样糊里糊涂地死在乱箭之下。冒顿见单于已死，遂率众返回头曼内帐，将后母、少弟全部杀死，又处斩了几名单于亲臣，随后召集臣僚，宣布了自己弑杀缘由，便自立为单于。众臣怕他悍勇，且感老单于也有理亏之处，也就顺水推舟，拥他做了国王。但冒顿即位的年代，难以推断。

匈奴东边有个东胡国，该国与燕国接壤，向来挟众称强，闻冒顿杀父自立，遂派使前来挑衅，胡使来到匈奴，对冒顿说："我王欲以千金购买贵国千里马，望单于恩准！"冒顿道："容我商议后再议。"胡使退后，冒顿单于召来群臣道："东胡欲求我千里马，为之奈何？"

群臣齐道："千里马，乃是先王留下的一匹宝马，怎么可送与东胡?"冒顿闻后，摇首道："我与东胡相邻，怎能为了匹马，而彼此失了友情，送给他们就是了。"说完，令人牵出千里马，交与东胡来使带回。

东胡得到千里马，以为匈奴软弱可欺，又遣使来到匈奴，递上国书，说要冒顿宠姬，送与东胡王为妾。冒顿看罢，传来左右，左右皆怒，说道："东胡无道，竟敢求我国阏氏，请大单于先斩来使，然后发兵进击东胡。"冒顿笑了笑，道："他爱我阏氏，就送与他，不能为一女子，而伤了两国友情。"当下将爱姬唤出，打扮一番，交与东胡来使带回。

东胡先要骏马，后要美人，冒顿皆送与，难道匈奴单于真的可欺？其实，冒顿是匈奴较有心计的一代国王，他这样做，是一条骄兵之计，待时机到来，他就会出兵灭胡。果然，东胡王得了宝马、美人，心情异常高兴，白日驰骋，夜间偎抱，好不快乐。他总认为，冒顿不过是一个毛头小儿，没有什么大的作为，两次交往，已证明冒顿十分惧怕自己，于是，他决定再次遣使前往匈奴，要求将两国交界处的一千余里的土地割让给他。东胡使臣来到匈奴国，对冒顿说："今奉我王之命，要求贵国将边界处的空地割让给我国。"

冒顿闻言，不觉动怒，复召群臣商议，有的说："此为弃地，割给东胡未尝不可！"有的说："土地，乃我国之宝，怎可轻易给予别人。"冒顿见众说不一，不禁大怒，起身道："土地，是国之根本，绝不能割让给他人。凡主张割让者，罪同卖国，一律处死！"说完，令左右将东胡来使及主张弃地者，一律推出斩首，尔后，宣谕全国，准备进攻东胡。

匈奴国全民皆兵，一闻主命，立即尽出。数日后，人马征齐，冒顿下令，直扑东胡。东胡王日夜淫逸，不加任何防备，忽闻匈奴人马已经入境，一时慌得不知所措，仓猝招兵，引军迎战。匈奴骑兵在冒顿的率领下，有备而来，且怀有强烈的报复之心。所以，一入东胡，匈奴兵个个如狼似虎，拼死冲杀。东胡兵本来没有迎战的准备，不论在人数上，还是在士气上，都不及匈奴，又如何抵挡得住，不久，便大部被歼，东胡王也死于乱军之中。冒顿杀死了东胡王，复引军深入，将东胡王庭番帐全都焚毁，掠夺了大量的东胡人、畜，自此，东胡国土大部被匈奴兼并。

冒顿征服了东胡之后，移兵西征，月氏成为另一个被侵略对象。本来，月氏所占据的河西地区有极其重要的战略地位，是中原通往西域的交通要道，只要控制了河西地区，就等于控制了西域。特别是位于河西地区的祁连山与焉支山，东西长二千余里，南北宽百余里，森林茂盛，水草肥美，气候冬暖夏凉，是一个良好的天然牧场，这对于以畜牧生产为主的匈奴人来说具有极大的诱惑力。在匈奴军队的攻击之下，月氏无力抵抗，被迫放弃所居住多时的河西地区，开始向西迁徙。

接着匈奴国家神话般地崛起，创造出前所未有的繁荣局面，除攻破东胡，击走月氏外，南面兼并了楼烦，北面夺取了浑庚、屈射、丁令、鬲昆、薪犁各族的地盘，占据的地盘从大洋一直到里海，比汉国还要大。它的铁骑在这广阔的草原上奔驰，所向无敌。

秦汉之际，中国在进行着经年累月的内战，这场战争毁灭了三分之一的人口。匈奴在西边占领了河西地区，东面占领了东胡旧地，对华夏的中原地区，形成钳形包围。只要他们收拢这个包围圈，中国的肥沃地区就有沦为匈奴的属地的危险。

第十四节　刘邦白登山被匈奴围困

公元前 206 年，楚汉相争结束，刘邦称帝，建立西汉王朝。经过长期战乱，中原大地已残破不堪，而当时的匈奴则是一番兴旺发达的景象。刘邦称帝的次年，冒顿单于出兵围攻马邑（今山西朔县），直攻晋阳（今山西太原）。刘邦决定御驾亲征，率骑兵和步兵 32 万迎击匈奴。冒顿单于听说汉国大军来攻，便采取迂回战术，避免同汉军正面交锋，派左、右贤王（匈奴管辖地方的最高长官）率万余骑在晋阳一带与汉军周旋，自己则在句注山以北以逸待劳，布下口袋阵，耐心等待刘邦来钻。

当时刘邦驻兵晋阳，听说冒顿单于驻扎在代谷（今山西大同附近），就想继续北进，一举消灭匈奴，于是派人前去侦察。冒顿为迷惑刘邦，又使用骄兵之计，引诱敌人上钩，故意把精兵隐匿起来，把一些老弱士卒置于明处。刘邦派出的十几拨侦查员回来都说匈奴可击，不足为虑，于是刘邦率领全军翻过句注山，长驱直入。

刘邦急欲追上冒顿，亲率骑兵部队快马兼程，步兵追赶不上，被远远地甩在后面。当刘邦率领的先头骑兵部队赶到平城（今山西大同西北）时，蓦然听到一声呼哨，刹那间杀声四起，匈奴兵从四面八方蜂拥杀来。刘邦心头一惊，忙令将士四面迎敌，怎奈汉军长途跋涉，人疲马乏，没战上几个回合，就纷纷败下阵来。不久冒顿单于亲率匈奴大军杀到，兵马越多，气势越盛。刘邦见汉军抵挡不住匈奴骑兵的进攻，连忙命令军队抢占城东一座大山，经过一番浴血争夺，汉军总算占据了这座高达百丈的大山。冒顿下令暂时停止攻击，但将部众分为四支，环绕四周，把山围住。这座山名叫白登山。冒顿早已伏兵山谷，专等刘邦到来，好叫他陷入罗网。偏偏刘邦中计，走入山中，冒顿乃率兵兜围，使他进退无路，内外不通，以便一网打尽。这正是冒顿安排的妙计。

就这样，四十余万匈奴铁骑将汉军牢牢地围困在白登山的冰天雪地之中。在饥饿寒冷与匈奴铁骑的双重打击之下，不少汉军将士战死，许多士卒的手指被冻掉。

面对这样严酷的形势，久经沙场的刘邦也是一筹莫展，接连过了三五日，怎样也想不出脱围方法。当时军中谋士，要算陈平最有智计。刘邦与他商议数次，他也没有救急良方。转眼间已是第六天了，刘邦焦急万分，看来全军会困死白登山上了。

到了第七天早上，刘邦、陈平正在山上瞭望。忽见山下有女骑兵奔驰，一打听，原来冒顿单于打仗时，王后也被带来了。陈平猛然想出一条妙计。

"我想混到匈奴营中去，想法去会见单于的老婆阏氏。"陈平对刘邦说。

"见阏氏有何用？"刘邦问道。

接着，陈平凑近刘邦嘀咕了一阵，刘邦听完了陈平的主意，不禁失声而笑："此计只有卿想得出来啊！你且去一试罢！"

"要实现这个计策，需要大批金银。"陈平说。

刘邦这次出来征伐匈奴，沿途搜刮了不少金银和战利品，于是全部取出，交给陈平。

陈平领了这些金银财宝，便等到夜色降临时，偷偷下山，凭着内线给他的匈奴符节，竟安全溜进了匈奴百骑长的帐幕，送他一份厚礼。百骑长收了金银珠宝，十分殷勤地领着陈平来到阏氏帐中。

陈平进了帐中，立刻感到帐里的热气，十分温暖，连忙脱掉裘袍。阏氏盯着他发了愣，心想："这是哪里来的汉人，如此俊秀？他为何到此？"

阏氏正在思考间，陈平献上了一大堆金银珠宝，还特意呈上一盒她平生见所未见、闻所未闻的汉宫御用化妆品。阏氏见到这许多神奇而美好的东西，再加上陈平这么个美男子亲自给她化妆，真开心得不得了。

接着，陈平微笑着取出一幅画，呈给阏氏说："中原皇帝恐怕匈奴大王不肯退兵，就准备将中原最漂亮的女子献给匈奴大王，这是她的像，先给王后看个样子。"

阏氏展开一看，好个美女子，同时心里顿时一惊：要是单于得了这天下第一号美女，从此我不是被冷落了吗？忙对陈平说："这个美女就不用送来了，我请单于退兵就是了。"

阏氏立刻走到冒顿帐中，对他说："中原的汉人跟雨点一样多。目前中原的兵马正像山一样压过来。汉王刘邦所部虽被包围，但后续部队正源源不断开来。我们这些兵士都是青壮牧民，没有经过训练。可汉人的军队不同，他们的军人都是职业军人，老百姓专事农业，不管打仗的事，我们可不能跟汉军死拼。现在，我们即使把刘邦所部全部杀光，中原的汉人也会率领更多的人马前来复仇，到时候，恐怕我们就抵挡不住了。我看还是见好就收吧。"

冒顿听了妻子的话，不禁大为惊讶，满腹狐疑地问："神巫是这么说的么？"冒顿做事极狡诈残忍，杀人如麻，但最信神巫。阏氏自然最清楚他的弱点，先已做了安排，把神巫找来，自然印证了阏氏所言。于是冒顿顺其言思忖起来：围了几天也不见汉人惊慌，原来天意如此啊！这时，单于的右大都尉来请示拨给粮草，左大都尉来问什么时候回草原，并说匈奴将士长久在外，都有思归之意等，这一大堆乱七八糟的琐事让单于烦恼不已。

这时候，亲兵入报：帐外汉使求见。冒顿听了连忙传进。陈平进帐，先送上许多金珠玩物，然后落落大方地说："你们想要将汉国像东胡一样地灭亡，是绝对不可能的。汉国不是东胡、月氏这样的小国，它的领土纵横万里，人口有一千多万，你们匈奴有多少人口？听说您手下能够弯弓射箭的战士只有三十多万，不到汉国的十分之一。汉国只要稍加动员，就可募集一二百万军队，而且都是身经百战的将士。目前从广武到晋阳一线的汉兵就接近百万，只要我主刘邦的性命稍有差池，他们就会前来向您报复，到那时你就悔之晚矣。"

坐在一旁的阏氏也劝单于道："匈奴国和汉国都是泱泱大国，两个国家君主应该以礼相待。老是把人家的君主困在白登山上，不给水喝，不给饭吃，不是个好办法，我看还是让汉军逃走吧。再者，汉国这么大，人口这么多，即使我们杀了刘邦，灭亡了这个国家，也不能长久统治这块地方，何必做这种劳而无功的事呢？听说汉王乃蛟龙之子，有神灵保佑。不如网开一面，放了他，留得人情在。"

陈平见阏氏帮自己说话，便进一步说道："今日我送上金银珠宝十斛，御绢百匹，与单于借道回中原。如若不借，白登山上储粮可供一月。汉朝百万救兵已经出动，不日就到达平城，届时必两败俱伤。所以放我主走，两利；继续围山，两伤。汉帝回都后，必再派特使携珠宝丝帛赴单于王庭，以示交好。"

陈平的话讲得软中有硬，真真假假。冒顿听他说再守一月也可以，这让他太吃惊了。因为匈奴打仗掳获归个人，得人则许为其奴。所以凡掳掠战，个人奋勇；这种包围仗，出力不讨好，一两天尚可，时日一长，就军心涣散，所以冒顿同意了汉朝的要求。陈平称谢，归回汉营去了。

次日清晨，冒顿单于传令撤开围兵的一角，放汉帝退兵。陈平怕冒顿单于有诈，令汉军张弓搭箭，指向两侧，护卫刘邦突围而出。刘邦捏着一把汗，人一出包围圈，就快马加鞭，一口气赶到广武，总算是解了白登之围。

第十五节　与匈奴和亲政策的失败

刘邦回长安后，不得不接受谋臣刘敬的意见，对匈奴采取"和亲"的政策。所谓"和亲"，就是中国宫廷把公主嫁给未开化的匈奴主，每年还向他赠送大量丝绸、酒、米等物。汉高祖刘邦驾崩后，惠帝、吕太后当政时，匈奴更加骄横，目空一切。继吕后的文、景之世，汉朝对匈奴始终采取妥协、委曲求全的政策，继续每年缴纳珠宝丝帛，以求和亲。但匈奴仍年年骚扰边境，劫掠物资和人口，对汉朝构成很大的威胁和损害。

公元前174年，冒顿单于死去，传位给其子稽粥，称老上单于（公元前174—前161年在位），稽粥继位后的第四年，大举兴兵，攻杀月氏君长。同时，与汉朝停止和亲修好。公元前166年，稽粥亲自率领14万骑兵入塞，匈奴攻入今陕西凤翔、淳化等地，杀死北地（今甘肃庆阳）都尉，在塞内掳掠一个月之久，迫使文帝和他重新订约，派遣公主嫁给他，每年赠给他无数珠宝丝帛。

公元前161年，老上单于死去，传位给其子军臣，称军臣单于

（公元前 161—前 126 年在位），为匈奴第 4 世单于。其当政后第二年，与汉朝停止和亲修好，公开与西汉政权为敌，前 158 年，军臣单于亲自率领 3 万骑兵攻入上郡（今陕西榆林东南），烧杀掠夺，烽火遍及甘泉（今陕西淳化）、长安。前 156 年重新订约和亲后，过了五年，又发兵进攻燕地。

公元前 126 年，军臣单于死去，其弟伊穉斜夺得王位，称伊穉斜单于（公元前 126—前 114 年在位），伊穉斜单于即位后，继续实行与汉朝为敌、不断扩张的政策，不断南下攻扰雁门等地。但当时正值汉武帝在位，汉朝决定改变实行了 90 年的无为方针，积极进取，决定使用武力进攻匈奴。伊穉斜单于受到西汉王朝三次歼灭性打击，全部丢失了几代单于侵占控制的地盘，只好远遁大漠，从此"大漠以南没有单于的王庭了"。所以伊穉斜单于是个惨败的单于。

第十六节　武帝发兵驱逐匈奴

汉武帝登上皇位之后，力图做一番事业，他认为首先要做的是反击北方的强敌匈奴，于是他改变汉朝实行了 90 年的屈辱的和亲政策，下决心对匈奴开战，雪洗前朝高祖和吕后所蒙受的耻辱，同时保障边境人民的安全。

关于汉武帝出兵打击匈奴的详情，本书前面已经说过，这里只作少许补充。

例如，公元前 138 年，司马迁七岁时，武帝派特使张骞通西域，就是要联络大月氏，夹击匈奴。

汉朝回击匈奴是元光二年（公元前 133 年）开始的，那年司马迁 12 岁。武帝派汉军 30 万埋伏在马邑（今山西朔县西北）山谷里，又派一名商人，以做交易为名，引诱匈奴来马邑抢夺财物，实行诱敌聚歼的计策。但匈奴的军臣单于（冒顿的孙子）领了十万骑兵还没到马邑时，就迅速退回，因为匈奴人发现牲口布满郊野，却无人看管，便怀疑有伏兵。又从一名俘虏口中知道了汉朝已设伏兵。汉军的计谋落空了。

从此和亲协议撕毁，开始了连续数十年的汉匈战争，武帝起用善战的关西人为将，与匈奴作战。但关西人是秦人后裔，汉武帝担心他们反叛，因此掌握最高指挥权的兵团统帅，一律由外戚担任。

司马迁16岁那年，也就是元光六年（前129年），汉匈之战拉开序幕，由于匈奴侵入上谷郡（今河北省怀来县，邻近北京市），汉军四万骑兵迎击匈奴，将匈奴击退。这次战役的指挥官，正是著名的外戚卫青大将军。第二年（前128年），卫青又带领三万骑兵由雁门关（今山西省代县北，长城要口之一）出发攻击匈奴，斩首和俘虏敌人数千人。

卫青的来历如何？司马迁在《卫将军骠骑列传》中写道："大将军卫青是平阳（今山西临汾）人，他的父亲郑季做县吏，被派到平阳侯（指西汉初年名臣曹参的曾孙曹寿，他袭封平阳侯）家服务，和平阳侯的侍妾卫媪私通，生下卫青。"所以卫青是个私生子。他的青云直上，全赖同母姐妹、汉武帝的皇后卫子夫。卫媪一共生了五个孩子，因其中的卫子夫贵为皇后，全部假冒姓卫。卫子夫原来在平阳侯家当歌女。某天，她遇见了武帝，就一步登天，其经过如下：

建元年间，有一次，武帝刘彻顺便到平阳侯府邸做客。平阳侯曹寿的妻子、平阳公主刘菟是刘彻的同胞长姐。宴饮的时候，刘菟让她的歌女逐一登堂表演歌舞。

这时，一个风姿绰约的歌女登场了。她的歌喉和身段，顿时让刘彻神驰魂荡。刘菟将这一切看在眼里。

歌女唱罢，刘彻起身上厕所。刘菟连忙让这个歌女到尚衣轩里侍奉刘彻。古代的王侯贵族，上厕后，要另外换一身衣服，并全身洒香水，需人伺候。刘彻从厕所里出来，这个歌女连忙帮他更换内衣和整理袍服。这时刘彻就势把歌女抱在怀里，百般温存。"你叫什么？"刘彻问。

"卫子夫。"歌女说。

刘彻上厕后重新入席，刘菟附耳说道："陛下把卫子夫带回宫去，可以吗?"

刘彻感到正中下怀，立即答应道："那就谢谢阿姐的美意了!"

黄昏时分，刘彻离开平阳侯府邸，卫子夫打扮一番，登上了皇家的豪华马车。卫子夫上车时，刘菀拍着她的后背说："如果富贵了，不要忘记我。"

卫子夫进宫后，甚得汉武帝宠幸。她进宫前，刘彻身边还有一个陈皇后，她是刘彻的姑母、长公主刘嫖的女儿。刘彻在兄弟中排行第十，本没有继位的资格，由于刘嫖的鼎力相助，刘彻登上了帝位，所以陈皇后依仗母势，十分骄横傲慢，可是卫子夫一进宫，就占了上风，夺去了武帝对陈皇后的全部宠爱。陈皇后十分气恼，使用巫蛊祭祀等手段，诅咒卫子夫。事情败露后，武帝大怒，将陈皇后身边的巫婆、方士等三百人全部处死，陈皇后本人被废黜，安置在长门宫，立卫子夫为皇后。由此可见这个卫子夫的手段的厉害，她能以疏间亲，打败武帝的亲表姐陈阿娇（陈皇后的名字），同时能够在枕席之间，说服武帝重用她的许多亲戚。卫青就是这样攀龙附凤，成了大将军的。元朔元年（公元前128年，司马迁17岁），卫子夫生了一个男孩，即戾太子刘据。卫子夫的地位更加稳固了。

后来，平阳公主刘菀的丈夫死了，再嫁给卫青为妻，所以卫青成了汉武帝的姐夫。

汉武帝的另一员征讨匈奴的大将霍去病，也是凭裙带关系升官的，他的父亲也是平阳侯家中的一名管家，姓霍；他的母亲是卫子夫的姐姐卫少儿。据《史记》载，卫媪有三个女儿，长女叫卫孺，次女叫卫少儿，三女叫卫子夫。霍管家和卫少儿两人相好，生下霍去病。所以算起来，霍去病是卫青的外甥，而两个人都是私生子。

霍去病还有个同父异母的兄弟，即他父亲霍管家和正妻生的孩子，也是个大贵人，他就是武帝驾崩后，遗诏辅佐昭帝的大将军霍光。

成功人士之所以成功，主要在于环境和社会，当然也少不了个人的努力。这家人两代人，凭裙带关系，就出了一批贵人，影响汉朝军事、政治六七十年之久。而他们能够以富贵震撼天下的关键则在于卫子夫当了皇后，当时有歌谣说："生男无喜，生女无怒，独不见卫子夫霸天下。"

但卫青、霍去病等虽出身卑贱，却确有领兵作战的才能。元朔二年（前127年，司马迁18岁），卫青率领汉军夺回了河南地。所谓河南地，也就是河套，或鄂尔多斯高原。该地区本属秦国，秦末楚汉相争，无法顾及边地，匈奴冒顿单于趁机将这块宝地夺去。河南地的夺回显示连续六七十年以来匈奴强大、华夏地区弱小的局面已经扭转了。

第三章

史书记载的张骞通西域

第一节　丝绸之路

　　一百多年前，德国学者李希霍芬在他所著的《中国》一书中，把中国人在古代开辟的中国西安至今土耳其的长约 15000 公里的"以丝绸贸易为媒介的交通路线"，称为"丝绸之路"。丝绸之路是中国历史上第一次对外大开放、中国国内多民族大融合的产物，推进了中外文化、科技、艺术和物产的大交流，对中国历史和世界历史的发展做出了辉煌的贡献。今天丝绸之路重现辉煌，成为全世界瞩目的经贸坦途、文化热点和旅游热线。

　　今天一般学人给"丝绸之路"下的定义为，"丝绸之路"是汉代开辟的从汉朝首都长安（现在的西安市）通往西域和欧洲的商业之路。因为当时这条路上交易的主要货物是中国出产的丝绸，所以被称为"丝绸之路"。

　　但是，当代中国学子日知先生指出，古代丝绸之路不必东起长安、洛阳，也不必止于罗马。自出现新石器时代以来，继之以青铜时代、铁器时代，中西文化、文明不断相互往来，相互交流，未尝间断，关系非常密切。远在这些东西方的大城市建立之前，丝绸之路早已存在。

"丝绸之路"沿途的地形地貌特别复杂，有狼群出没的草原，有茫茫无际的沙漠，有终年积雪的冰峰雪谷。我们的祖先，凭几匹战马骆驼，就在沙漠雪峰中把这条商路勘探出来，献给后人，这是一件多么了不起的事情呀！想起那些在这条路上披荆斩棘勇往直前的先辈，不禁令人肃然起敬！那么，究竟是谁，首先完成了从长安到西域最艰险的旅行，架起了中国和西域的友谊大桥，谱写了中国和西域人民友好关系的新篇章呢？他就是中外闻名的汉朝大探险家张骞。

张骞正是开拓丝绸之路的民族英雄。他是西汉武帝时代出使西域的全权大使，是中国历史上最杰出的外交家和探险家。张骞奉汉武帝旨意出使西域，历尽艰辛，不屈不挠，百折不回，尤其是他被匈奴捕获后囚居11年，不投降，无媚骨，坚持汉节，大义凛然，粉碎了匈奴王爷的暴力威胁和各种利诱，反而把囚居之处建成蚕桑基地，纺织丝绸，传播先进的汉朝科技文化。脱险后，他和通译甘父继续出使，先后到达大宛、康居、大夏、车师、龟兹等国，以其声望、勇毅和才智，出色地完成了结盟西域和出使乌孙国任务，又凯旋归汉。

但史书关于张骞的记述很少，很简短。下文我们从三个方面介绍张骞：一、从史学家司马迁的笔下；二、从史学家班固的笔下；三、根据当代人的复原和推想。

第二节　司马迁笔下的张骞

前文已说过，司马迁壮游之后，回到长安，大约是公元前124年。当时汉朝正紧张备战，从这一年开始，直到前119年，是汉朝自收复河南地后，对匈奴进一步打击的时期。最有意义的是元狩二年（前121年）及元狩四年（119年）两次带决定性的出击，匈奴俱大败（对这两次出击，本书前面的文字已经讲到）。从此以后，河套及以西地区不再受匈奴骚扰，河西走廊平定，匈奴远徙，漠南无王庭。

本书上文已说过，此次汉朝在大出击以前，匈奴仍处于强势，它多年的扩张已造成从左右两方面包围中国之势，因此，汉朝的反击战略是，改守为攻，斩断匈奴的左右臂，并取得了相当大的成功。

斩断匈奴的左臂，也就是稳固汉朝的东线，在这方面，汉军也获得了一连串胜利，夺得了匈奴的左地，并扶植原来役属于匈奴的乌桓族徙居于上谷、渔阳、右北平、辽西、辽东五郡（当今河北北部、原热河平原及辽河下游一带），命令他们侦察匈奴动静，并设置"护乌桓校尉"一官监视他们，以防止他们与匈奴往来勾结。

斩断匈奴的右臂，也就是稳固汉朝的西线，在这方面，汉朝的战略家早在大出击之前就开始部署了，这就是派张骞出使西域，联络大月氏、大宛等西域国家，拆散匈奴在西方的同盟。

一、西域的地理范围

张骞出使西域是武帝建元三年（前 138 年）出发的，当时司马迁年方七岁，尚不太懂事。但张骞回朝复命时，已经是武帝元朔三年（前 126 年），当时司马迁已有 19 岁了，正是他出发大游历的那年，忽然耳闻张骞向西方探险归来这件奇事，他一定很感兴趣，可能会到处打听消息，争取和张骞会面谈话，以丰富自己的地理学知识。他敢于独自一人前往东南游历探察，可能也是受了张骞这位探险家的激励和影响。

西域，是一个多么神秘而又令当时的年轻人向往的地方啊！张骞向西域探险，报名愿意跟随他去的人有很多，经过遴选，最后带了 100 多人动身，历经 12 年，历尽千辛万苦，绝大多数追随者或死于半途，或中途脱离，坚持回汉廷复命的只剩下张骞和甘父两个人。司马迁当时年纪小，没有跟着去，不然他也许会跟去，也可能牺牲于半途。

西汉人所指的"西域"，主要指两部分地区，一是指玉门关以西，葱岭以东，昆仑山以北，巴尔喀什湖以南，即张骞通西域后、汉代在西域设置的都护府的辖地，包括今天我国新疆地区和哈萨克斯坦阿拉木图一带；二是指葱岭以西的西域（中亚）细亚、罗马帝国等地，包括今天的阿富汗、伊朗、乌兹别克斯坦至地中海沿岸一带。

葱岭以东的西域，西汉时城邑小国星罗棋布，原有 36 个，后来分为 50 多个。人口一般为一二万人不等，最多的是乌孙，约 63 万人，其次是龟兹，有 8 万余人，最少的仅有 200 余人。它们大多数分布在今新疆天山以南、昆仑山以北，西至葱岭、东至玉门关的地区内，即今塔里木盆地一带。主要有鄯善（即楼兰）、于阗、莎车、无雷、疏勒、休循、焉耆、渠犁、尉犁、龟兹、姑墨、温宿、尉头、捐毒，等等。他们北邻乌孙、东邻匈奴。这里的居民或者从事农耕，或者从事游牧的生活。

在今新疆吐鲁番一带，有蒲类、车师、卑陆、且弥等国，居民主要从事游牧业。

在今天山以北、巴尔喀什湖以南的地区，当时先后为塞族人、大月氏人和乌孙所据有。这里最初生活着塞族人。后来，匈奴击败原住敦煌、祁连山之间的月氏人，月氏人被迫往西迁徙，并攻占了原属塞人的故地，这部分月氏人称为大月氏。其余仍留居敦煌、祁连山一带的小部分月氏人，则称小月氏。而塞族人失去故地后，即南迁至罽宾（今喀布尔河下游及克什米尔一带）。其后，原居敦煌一带的乌孙，又驱逐大月氏，大月氏被迫西逃，定居今阿富汗北部的阿姆河流域（其地原属大夏国）。于是巴尔喀什湖以南的伊犁河流域又成为乌孙据有的地方。乌孙的国王称为昆弥，该国人口包括乌孙人、大月氏人和塞族人，主要从事畜牧业。

二、张骞出使西域的原因、经过和影响

在汉文帝时期，匈奴冒顿单于曾经大举进攻西域，迫使这些城邑小国大多役属于匈奴。匈奴在这里设置"僮仆都尉"，统治西域各族人

民，并向他们征收各种赋税。由于匈奴控制着这些城邑小国，当时通往葱岭以西的西域各国的两条通道，都因此而被阻断。其中一条自玉门关，经鄯善、莎车，过葱岭，可达大月氏、安息，这条道路称为"南道"；还有一条出玉门关，经车师、疏勒，过葱岭，即可到大宛、康居，这条道路称为"北道"。早在张骞通西域之前，这两条道路已成为中西交通的主要通道。所以，张骞出使西域，除了联络大月氏和乌孙外，也肩负着重新打通这两条通往西域（中亚）道路的历史使命。

当初，汉武帝从投降的匈奴人那里，得知大月氏与匈奴的积怨很深，便下令招募人员出使大月氏，准备联络大月氏共同对付匈奴。张骞是汉中城固（今陕西城固）人，当时他以郎官的资格应聘，汉武帝就派他出使西行。

但张骞刚走出汉国境，就被匈奴探知擒拿，被拘留了十多年，某次他看准机会，逃了出来，但他没有立即回国，仍矢志不改，继续他的重大使命，代表汉国去联络大月氏。

但张骞由于被匈奴扣留太久，失去了时机，这时的大月氏，已离开伊犁河流域，另一支游牧民族乌孙占领了这个地方，而大月氏则被迫迁到更西边的阿姆河流域去了。张骞不辞辛苦，又走到阿姆河流域，好不容易找到大月氏国，在其新迁地停留了一年多，才辗转回国，途中又不幸被匈奴人抓捕，被拘留一年多，才又设法逃回长安。

张骞这一次出使，历时12年，虽然未完成使命，没有促成大月氏国同汉国联盟，以夹击匈奴，但他完全掌握了大月氏的历史和现况。正如本书前面所说的那样，大月氏原居甘肃河西，被匈奴打败，迁至伊犁河流域；再被乌孙打败，才又迁到阿姆河流域。而阿姆河的环境很适于生存，"此间乐，不思蜀"，大月氏居住于此，已远离匈奴，对于当初受匈奴压迫的仇恨，已经不放在心上，也不想报仇了。

但张骞于前126年这个关键时刻脱险回国，对汉王朝来说，仍然是一件值得庆祝的大事，他带回的关于西域各国的情报，对后来汉朝与匈奴争夺西域霸权，有相当重要的作用。

张骞从大月氏回国之时，正是汉朝与匈奴激战之日。这些战斗在本书前文中已经讲了，但张骞回国五年后（即元狩二年，前121年）的河西大战值得重提：在这次战役中，汉将霍去病大战浑邪王、休屠王，并消灭河西一带的匈奴势力，从此那儿只偶尔发现匈奴人的零星游牧队伍，其主力已退至漠北。而当时居住在匈奴西部的乌孙，势力正日益强盛，很想摆脱匈奴的控制。在这种情况下，张骞向汉武帝建议，以优厚的贿赂招引乌孙东归，让他们回到原敦煌至祁连山的故地，并用和亲形式结为兄弟，彻底斩断匈奴的右翼。汉武帝采纳张骞的建议，拜他为中郎将，命令他再次出使西域。

武帝元狩四年（前119年），张骞奉命率领300人，携带上万头牛羊，大量的货币和丝织品，第二次出使西域，张骞到达乌孙后，一方面派遣副使到大宛、康居、大月氏、大夏等国，以加强汉朝和西域（中亚）地区的联系，发展贸易往来；一方面说服乌孙的昆弥（国王），争取乌孙东迁故地。

当时，乌孙内部不稳，也不了解汉朝情况，因此无意东迁故地，但是愿意与汉朝通好。武帝元鼎二年（前115年），乌孙派数十人，护送张骞回长安。几年后，乌孙表示愿意与汉朝结亲联好。张骞这次出使虽未说服乌孙东归，但为汉朝争取到了一个可靠的盟友。

张骞第二次出使回到长安，只有一年多时间，就与世长辞了。步他的后尘，东汉的外交家班超（32—102）曾在西域冒险开拓30多年，驱逐了当地的匈奴势力，巩固了东汉在西域的统治地位，东汉政府任他为西域都护，封定远侯。

张骞和班超出使西域各国的意义在于：他们带去了中原的珠宝、茶叶、丝绸等精美物产，赠送给西域诸国的国王和人民，表达了中原人民对西域各国的友好情谊。丝绸之路随着张骞的通西域，就更加通畅了，这有利中华文化向西方的传播；同时，张骞、班超回国后，西方的商团开始沿着丝绸之路到中国来做生意，他们带来了西方的文化与文明，揭开了中西方友好交流的历史。这种友好交流的历史一直持续到以后两千多年的历史中。特别是到了唐代，这种交流变得更加密切频繁。

三、司马迁笔下的西域

司马迁在郎中任内，很可能曾经向张骞讨教过地理问题，因此他在《大宛列传》中指出：《禹本纪》（司马迁写《史记》所依据的古籍之一）说黄河发源于昆仑山，并且说昆仑山高度两千五百多里。可是，张骞出使西域，一直走到大月氏国，可说是已经走到黄河的源头以外很远很远了，哪见到什么黄河源头的如此高度的昆仑山呢？这就是司马迁的实证精神的表现：凡是书上讲述的，都必须经过实地的考察，才能证实其真伪。

张骞当年带回的情报，可能由张骞口述，司马迁笔录，从而司马迁在《史记》的《大宛列传》中对西域各国作了最早的简要的记述。

司马迁写道："大宛位于匈奴的西南方向，汉朝的正西边，离汉朝大约一万里的地方。那里的风俗都是定居，耕田，种稻麦。有葡萄酒，出产良马，马出汗有血，原先是天马的遗种。有城郭房屋住家，所属的城邑大小有七十多城，百姓有数十万。大宛的武器是弓、矛，人们骑马射箭。大宛的北面是康居，西面是大月氏，西南即是大夏，东北即是乌孙……"

按：《史记》中记载的大宛，位于今乌兹别克斯坦和吉尔吉斯斯坦之间的费尔干纳盆地，王都名叫贵山城，以产汗血马闻名。唐朝高僧玄奘取经时到过此地，他称该国为沛捍国。

司马迁写道："乌孙位于大宛东北方向约两千里的地方，是一个人民不定居的国家，从事游牧，与匈奴的风俗相同，战士有好几万，勇敢善战。该国原来服侍匈奴，到强盛以后，就撤回其在匈奴的人质，不再朝拜匈奴了。"

按：《史记》中记载的乌孙，在今天的伊犁河和伊塞克湖一带，王都名叫赤谷城，汉武帝曾两次以宗室的女儿嫁给乌孙王。

司马迁写道："康居位于大宛西北约两千里的地方，是一个人民不定居的国家，与月氏的风俗习惯大都相同。有战士八九万人。这个国家和大宛相邻，弱小，南边服侍月氏，东边服侍匈奴。"

按：《史记》中记载的康居国，东邻乌孙，西达奄蔡，南面与大月氏接壤，东南临近大宛，位置约在今巴尔喀什湖和咸海之间，王都名叫卑阗城。东汉时，粟戈、奄蔡等小国均臣服康居，南北朝时，康居成为白匈奴的属国。

康居人属于战国史书中的塞族，西洋史称其为萨凯族。有一支康居人南迁印度，被称作释迦族，佛祖释迦牟尼就出自这个部族。释迦牟尼的意义为释迦族的圣人。

司马迁写道："奄蔡位于康居西北方向约两千里，是个人民不定居的国家。其风俗习惯与康居大体相同，有战士十多万。其国濒临一片大水域，漫无边际，那大概就是叫做北海（今里海）。"

按：《史记》中记载的奄蔡国，东汉时称阿兰聊国，三国时称阿兰国。该国民众约分布在咸海至里海一带，从事农耕和畜牧，其手工艺品具有很高水平。东汉时附属康居国。后来其民众有一部分西迁至伏尔加河和顿河之间。公元四世纪后半叶（约370年），因受欧洲匈奴人压迫和驱赶，其民众继续西迁，和其他蛮族进入文明世界，即今意大利地区的罗马帝国，并且在著名的罗马统帅埃提乌斯的领导下，与其他民族一起在今天法国的卡塔隆平原上抗击欧洲匈奴。

司马迁写道："大月氏位于大宛的西面二三千里，北面即是康居，是个人民不定居的国家，人民随着牲畜转移迁徙，与匈奴的风俗习惯相同。战士有一二十万。从前大月氏强盛，看不起匈奴。匈奴的冒顿单于即位后，打败了月氏，到匈奴老上单于时，就杀了月氏王，把他的头骨做了饮酒器皿。起初，月氏住在祁连、敦煌一带，到被匈奴打败后，就远远离开了那里，经过大宛，往西打败了大夏并且统治了他们……"

按：张骞通西域以后，中国历史文献还多次提到大月氏：大月氏的都城大约位于今阿富汗马扎里沙里夫以西之巴尔赫。该国后来成为虔信佛教的国家。东汉明帝时，曾派郎中蔡愔等西行，从大月氏国请来高僧，并用一匹白马驮了佛经和佛像，回到东汉首都洛阳，建立了中国第一座佛寺——白马寺，该寺至今犹存。

公元前 184 年，印度孔雀王朝覆灭了，北印度长期出现混乱局面。大月氏人乘机向南侵入印度，在印度西北建立贵霜王国。公元 320 年（东晋元帝大兴三年），中印度的笈多王朝兴起，赶走了大月氏人。

公元 628 年（唐太宗贞观二年），高僧玄奘前往印度取经，中途经过大月氏国旧地，当时改名叫缚喝罗国，国内有不少佛教圣地。

司马迁写道："安息位于大月氏西边大约几千里。它的风俗习惯于定居，耕种田地，种水稻和麦子，产葡萄酒。它的国都的规模如同大宛一样，所管辖的大小城镇有好几百个，土地方圆好几千里，为周边最大的国家。有专门买卖物品的都市，人们为做买卖用车和船装载货物，有的运到旁国甚至几千里远的地方。他们以银子作为货币，货币铸造得像他们的国王的面貌。国王一死便更换货币，模仿新王面貌铸造。他们在皮革上以横行笔画作为文字记载。安息的西边是条支，北面有奄蔡、黎轩国。"

按：《史记》中记载的安息，即西方人写的世界史中的帕提亚（Parthia）。这是亚洲西部的古国。本来是波斯帝国的一个行省，位于伊朗高原的东北部。后来被亚历山大大帝征服，隶属亚历山大帝国和塞琉西王国。公元前 249 年—前 247 年独立，国王阿萨息斯一世（Arsaces I）建立阿萨息斯王朝。公元前二世纪后半叶，也就是张骞赴西域地区时，安息的领土包括全部伊朗高原和"两河流域"，成为西亚大国，最初建都尼萨，后来西迁至埃克巴坦那和忒息丰。

公元前一世纪到二世纪，安息是罗马帝国和中国贸易的必经之地，也就是丝绸之路的中转站。公元 97 年（东汉和帝永元九年），汉朝的西域都护班超派遣外交官甘英出使罗马帝国，走到安息西边国境地中海之滨，害怕海路危险而折返。安息国势强盛时，西面与罗马帝国抗衡，并且曾入侵印度。

司马迁写道："条支国在安息西面数千里的地方，靠临西海（指地中海）。暑热潮湿。耕田，种稻。出产大鸟，卵像瓮那么大。百姓很多，往往有小君长，安息国征服统治着他们，作为外围国。条支国人善于玩吞刀、吐火、屠人等魔术。安息长老传闻条支有弱水，西王母居住在那里，但没有看见过。"

按：《史记》中记载的条支国，在安息国的西边，其中心部分濒临波斯湾，在今天的伊拉克国境内。

近人认为，条支国即西方人写的世界史中的塞琉西王国，是马其顿的亚历山大大帝的部将塞琉古一世（Seleukos I）于公元前 312 年建立的，最初领土很广大，占有西起小亚细亚和叙利亚，东达伊朗高原的地区。都城有两个：底格里斯河畔的塞琉西亚（Seleukia）和奥伦特河畔的安条克。公元前 3 世纪中叶，其境内的大夏和安息相继独立，塞琉西王国版图缩小。但安提奥克三世在位时（前 223 年—前 187 年），再度扩张。

公元前 190 年（西汉惠帝五年），塞琉西王国被罗马帝国击败，此后国势逐渐衰落，仅仅占有叙利亚一带。张骞出使西域时该国正处于这种衰落局面，所以司马迁记述道："临西海"（濒临地中海），"安息役属之"（已经沦为安息的属国）。公元前 64 年（西汉宣帝元康二年），塞琉西王国被罗马帝国灭掉。

以上是根据今人的研究对《史记·大宛列传》中记述的西域各国的简要解释。可见汉朝人对西域（中亚）和西亚的地理和人文情况已有相当的认识。

第三节　班固笔下的张骞

班固是史学家班彪的儿子，班彪续写《史记》，写成《后传》多篇，班固继承父亲的遗业，在《后传》的基础上，用毕生的精力编写西汉的历史著作《汉书》。下面是班固纂修的《汉书》中的《张骞 李广利传》的内容：

张骞，汉中人，汉武帝建元年间担任郎官，随侍皇帝。当时从匈奴投降过来的人谈到：在一次战争中匈奴打败了月氏王，还拿月氏王的头骨做了单于饮酒的酒杯。月氏人逃跑了，十分仇恨匈奴，却苦于找不到同他们一道去回击匈奴的同盟国，因此复仇难成。那时，汉朝正想消灭匈奴，皇上听了这话，就计划去联络月氏，共击匈奴。可是到月氏去，路上一定要经过匈奴的势力范围，有被杀或被俘的危险。于是，朝廷就招募能够出使月氏的勇士。张骞凭借郎官的资格应召，出使月氏，和堂邑氏的奴隶甘父一同从陇西出发，经过匈奴地界时，匈奴就把他们俘虏了，押解到单于的王庭。单于责问说："月氏在我匈奴的北边，汉朝怎么能越过我匈奴往那儿派使者？我要是派使者经过汉朝到南越国，汉朝会允许我吗？"他的意思是，汉朝此举不光明正大，有危害匈奴的意图，于是，匈奴把张骞扣留了十多年，为了羁留他，还给他配了个老婆，生了孩子，但是张骞始终没有丢失汉朝给予他的出使旌节。

后来，张骞被拘留在匈奴地界的西部，他乘机和他的部属逃跑，向月氏方向逃去。往西奔走了几十天，来到大宛国。大宛人早就听说汉朝十分富有强大，想通往来，却没有实现的机会，见到张骞，很高兴，问他打算到哪儿去。张骞说："我们为汉朝出使月氏，半路上却被匈奴阻拦住了，如今逃出来了，希望大王派人给我们带路，护送我们前往。如果我们真的到达月氏国，外交成功，我们回到汉朝后，汉朝赠送给大王的财物将是无以计数的。大宛人认为张骞说的是真话，就不阻拦他，用财物打发他走，还为他派遣了翻译、向导，一直送到康居。康居又把张骞转送到了大月氏。这时，大月氏王早已被匈奴杀了，他的夫人被立为王。她已经征服了大夏，成了那里的君王。那里土地肥沃，宽广，很少有外来的侵扰，人们渴望安居乐业，又自以为远离汉地和汉朝已经疏远了，失去了报复匈奴的想法。

住了一年多，张骞回国，傍着南山脚下走，想从羌族人居住的地方取道而归，却又被匈奴俘虏了。扣留了一年多，恰好单于死了，匈奴内乱，张骞才同他那匈奴族的妻子和甘父一道逃回汉朝。汉朝很满意，封张骞为太中大夫，甘父为奉使君。

张骞为人，坚强有毅力，宽宏大量，对人诚实，外族人都喜欢他。堂邑父（即甘父）是匈奴人，擅长射箭，每当穷困急迫时，就射取飞禽走兽来充饥。当初，张骞出使时有一百多人，离开12年，只剩下两个人回来了。

张骞亲身所到的地方有：大宛、大月氏、大夏、康居，而在这些国家旁边的大国还有五六个。他把这些地方的地理特征和物产都一一向天子汇报述说了。那些话都记载在《汉书·西域传》里。

张骞对汉武帝说："我在大夏的时候，看到那儿有邛崃山出产的竹杖和蜀地出产的细布，我问他们是从哪儿得到这些东西的，他们说：'是我国的商人从身毒国买来的。身毒国在大夏东南大约好几千里的地方。他们的风俗是习惯于定居，跟大夏相同，那里地势低下，气候潮湿、炎热。他们的百姓骑着大象打仗，那地方临近一条大河呢！'据我估计，大夏离汉地一万二千里，位于汉地西南。而他们所说的身毒又在大夏东南几千里，有蜀地的物产。这说明：身毒离蜀地不远了。现在如果出使大夏，从羌族居住地经过，地形险恶，羌人憎恶汉朝，不会容许汉人通过，而稍稍往北一点走，就会被匈奴俘获；要是从蜀地走过去，到达身毒，这条路大概很直，又没有外来的侵扰。"张骞还让汉武帝知道：大宛以及大夏、安息之类都是大国，有许多珍奇的物产，百姓定居，与中国的风俗大致相同，但是兵力薄弱，羡慕汉朝的财物；北面就是大月氏和康居这些国家，兵力较强，可以把财物送给他们，诱惑他们来朝贡、献各种奇珍异物给汉朝。如果真能以政治外交手段而不用战争使这些国家归属汉朝，那汉朝就可扩展其疆域上千万里，就可汇合许多民族的语言，就可招致许多特殊的风俗，汉天子的声威德泽也就可遍布于天下。汉武帝听了，满心欢喜，认为张骞的话是对的，于是下令依循蜀郡、犍为郡，派遣使者寻找小路而行，分四路同时出发：一支从駹出发，一支从莋出发，一支从徙、邛出发，一支从僰出发，都各自走了一两千里。南边那一路为昆明所阻滞。昆明等地区没有君长，人民习惯于抢掠、偷盗，对汉使动辄又杀又抢，致使汉使始终未能通过。不过，听说就在昆明的西边大约一千多里路的地方，有一个人们爱骑象的国家，叫做滇越，而蜀地的那些秘密贩卖物品的商人，有的曾经到过那里。于是汉朝为了探寻去大夏的道路，开始与滇国相通。早先，汉朝就有打通西南各少数民族地区的战略计划，由于费用太多，才作罢。这时听张骞谈到可以凭借上述路线通往大夏时，汉朝又把打通西南少数民族地区的事重新提到了议事日程上。

张骞以校尉官的身份，跟随大将军卫青抗击匈奴。由于张骞知道大沙漠中水草所在，军队因此而不干渴，并能判断敌军的去向，使得马到成功，一战而胜。汉武帝于是封张骞为博望侯。这一年，是元朔六年（前123年）。过了两年，张骞担任卫尉官，与李广一道出右北平抗击匈奴。匈奴包围了李将军，汉军兵士逃散死亡很多，而张骞没有如期赶到策应地救援，以耽误战机罪，依法应该处斩，张骞用钱财赎罪，降为平民。这一年，骠骑将军霍去病在西边大破匈奴，歼敌几万人，一直追到了祁连山。就在这年秋天，匈奴浑邪王带领他的臣民投降了汉朝，因此从金城、河西沿着南山一直到盐泽，都没有匈奴军队了。匈奴间或也派侦察兵来，不过，人数很少了。再过两年，汉朝又把单于击退到了大沙漠以北。

汉武帝想了解有关大夏等国的情况，又多次召张骞来询问。当时张骞已经失去侯的封号，可仍旧据实汇报，他说道："臣被拘留在匈奴的时候，听说乌孙国王名叫昆莫，昆莫的父亲难兜靡领导的民众本来和大月氏国一同居住在祁连、敦煌之间，都是小国。大月氏杀了难兜靡，掠夺了他的土地，乌孙人民被迫逃往匈奴国内暂避。那时难兜靡的儿子昆莫刚刚出世，负责教养他的布就翕侯就抱着他逃跑，把他藏匿在野草丛里。布就翕侯替昆莫寻找吃的，走回来，看见一只狼正在给昆莫喂奶，同时，乌鸦也叼着肉在他旁边飞翔，布就翕侯以为昆莫是天神下凡，就带着他投靠匈奴，单于喜欢并收养了他。等到昆莫成年了，单于就把昆莫父亲的民众交还给昆莫，昆莫带兵屡立战功。这时，月氏已经被匈奴打败，只得往西攻击塞族王国。塞族王国向南逃跑，迁移到很远的地方去了，月氏就占据了塞族王国的地方。昆莫成长壮大了，就亲自向单于请求领兵前去攻打大月氏，以报父仇。单于表示准许。于是昆莫领兵向西进军，打败了大月氏。大月氏就再往西逃跑，迁移到了大夏的地区。昆莫俘虏了月氏的人民，并在那里定居下来，兵力也强大些了，这时恰遇单于死去，昆莫就宣布独立，不肯再去朝见和臣服匈奴了。匈奴派军队去攻击他，没有战胜，都认为昆莫是天神降世而远离了他。现在单于新近被汉朝所困，原来昆莫居住的地方（指河西地区）无人居住。外族人都留恋自己的家乡，又贪图汉朝的财物，如果在这个时候重重地馈赠乌孙，招诱他们东迁旧地（指河西地区），我们又嫁个公主给他做夫人，两国结为兄弟邦交，昆莫必会言听计从。这样一来，就等于砍断了匈奴的右臂。到那时，既然我国已经联合了乌孙，那么，它的西边大夏等国都可招引来成为属国。"天子点头，认为此外交计策很对，就封张骞做中郎将，率领三百人，每人两匹马，牛羊以万计算，带着金币丝绸等礼物，价值数千万，前往联络乌孙国。皇帝还给张骞配备了很多拿着旌节的副使，如果路上方便，张骞就可以分派他们到乌孙邻近的其他国家去。张骞到了乌孙，传达颁赐了汉天子的旨意，却未能得到他们的明确答复。张骞随即分别派遣那些副使，出使到大宛、康居、月氏、大夏等国。乌孙昆莫派遣翻译和向导护送张骞，为了给张骞回朝的队伍增加声势，还派了乌孙国使者几十人随行，带有马几十匹，到汉朝答谢，昆莫趁机密令这些使者窥测汉朝，看看究竟有多么广大。

张骞回国后一年就死了。又过了一年多，张骞当初在乌孙国派遣出去通往大夏等国的副使，有好多个都和他们所出使的那个国家的人一道来到汉朝，从这个时候起，西北方面各国才开始和汉朝正式交通往来。不过由于张骞打开了汉与西域的通道，那些以后出去的使者都自称是博望侯，用张骞的威信取信于外国，外国因为这个缘故信任这些使者。后来，乌孙还与汉朝联姻。

当初，天子打开卜筮之书占卜，书上说："神马当从西北来。"后来，得到乌孙好马，就叫它"天马"。以后又获得了大宛的汗血马，那马显得更加健壮，于是把乌孙马改名为"西极马"，把大宛马叫做"天马"。汉朝这时又开始加筑长城，新增设酒泉郡，以便和西北各国联络，又加派使者到安息、奄蔡、条支、身毒等国。天子喜欢大宛马，派去的使者在通往西域的路上络绎不绝。每一批多至好几百人，少的一百余人。使者们带的钱财，拿的旌节，大体和当初博望侯带的相仿。后来汉朝宫廷对西域渐渐地熟悉了，了如指掌，派的人数也逐渐减少了。汉朝派出的使者通常一年之中多则十几批，少则五六批；远的地方一去就是八九年，近的地方几年就回来。

这时，汉朝已经灭亡了南越，紧挨着蜀地的西南各族的头人都已被汉朝的武力震慑，纷纷请求汉朝派官吏去管辖。汉朝就设置了牂柯、越巂、益州、沈黎、文山等几个郡，用意在于使它们与汉朝地界相接，以便向前通往大夏，并且每年派使者十多批，从这些新设的郡地出发。这些使者全都被昆明地方的蛮族拦阻，甚至被这些蛮族杀害，金钱货物也被蛮族夺去。于是汉朝就派兵攻打昆明地方的蛮族，杀死他们几万人。后来，汉朝又派出使者，最终仍未能通过。

自从张骞打开前往外国的通道而获得尊贵的地位以后，汉朝的大小官吏们都竞相向天子上书，谈外国的珍奇怪异，利益弊害，要求出使。天子认为那些国家在很远很远的地方，不是人们乐意去的，就听从请求者的意见，授予旌节，派遣他们出去，为了给他们壮行，还同时招募官吏百姓，不问出身履历，作为他们的随行人员，因而扩大了使者的来源。出国回来的使者，难免有侵盗天子赠送给外国的布帛财物等情况发生。一旦发现使者违背天子旨意，胡作非为，贪污礼品，天子仍能酌情宽大，因为天子认为他们习惯于使者的工作，人才不可多得，因此对他们的罪行往往仔细审察，虽然给予沉重的惩处，其实是借处分以激怒他们，逼使他们再次要求出使以立功赎罪。这样一来，出使的原因和理由便多得不得了，无穷无尽，使者们也就把犯法看得无所谓了。请求出使的官兵也一再极力赞扬外国的资源。那些说大话的，就授予旌节作为正使，那些不会夸大其词的则充任副使。所以，虚言妄语、没有德行的家伙都争着仿效。那些使者们都私自窃用天子赠送给西域各国的礼物，又图谋用低价收购胡货带回国内高价出售以赚取私利。西域各国也讨厌汉使的各种轻重不实之词，因此，他们停止给汉使供应食物，而使汉使困苦不堪。汉使生活穷乏，钱粮断绝，无不责难怨恨，以致西域各国和汉使互相攻击。汉使争相谈论征服西域各国的好处和放任不管的危害，认为西域各国虽都有城市，但兵力不强，容易击破。于是天子就派遣从票侯赵破奴，率领属国的骑兵和汉朝各郡的军队几万人，去攻打匈奴，一并攻打西域小国。匈奴人全被赶跑。第二年，打败了姑师，俘虏了楼兰国王，从酒泉起，修建、设列"哨所"，一直修建到玉门关。

这时候，天子正多次到海上视察，于是就让外国朋友全都跟着。凡是大城市人多的地方，天子都要从那里经过，一路散发财物布帛，进行赏赐，还用丰厚的酒肴隆重款待当地官员，让外国客人观看，以显示汉朝的富庶。还要举行盛大的角斗比赛，演出稀奇的戏艺，展出各种奇怪的珍贵物品或动物，引来很多围观的人。同时大肆进行赏赐，灌酒为池，挂肉成林。还让外国客人到处参观仓、库、府、藏的储积，想通过这些显示汉朝的广大，使外国人倾慕震惊。后来，演出稀奇的戏艺时，还加进魔术师的精巧技艺，令客人惊绝。而角斗、巧戏等则年年要演出，而且不是一成不变，常常增加节目和变换花样，后来这些技艺日益兴盛。而前来了解汉朝的外国使者，这个来，那个去，频繁往来，只是大宛以西的那些国家，却都各自依仗远离汉朝之优势，不尊重汉使。

汉使者去西域的已经很多。出使西域的随从大多是少年人，他们回国后大都进献虚美的言词给天子，说大宛有好马，产在贰师城，大宛人把马藏起来，不肯给汉使看。天子早已爱好大宛的马，听到这个消息，一心向往，便派壮士车令等人带着巨款和金马向大宛王索求贰师城的良马。大宛国本来多有汉朝财物，他们互相计议对策道："汉朝离我国很远，经过盐泽（又称盐水，罗布泊周围）来我国，路上就常常有死亡；如果从盐泽的北面走来，会有胡人侵扰；如果从盐泽的南面走来，就会缺乏有水草的地方，遍布沙漠，况且沿途往往极少城镇，缺少食物的补给，汉朝派几百人成批来，也常常因缺少食物，死去的超过一半。这种情况，哪能派遣大部队来呢？况且贰师城的马，是我们大宛国的宝马啊，怎能随便给他们。"于是就不同意将贰师的良马给予汉使。汉使大怒，痛骂一通，砸碎带来做礼物的金马，离开大宛朝廷。大宛的一些内廷官员愤怒地说道："汉使极为轻蔑我国！"就很不友好地打发汉使回去，同时，还命令东边的郁成王拦击，杀害了汉使，夺取了他们的财物。汉天子大怒，曾经出使过大宛的姚定汉等人说："大宛的兵力薄弱，若能率领近三千兵力的汉军，用强弓劲弩射击他们，就可以攻破大宛了。"天子因为曾经派遣过从票侯赵破奴攻打楼兰，让七百骑兵做先锋，就俘虏了楼兰的国王，所以认为姚定汉等人的话是不错的，又想乘机封赏爱姬李夫人的兄弟，于是任命李夫人兄李广利为将军去攻打大宛国。

李广利的妹妹李夫人获得汉武帝的宠爱，生下了昌邑哀王。太初元年（前104年），汉武帝封李广利为贰师将军，带领属国的六千骑兵和郡国那些品行恶劣的青年几万人出发，打算到贰师城去夺取良马，所以叫他"贰师将军"。原已封为浩侯的王恢为军队带路。不久往西经过盐泽，沿路的那些小国家都各自紧紧地守住自己的城堡，不供给汉兵粮食，强行攻打，又打不下来。后来到了郁成城，兵士只剩下几千人了。人人都很饥饿，疲乏万分。汉兵勉强攻打郁成城，郁成人进行顽强抵御，杀伤汉兵不少。贰师将军李广利和左右亲信商议："连郁成城都不能攻下，怎能攻下它的王都呢？"就退却回来。前后花了两年，回到敦煌时，士兵剩下不过十分之一二了。李广利派遣使者给皇帝上奏章说："路程遥远，十分缺少粮食。加上士兵们不怕打仗，只怕挨饿。兵少了，没有力量攻取大宛国。大家都希望暂时撤兵，等兵力增多以后再去。"汉武帝看了，大发雷霆，派人去拦守玉门关，并宣布："谁敢进关，就砍谁的头。"贰师将军李广利害怕了，只好留下来，把队伍驻扎在敦煌。

那年夏天，汉从票侯赵破奴的士兵就曾有二万多人在匈奴覆没，因而朝廷的高级官员都主张停止出兵攻打大宛，以集中兵力攻打匈奴。这时汉天子既已出兵讨伐大宛，如大宛这样的小国都打不下来，那大夏之类的国家准会逐渐瞧不起汉朝，大宛的良马就弄不到手，乌孙、轮台等国家也将肆意出头为难汉朝的使者。这样，中国就会见笑于外国。于是天子一面释放囚徒从军，充当侦探或尖兵以袭击敌军，一面征集那些品行恶劣的青年和边境骑士入伍，经过一年多的部署，从敦煌起兵出发时，队伍一共就有了六万人，且私人带着粮食行李跟随部队出征的人不算在内。运送粮草的有牛十万头，马三万匹，驴、骆驼等都是万数。兵器、弓箭等颇为齐备。全国都搞得扰乱不安，大家互相转告消息，都说准备奉命征伐大宛。领兵的校尉就有五十多人。汉朝由侦察知道，大宛国的城内没有水井，要从城外引水入城。于是朝廷就给汉军增派治水的工人，等到了大宛，这些工人把城下的水道改变走向，而汉兵则可以从原水道穿地穴攻城。同时，汉朝还增派了边防战士 18 万人，到酒泉和张掖以北驻守，还设置了居延和休屠两个县以护卫酒泉，并征集社会身份很低的七种人来充实兵力，同时征发民众装载干粮供给贰师的部队。

在准备充分后，贰师将军李广利便第二次出征了。队伍庞大，沿路各小国无不出来欢迎，拿出粮食来供养汉军。到达轮台时，轮台人不屈服，攻打了几天，汉朝摧毁了这个国家。从轮台往西，汉军毫无阻挡地到达了大宛王都。部队到达时仍有三万人。宛军迎击汉军，汉军靠射箭，击败了他们，宛兵退入城内守卫着他们的城堡。贰师将军本想先攻占郁成城，又恐怕军队滞留该城内，而让大宛人更加有机会产生诈变，于是就先到大宛城。掘开它的水源，改变其流向，接着又包围大宛城，攻打了 40 多天。大宛的高级官员商量道："战争的导火线是我们的国主毋寡隐藏了好马，杀害了汉朝的使者。现在我们把惹祸的国王杀了，并拿出好马，汉军应当解围；否则，就奋战而死，也为时不晚。"大宛的高级官员们都认为对，就一同杀了大宛王。这时外城已破，汉军俘获了大宛高级官员中的勇将煎靡，大宛人大为恐慌，逃入内城，共同商量道："汉朝之所以来攻打大宛，就是由于我们的国主毋寡的缘故。"于是派人提着毋寡的头，去见贰师将军，并立约说："汉朝不要攻打我大宛了，我们把好马全部拿出来，任凭你们选取，并且供给你们粮食。如若不听取我们的诺言，我们要把好马都杀尽，康居的救兵又将要到达。一到达，我宛兵在城内，康居的救兵在城外，共同和汉军作战，仔细权衡一下吧，你们何去何从？"这时候，大宛向康居告急，康居窥伺到汉兵还强大，不敢进兵。贰师将军听说大宛城内最近已找到汉人工匠帮助他们穿井汲水，饮水不困难了，同时城内的粮食也还不少。又考虑到这次汉军远征的确是为了诛灭罪魁祸首大宛王毋寡而来的，现在毋寡的脑袋已经取到了，如果还不听从他们的诺言，那他们就会坚守城堡，而康居等到汉军疲乏的时候会来援救大宛，他们打败汉军则是必然的了。军官们都认为对，就接受了大宛的条件。于是，大宛人把他们的马都放了出来，让汉军自己挑选，同时还拿出许多粮食，供养汉军。汉军挑选了好马几十匹，中等以下公马母马共约三千多匹，并且立大宛高级官员中过去待汉人友好的昧蔡为大宛国王，与他们订立盟约后撤兵。所以，最终汉军还是未能进入内城，就班兵回朝了。

当初，贰师将军李广利第一次行军远征，汉武帝派遣使者督促乌孙国大量出兵攻打大宛。乌孙派两千名骑兵前往，徘徊观望，不肯向前。贰师将军的队伍凯旋东归，他所经过的那些小国家听说大宛已经被攻占，都打发自己的子弟跟随来汉朝进贡，面见天子，并自愿作为人质留在汉朝。汉军部队回还，进玉门关时只剩下一万多人，马一千多匹了，可见损失也很重。

过了 11 年，即征和三年（前 90 年），贰师将军李广利再一次率领七万骑兵从五原郡出发，攻打匈奴，不幸战败，他投降匈奴后，竟被单于杀害了。这些情况记载在《汉书·匈奴传》里。

作者评说：《禹本纪》里讲黄河发源于昆仑山，昆仑山高二千五百多里，是太阳、月亮交相隐蔽和放出光明的地方。自从张骞出使大夏以后，寻究到了黄河的源头，哪里能见到那样的昆仑山呢？所以《尚书》只讲天下大山大河，不讲黄河出自昆仑，看来《尚书》的说法接近真实。《禹本纪》《山海经》里的说法，实在太随意了。①

关于张骞回返中国之途径，《史记》《汉书》均未明记。但当时张骞为避免被匈奴逮捕，其所取路径，必远离其势力所及，又据《汉书》所载，在汉时，大夏大月氏方面与汉之交通，一般往来于南道，综合此等情况，张骞概系取南道返回，想必是由中央亚细亚溯奥克菲斯（Oxus，今阿姆河，中国史书称妫水）河，越帕米尔（Pamir）高原，而出莎车（Yarknnd）、于阗（Khotan）而归国。观《史记》所载，有张骞"并南山欲从羌中归"之句，则我们的想象，愈加确实。

张骞虽如此细心注意，然终归无效。因为当时居于青海附近之诸族，仍在匈奴势力范围之内。故张骞于归途中，后为匈奴所获，幽囚一年余，嗣因匈奴军臣单于去世，发生内乱，张骞趁此纷扰，始得再行脱险，回返汉朝。

关于张骞归汉之年代，《史记》《汉书》均未明记。而《资治通鉴》则定为元朔三年，即公元前126年。据《史记》载，军臣单于之死，为元朔三年的冬天。又据《汉书》所载，匈奴军臣单于的太子於单，因避乱来汉，封陟安侯，为元朔三年四月之事。因此，《资治通鉴》考定张骞趁匈奴内乱之机会，脱走归朝，为元朔三年，当然十分正确。或者张骞是伴随匈奴的於单归汉，亦未可知。

张骞之凿空西域，也就是他的西域远征，在中国史上实为破天荒之快事。德国学者弗里德利希·夏德（Fridrich Hirth）将这次凿空西域称为发现新大陆的大事件，对其盛赞不已。

---

① 这一节是古文今译，参考了蔡泽华先生的译文，特此表示谢意。

第四章
现代作家对张骞通西域的描写

第一节　城固一少年

以上是史书上的张骞事迹，但太单薄了。要描绘这位凿空西域、开启丝绸之路的伟人，实在需要皇皇巨著才能表述清楚。后人根据各方面的资料，通过推想复原，得到了一些较完整、细致的张骞故事。当然，这样的故事，不一定和史实完全符合，但笔者认为这是抛砖引玉，希望后来人能总结出更符合史实的故事。

据不完全统计，近世致力于编写、整理、复原张骞事迹的作家有杜呈祥氏、谭一寰氏、冯惠民氏、彭卫氏、蔡泽华氏、玉恒氏、周建新氏、周国汉氏、陈绍棣氏、姜正成氏等，国外有日本的桑原骘藏氏，这些研究家、学者和作家都有专著问世。下面的篇章，是笔者根据现代人的一些作品，加以综合整理的。故事情节主要采自周国汉氏的《张骞大传》。

对于张骞的家世，古代资料全无，今天的作家们，如姜正成氏，对张骞的家世和出身，做出以下的推想：

公元前 164 年（汉文帝十六年）一个生机蓬勃的春日，在西汉汉中郡城固县城（今陕西省城固县）西南、紧靠汉江的小小的西崖村一个普通农民的家里，张氏家族增添了一位小成员，他就是开拓了汉朝和西方诸国贸易的"丝绸之路"，成为中国历史上第一个走出国门、凿空西域的使者张骞。

城固虽是一座小小的县城，但是历史倒还悠久。公元前 312 年，楚国攻打秦国，却反被秦国大败于丹阳，楚国只得割地求和。秦国在汉中获得了楚地六百里，按照秦国实行的郡县制，始设置汉中郡，并在郡下同时置城固县。"城固"之名取其"城池巩固"之意，可见该城的城墙一定十分坚固，易守难攻，此时，城固已发展成为一座城市。

城固张氏是一个非常古老的姓氏，由中华民族共同祖先、五千多年以前的黄帝直接赐姓。据说黄帝的孙子挥是张姓的始祖。挥是一个原始部落的酋长，他反复观察天上的弧星，从中得到启示，首先制造出弓矢，被黄帝任命为弓正。因此，他命名自己的部落为张部落。张字的原意为长弓，唯长弓才能射远，不但可加强战斗力，而且可以猎捕飞禽走兽，解决生活所需。发明长弓无疑是张部落对原始社会的伟大贡献。

张骞出生前，张姓就有不少杰出人物，如张仪，战国时的纵横家、秦国的相国。秦末有"汉初三杰"之一张良及项羽封的十八个诸侯王之一张耳。张耳原为魏国名士，最早参加反秦起义，他在巨鹿一战中，能领兵坚守，破围后又能跟随入关，所以项羽封他为常山王，领有原赵国的大部分领土（包括今河北省中部，山西东部、中部一部分地方），建都襄国（今河北邢台市西南）。后来张耳投靠刘邦，刘邦夺得天下后，将女儿鲁元公主嫁给张耳的儿子张敖，还封张敖为赵王。

"城固"张家究竟和张仪、张耳、张良等名人有没有世系方面的相连，不可考。张家以耕牧为业，但他的祖先很可能是书香门第，世代为官。

当地有一个奇怪的风俗，女孩过六日，男孩过五日，要大宴宾客，亲戚朋友都赶来贺喜。男孩的父亲名叫张祥熙，他与亲朋好友凑在一起，为新生婴儿取名。他请客人们各自将欲给孩子取的名字写在手心上，然后伸开手来看，谁取的名字好，就用谁的。于是大家开始写名，又伸开手，结果每个人的手心上都写着一个大大的"骞"字，真乃不谋而合也！"骞"，高飞、高举之意，张祥熙笑着解释："方今海内一统，天下太平，吾张家祖先世代贵胄，出了张仪、张耳、张良等圣贤伟人，祖先事业，亦待继承，名字曰'骞'，寄望我儿重整门楣、展翅高飞。"

出身农家的小张骞，平时活泼开朗，内心却很孝顺恭谨，居家常施行勤俭，不以做事辛劳为耻辱。他从小时候起就爱劳作，不图享受，常常跟着母亲去采桑叶、下田间，帮助家里做些杂活。日日看着乡亲们春天耕种农田，平日锄草、灌溉，秋天忙碌割麦，妇女们每天纺纱、织布，天长日久，耳濡目染，他对农家的活儿自然就十分熟练，也较深切地体会到广大百姓的劳苦。与此同时也磨练了他勇敢刚毅的性格，锤炼了他坚强的意志，养育了他的开朗阔达的身心。史书记载：他"为人强力，宽大信人"，即具有强健的体魄，做事坚忍不拔、心胸开阔，并能以信义待人。

六岁的张骞拜师入门，进了私塾。他是私塾里最小的一个学生，也是最用功、最讨同学喜欢的学生。每天天刚亮，他就第一个来到学堂，无论刮风下雨，从不误学。冬季的一天，纷纷扬扬的大雪把私塾里的柏树枝都压断了。先生们怜惜孩子们，怕冻坏了他们，改早上授课为下午授课，让学生等中午天气暖和点再来学校。可是，一大早先生就听到教室里传出琅琅的读书声，不禁为之一震。他推开屋门，只见空荡荡的教室里只坐着张骞一人，这个孩子正在聚精会神地、摇头晃脑地背诵《左传》《公羊》《论语》呢。

除了努力学习古文知识，在繁重的课业之外，张骞还努力学习武艺。该县县尉陈般，剑术极其高明，远近闻名。他非常爱惜人才，看出张骞是一个好苗子，很有发展潜力，便将自己的技艺悉心传授给这个谦恭有礼、天资聪颖的徒弟。张骞经过长期的刻苦练习，剑术大有进步，他身体结实，力大无穷，小小年纪就拉得开硬弓，且箭无虚发。

张骞的父亲张祥熙重义气，为人善良诚信，尽管家里的生活境况一般，但只要看到谁家有困难，宁可自己节衣缩食，也要济人之困、热情帮助。

为了家庭的生计，张祥熙开始在外经商，曾经多次往返于中土与西域之间，到达过不少西域国家，回来后常常向张骞讲述那些西域的风土人情、逸闻趣事，也教他唱一些西域歌谣，弹西域的乐器，在他幼小的心灵中激起了探寻外面世界的渴望。十几岁时，经不住张骞的再三恳求，张祥熙终于带他远行游历。第一次出远门的张骞既激动又好奇，一路西行来到了玉门关，见识了边塞风光，体会到戍边将士苦中作乐的乐观情怀。

勤奋刻苦的张骞，在良师的指导下，学识越来越广博，武艺越来越纯熟。转眼间，张骞十七岁了，父母觉得是让儿子出去见识一番的时候了，便鼓励和支持张骞暂时停止了对古文、经学的研究，张骞开始访游名山大川，考察各地风土人情。

张骞从城固沿汉江而下，来到了关中地区。首先碰到的是一个个背井离乡、衣衫褴褛的难民，他们面黄肌瘦，饥寒交迫，顶风冒雪，哀号痛哭，沿整条大街扶老携幼地乞讨。

他问这些乞讨的难民打哪儿来。男女老幼或答"陇西"、"北地"，或答"云中"、"代郡"，或答"上谷"、"雁门"，或答"渔阳"、"右北平"。这些都是常遭匈奴侵略、掠夺的边界地区。

张骞仿佛看到了奔腾而来的数万黑压压匈奴虎狼铁骑，层层叠叠，蜂拥蚁聚，蹂躏边关的景象。

汉初几朝皇帝曾多次专发诏令，在全国广为招贤，其中有一项选拔人才的制度，就是"举孝廉"，通俗地讲，"举孝廉"就是察举孝子、廉吏，实际上包括"孝廉"和"察廉"两个不同察举科目。从被"举孝廉"者的身份看，有吏有民。

"举孝廉"也是我国古代发现和培养官吏预备人选的一种方式，属于察举制度中最重要的岁举科目之一。西汉朝廷对各地区的察举名额作了规定和限制。有人口二十万以上的郡国每年举一人；不足二十万人的郡国两年举一人；不足十万人地区三年举一人。边郡和少数民族地区名额放宽：每十万人口年举一人，不足十万人口地区两年举一人，不足五万人口地区三年举一人。朝中公卿大夫一般每人每年举一至两人，由朝廷任命官职。被举荐出来的人，除博学多才外，更需孝顺父母，行为清廉，故称为孝廉。这种人才选拔方式萌芽于春秋战国时代，正式确立于汉代。

一年一度的察举又开始了，经过层层筛选，张骞以忠孝两全、儒学出众、行伍有功被推举孝廉，又经过经学、文字等各科考试，获职郎官，不日就要去皇宫赴任。

起程的日子到了，周围村庄的亲朋好友也闻讯前来送行，把小小的村庄围得水泄不通。张骞不断地抱拳拱手，连连作揖，感谢乡亲们的欢送。

前进的马车将张骞载向新的天地，他将开始新的生活，接受新的挑战。京都人才荟萃，各方面的文化名流汇聚于此。他可以拜师学习，大展宏图。

临行前一位家乡父老送了他一句名言："匈奴未灭，不归乡里。"当时匈奴为国家大患，故父老有此言。

第二节　到西域去

小郎官初露头角

张骞到长安后，在宫中担任"郎"的官职，属于皇帝左右的侍卫，好似天子个人的家臣、门客。其工作除了日常门户之事外，皇帝出门的时候，他们则成为车马队侍从。此外，他们因为平常居住在宫中，皇帝出门时也常随侍在左右，所以是皇帝身边现成的顾问，皇帝有什么事情，也常差遣他们去执行，例如一度担任郎官的司马迁，就曾奉旨出差抚慰西南夷。郎官在行政上没有固定职务，没有办公室，也没有一定的员额，多时人数达上千人，完全由皇帝自由决定他们的任务和人数。

"郎"的长官是郎中令，可称为宫廷侍卫长，当时任郎中令的是石建。

郎中这种官，必须一年到头跟随在皇帝周围，有点像战国时代的门客。张骞在宫中既然做的是侍从、警卫等工作，就有机会见到汉武帝，但最初他没有引起汉武帝的关注。

张骞是如何获得武帝重用的，史书上没有说，近世作家谭一寰（《张骞的故事》的作者）等只说张骞曾经研究过匈奴的问题，反对和亲，是主战派，对武帝的联络月氏、打击匈奴的策略很拥护，因而在挑选出一百多个合格的出使的人后，张骞被武帝任命为这一百个人的头领。

但在另一现代作者的笔下，张骞获得武帝重视是因为他是个打虎英雄。

据说，有一次，汉武帝和他的姐姐平阳公主带领众多亲随打猎。猎了半天，却只猎到几只小狐狸和野兔，觉得非常乏味，于是登上悬崖穷搜，发现一个很深的洞窟，一个卫士将长矛伸进洞中试探，结果从洞里跳出一只雄伟的大老虎。那老虎接连咬伤几名卫士，但它腿部也中了卫士的飞镖。受伤的猛虎拼命逃窜，卫士们穷追不舍。忽然，一名雄姿英发的卫士骑马从山上下来，迎着猛虎，挡住它的去路，而且一箭射瞎了猛虎的左眼睛。那猛虎扑向那卫士，一掌击碎了卫士的坐骑的头，坐骑惨叫一声，倒在地上，但那卫士翻身落马，持刀和虎斗，将老虎刺伤。他机智地躲开老虎的猛扑，跳到一旁，随即举弓射箭，将老虎的另一只眼睛也射瞎。瞎眼的老虎怒扑过来，一阵乱撞，卫士在其他人的帮助下，将它引向一群锋利的乱石中，老虎撞在石头上，倒地而亡。

这位打老虎的英雄就是张骞，他虽为郎中，但这段时期奉命在此守山，没有在宫中服役。这一次，他见受伤的老虎危及圣上的安全，奋不顾身，勇猛果断护驾，打死老虎，使武帝和平阳公主安全回宫。

此后，武帝对张骞另眼看待，调他为御前侍卫，常在皇帝左右。武帝通过几次接触，发现他熟悉西域地理和语言，又擅长外交辞令，就有重用他的意思。

这样就把民间传说中的武松的事迹和张骞结合在一起了，历史上这是常事：人们常常在一个伟人的身上寄寓民间的理想，将许多名人的事迹集中到一个伟人身上。

俘虏供词引发一番大举动

英雄的产生往往在于机遇，所谓"时势造英雄"。张骞的事业靠的是一次谈话——汉武帝和一名匈奴俘虏的谈话。

史书对这次谈话的记录很简略："时匈奴降者言匈奴破月氏王，以其头为饮器，月氏遁而怨匈奴，无与共击之。汉方欲事灭胡，闻此言，欲通使……"（《汉书》）

按现代作家的推想，这次谈话的情况应该是这样的：

某天晚上，长乐宫灯火通明。十九岁的汉武帝坐在席子上。

一个匈奴老人惶恐地跪在他的面前，旁边担任翻译的正是张骞。张骞厉声对那匈奴人道："皇上问你的话，你要老老实实地回答，不许说谎。"

这个匈奴人听到皇帝和气的问话，感到很高兴。他讲述了自己的经历，匈奴的人文地理，风俗习惯，宗教信仰，战斗情形……

他对武帝说："匈奴东边有个东胡，西边有个月氏，本来都是强大的以游牧为生的国家。大约四十年前，我们匈奴国的冒顿单于趁东胡没有防备的时候，发动突然袭击，把东胡灭了。接着又多次进攻月氏。有一次进攻月氏的战役，我是参加者之一。王爷派我充当先锋……"

"那王爷就是右贤王吧？"武帝插嘴问道。

"对。我们到达月氏已经是半夜。我们匈奴的风俗，总是月圆的日子出发进攻，那一天正是月明如昼。我们快马加鞭，暴风似的冲进月氏的帐幕。月氏人从梦中惊醒过来，慌忙找寻武器，武器找不着，找寻马匹，马匹也不见了，他们来不及集合，就狼狈向西逃命了。我们抓住很多俘虏，右贤王弄到了几十个奴隶。月氏国王也被抓住了，名叫稽粥的老上单于杀了他，把他的头骨镶了金玉，做成一只大酒杯。"

武帝接着问道："那月氏就这样灭亡了吗？"

"皇上啊，他们本来是个游牧民族，到处迁徙，是难以灭亡的。这一次被匈奴大败以后，他们小部分躲进祁连山中，称为小月氏；大部分带着牛羊逃跑，远远地搬到西方去了。"

武帝审问到这里，心中对西方产生了兴趣，汉朝的国土东面临大海，没有远洋大船，无法发展，西面却是无穷无尽的土地，单靠两条腿就可走到。武帝记起他身边的近臣东方朔当时正在写一本搜集奇闻趣事的书，书名拟定为《神异经》，其中有一篇为《西北荒经》，书中说："在西域的荒漠之中，有一个天然而成的泉。但此泉中不是泉水，而是色如美玉的美酒。无论你舀取多少酒，泉中就会又增生多少酒，这酒永远也喝不完，泉也永远不会干涸。"如此看来，西域不仅有天马，还有天酒和酒泉。西域如此神奇，真该派一个将领去西方远征！

武帝在审问期间，还翻查着公文，他发现：那西面的地方，也就是平常说的西域，确实是很大的。从前匈奴的冒顿单于曾写信给他的祖父文皇帝说，他派右贤王大败月氏以后，还征服了西边二十几个小国。

武帝继续审问："月氏被打败后，大约逃到西域那二十几个小国中间去了，是吗？"

匈奴俘虏答道："啊，皇上，那二十几国都受匈奴控制，月氏在那中间站不住脚啊。听说他们向更西面的地方跑过去了。"

武帝大惊："还在二十几国的西面？啊呀，让我想想，西面，再西面，这世界难道没有个尽头吗？"西面还有西面，这对于汉武帝来说确实感到不可想象。月氏旧地以西有二十多国，二十多国再向西，那该有多远呀？难道世界会有那么大吗？

其实，西域的二十多国，每个国家都很小。在漫无边际的沙漠中，一片绿洲就是一个国家。岂能和庞大的汉帝国相比，但汉武帝手边没有今天这样准确的地图。他也许以为，西域的每个国家都和汉国差不多。

雄心勃勃的武帝想，西域这么辽阔，朕的武功大有可为！好，下一步看我的！想到这里，武帝笑了。他对匈奴人说："那月氏人一定恨透了匈奴吧？"

"那当然。可是，怨恨又有什么办法呢？他们被杀和被掳的人很多，恐怕再也打不过匈奴了。他们逃到西方去，也从来没有什么人回老家来。他们的老家已经被匈奴占领了。"

汉武帝思量着："那么多的国家，这些国家一定有许多物产，有许多珍奇宝物。匈奴控制了那几十国，力量更强了。我多次想，如何孤立强敌匈奴。现在有一个良策：如果把这些国家拉到我们这边来，不就削弱了匈奴的力量，增强了我们的力量吗？对，月氏王的头被做成酒器，月氏人如果还有血性，一定恨透了匈奴，时时想报仇。……给月氏一点好处，联合它对付匈奴。……"

这次谈话后，武帝心里酝酿出一个雄伟的计划，于是张骞就成了该计划的实行者。对其中的经过，近世作家们是这样描写的：

武帝向大臣们提出自己的计划。大臣们面面相觑，都觉得这个计划很渺茫。

太中大夫东方朔是位智者，以能言善辩著称，他也感到为难："以臣之见，前往西域凶多吉少，主要原因在于匈奴猖獗。匈奴扼断道路，封锁边关，严禁汉使西行。"

武帝是个说到做到的君主，他看看大臣们，严肃地决定道："再难也难不倒我们大汉帝国！我们一定要想个法子试一试！"

武帝经过一番思考和筹划，决定招募一批勇敢的、肯吃苦的青年人，去进行这一次史无前例的活动：联络月氏，夹攻匈奴。

武帝的心目中，早就认为张骞是最恰当的出使西域的人选，因为他勇猛坚强，熟悉西域的地理和语言。但是他一个人还不行，要有多人做他的助手。武帝于是下令出榜招聘出使西域的人才。

在张骞受命西征的准备过程中，现代作家还添加一段匈奴人甘畴和西域天马的故事：

张骞抽空回家乡一趟，他把皇帝张榜招贤出使西域的事告诉了父亲，父亲说：

"皇上一定会让你出使西域的。我这里有一匹西域天马，名叫白雪龙，是匈奴人甘畴送给我的，你把它献给皇上吧。皇上得到这匹马，派你出使西域的事更十拿九稳了。这匹马的原主甘畴的儿子在堂邑氏为奴，因故判死罪，你去向皇帝求情救他吧。"

张骞的父亲张祥熙先后去西域五次，不仅学会了好几国语言，熟知西域多国的风俗民情和山川地理，还结交了许多西域朋友，甘畴就是其中之一。现甘畴之子有难，他想用此天马给甘畴之子赎罪。

张骞此次回家，再一次请父亲讲讲西域各国的所在方位、山川地势和道路走向，他并且将父亲所述一一画在一块帛上，画成《西域方舆图》，又叫妻子晓萌绣成五彩丝绸，小心带在身上。几天后，他就骑着白雪龙离开家了，临行，郑重和父母、妻子告别。

汉朝招聘使臣的布告一出，几天工夫，就有几百人报名，张骞首先揭榜报名。经过挑选，只有一百人合格，武帝就派这一百人到月氏去，并且指定张骞做使臣，其余的人做他的随从。

殿堂考核

选派一人作为使团领袖出国，自然会有一番考核。明朝成祖派郑和下西洋以前，曾多次和大臣们商议，也曾有多个候选人，最后政治和尚姚广孝和道教头领张天师大力保荐，才决定派郑和统领水师出洋。汉武帝派张骞凿空西域，之前是否与大臣计议？肯定是有的，只是史书没有记载而已，据现代作家的描写，当年这场考核可能是这样的：

在未央宫承明殿里，汉武帝对揭了皇榜的张骞进行殿试。张骞出列对答，恭谨而从容。

汉武帝问："朕知你文武双全，机智过人，只身可以打死猛虎，力大无穷，朕对你颇为器重，欲留你宫中为郎，随朕左右。你却自告奋勇，应募揭榜，愿远赴西域，这是为何？"

张骞答道："卑职蒙皇上厚爱，深谢圣恩。为了报答皇上，卑职愿以身许国，肝脑涂地。朝中有贤臣良将，济济一堂，辅佐朝政；禁宫之内有羽林三千，护卫殿下，忠贞无二。而出使西域，却乏能人。卑职不才，但熟晓西域语言，懂得西域人情，而且小时去过西域边缘地带，今日愿赴边远，建功立业，以报皇恩。虽身在天涯，但心仍在朝廷，时时如伴君侧，并未远离。"

汉武帝笑道："好！你志在远方，忠心可嘉，定能肩负重任。诸位爱卿，选派使臣去西域，是朝廷大事。张骞志在出使，你等以为如何？如有疑虑，尽可直言。"

丞相许昌首先发问："先帝也曾派人出使西域，但使者均有去无回，其因不明。依臣之见，是由于西域太远，均属不毛之地，道路崎岖，沙漠无垠，人烟稀少，没有水喝，没有粮食，当地很少农作，却野兽横行，险象环生。张骞，你难道毫无畏惧之心，确有生还之道吗？"

许昌把此行的危险都说到了，想以此吓退张骞，使他打消远行之念。

张骞答道："大人，前往西域路途遥远，多有险阻，的确困难重重。天下事难易相佐，祸福相生。谋事在人，成事在天。未行而止，大业难成。知难而进，必有建树。家父游历西域几十年，虽历尽艰辛，但五次往返，终归故里。西域广阔，国邦甚多，虽多大漠冰川，也不乏绿洲沃野，森林牧场，还有许多壮观城池和繁华关市，并非杳无人烟的不毛之地。我小时也去过那儿，西域并非如一般人想象的那样可怕。远古周穆王都游历过西域，我此行，如若上审天时，下识地理，中得人和，定可逢凶化吉，完成使命，生还长安。"

许昌听了，不由得赞叹道："言之有理，老夫折服！"

东方朔是位智者，他知道环境的艰苦是难不倒张骞这样的勇士的，于是他搜尽枯肠，问了个事关性命的难题："西域地区有匈奴扼断道路，封锁边关，严禁汉使西行。张骞，你既身为使臣，就不可多带兵马，如何通过匈奴领地，到达大宛等国？"言下之意是：张骞，你怕不怕死？

张骞答道："大人所言极是，匈奴单于与汉朝为敌已久，陈兵边关，时时侵犯吾疆，杀戮汉人，罪大恶极。而前往西域多国，必经匈奴领地，的确凶多吉少。但卑职既以身许国，就不怕死，同时卑职认为，即使身陷匈奴掌握中，也无需畏惧，其原因有三点：第一，我身为大汉使臣，手持汉节，奉旨出使，并非征战，两国交兵，不斩来使，这是古来常例，即使是凶恶的匈奴单于，也不敢随意杀害汉朝使臣。第二，我大汉边防坚固，陈兵百万，将强兵勇。我出使西域，有如此强大的后盾，何须畏惧匈奴！第三，家父多次途经匈奴，深知除单于及少数高官外，大多数匈奴人都愿与汉家睦邻，不愿同汉朝为敌。匈奴民众对汉人大都友好和善，景仰汉朝繁华，物资充裕，他们很爱吃汉国的米粮，爱喝我们这里的龙井茶，尤喜汉家丝绸等物品。即使到了匈奴领地，真诚地与匈奴民众结交，以礼相待，以理相喻，何患交不到朋友？何患无路可行？"

东方朔笑道："言之凿凿，佩服！佩服！"

汉武帝大笑，说："东方朔，你是当今巧言善辩的第一说客，居然为张骞所折服了！"

东方朔道："臣不仅口服，而且心服！令人尤为钦佩的是张骞的胆识！他勇猛超人，见识不凡，陛下，臣以为使臣人选，非他莫属！"

汉武帝问道："诸位爱卿之意如何？"

长安令义纵说："陛下，臣以为张骞为人诚实稳健，又机敏聪慧，有大智大勇，出使西域定能逢凶化吉，不辱使命！"

张骞心想：这是对我的过誉，我今后决不自满，应学习他人的美德，完善自己。

郎中令石建说："张骞入选为郎官以来，恪尽职守，并多有建树。他骑射均优，武艺高强，对西域情形有较多了解。陛下，臣以为他能胜任出使西域重任。"

张骞听了，暗想："我在骑射方面比起匈奴将领来，还是差多了，今后还应当在实践中提高。"

位列九卿、掌管皇宫警卫大权的程不识说："陛下派遣使臣去西域本为寻求天马。张骞今日能敬献一匹天马，他日就一定能为皇上带回千匹天马！他志在西域，较知西域地理风情，必将完成皇上所托之重任！"

张骞听了，感到自己肩上担子很重，此次西征，路途艰险不计，还要带回千匹天马，是相当难的。

其他朝臣也纷纷表态，一致赞同张骞出任使臣。

谦虚的张骞深感责任重大，有点惶恐。

这时，汉武帝站起来，郑重宣布："众卿之言，甚合朕意。朕任命张骞为大汉使臣，出使西域，并赐汉节一柄，以此象征朝廷权柄，表明其使臣身份！"

御前侍卫捧出一柄顶为龙首、缀有红缨、刻有龙纹及"汉朝全权使臣"字样的汉节，赐予张骞。

此时张骞心里更惶恐不安，这柄汉节，其重量不过十斤，但其意义重过千斤。他如果不接，就是违背圣意，将受惩罚，一旦接了，就等于接了一个极其困难的任务。这时，勇敢的张骞咬了咬牙，决定接受汉节，并誓死捍卫它。

于是，张骞上前叩行大礼，接受汉节。他高声道："叩谢圣上隆恩！臣持节出使，臣在节在，赴汤蹈火，不辱使命！"

当下，汉武帝心情颇激动，他很关怀年轻的张骞，问道："出使西域，任重道远，艰辛异常。张骞，你有何请求，直说无妨。"

张骞想了想，回答道："臣以为手持汉节，虽可表明大汉使臣之身份，但却不能明示出使西域的主旨。故还需皇上颁发一份出使诏书，使我心里有底，不要被错认为是假汉使。"

"言之有理！朕特地颁发一份御诏，照会西域各国，明示求取天马之意。这份御诏，你随身携带，也利于通行各国。如何？"

张骞意思未尽，便鼓起勇气，决定进言："请恕臣斗胆直言之罪！臣以为出使西域，应以开拓西行通道，结盟西域各国，共同钳制匈奴为主，以寻求天马为次。西域各国若同我汉朝结盟友好，何愁天马不自西而来？一旦匈奴势单力孤，周遭钳制，就不敢侵犯华夏了。总之，此次西征，意义非常，千万主次不要颠倒了。"

当时大殿中沉默片刻，大家都在思索这个问题。

丞相许昌说："臣以为张骞言之有理。如若出使西域，能使各国与汉朝结盟，匈奴必将孤立，遭受钳制。如此可不战而胜，犹如斩断匈奴一臂！"

汉武帝说："犹如斩断匈奴一臂！这个比喻真好，我们要斩断匈奴的利爪，不让它的爪子掐住我们汉国的脖子。"

义纵说："臣以为汉朝与西域结盟友好，不仅有利于我朝军事边防，也有益于多国商旅贸易，边市必将繁荣，互通有无，丝绸西去，天马东来。睦邻兴邦，功在千秋！"

汉武帝说："西域对我们大汉国太重要了，没有西域，大汉只是一个孤立的国家，有西域联盟，汉国就扩展了势力范围。"

东方朔说："陛下，臣以为，赐予张骞的御诏，应拟不同文本的两份为好。第一份，如张骞所言，明示主旨为结盟各国，共同钳制抵抗匈奴，寻求天马为次。这份御诏，在通过匈奴领地时，务须藏好，不可出示。否则，使臣张骞必有杀身之祸！"

"可另一份御诏呢，如何写？"汉武帝问道。

"另一份御诏,明示出使西域主旨仅在于寻求天马。这份御诏,通过匈奴地界时,可以明示,匈奴就不会伤害使臣张骞了。在匈奴之外的其余国家,这份御诏,就不必出示了。"

汉武帝大笑起来,连声称好:"好呀!东方朔,你果然是个智谋多端的奇才!你的确比常人多一个心眼!思考问题很周到。对,两份御诏,各有其用,既可保全张骞性命,又可利于通行各国!那你就替朕拟写这两份诏文吧!"

东方朔道:"臣遵旨即办!"

汉武帝又问张骞:"这次出使,起程何时为宜?"

张骞回答:"陛下,臣这次回家,听家父说,不久前,游牧于祁连山一带的大月氏领地被匈奴攻占,大月氏人逃亡伊犁河。大月氏王被杀,其头颅骨被匈奴单于当了酒壶。大月氏人急于报仇,正在寻求一个攻击匈奴的盟国。为此,臣以为出使尽早为宜,首先应到伊犁河去,同大月氏结盟,以免错过良机。"

"起程宜早,但人马财物要准备足才是!究竟需要多少人马,哪些财物,那可曾考虑?"

"臣以为使团百人为宜,除防身兵器及旅途衣食之外,尽量多带些丝绸,赠送各国君臣,以便换取天马。"

汉武帝对石建说:"丝绸是我大汉国的特产,应该不缺。郎中令,从报名者中挑选百名使者,随张骞西行。而他需要各种物资之事,由你承办。要尽快办妥,不得误了行期!"

石建说:"臣一定尽快办好。"

甘父登场

当代作家写至此处,引出西征另一重要人物——甘父。

当时,张骞急忙上前说:"臣有一事,恳请皇上恩准!"

"你说!"

"请皇上赦免匈奴青年甘父。"

"甘父是何人！"汉武帝和群臣心中都产生了一个大问号：张骞既然要远征匈奴，如何又要为一个匈奴人求情，他不怕里通外国的罪名吗？

这时，张骞缓缓道来："他原来是匈奴军队一兵丁，作战时被汉军俘虏，由汉朝贵族堂邑氏收养为奴。他因用铜制造天马模型，被判死罪。按律，匈奴人用铜铁制造武器者处死，但他不是制造武器，而是制造天马模型，只是表白他对故土风物的怀念，按理不应处死。况且，我献给陛下的天马，原是他父亲甘畴的，他父亲将此天马寄存我家，本就有献给陛下的意思。我只是代他敬献而已。请陛下赦免他的死罪，让他随我出使西域，作为翻译和顾问。"

"甘父犯法，可有罪证？"汉武帝问。

臣下呈上一木盒，内装一个铜铸的天马。

汉武帝看过铜铸天马，爱不释手，夸赞甘父的铸造才能，当即赦免了他的死罪，免除他的奴隶身份，让他作为自由人士随同西征。

死里逃生

于是，在当代作家的笔下，又有一幕悲喜剧，这也是史书中没有的。

家住京城附近的堂邑氏靠着自己的劳动，积累了一笔财富，于是他转向政界，花钱买官做。

这天，京城的气氛也不寻常，金马门外来了一拨人，提交求见负责官员的帖子。领头的是堂邑氏。

几个时辰后，公车司马令黄定安走出金马门，对等候多时的堂邑氏说："念你敬献财宝，朝廷封你一个官职。从今天起，你就是侍郎了。"

堂邑氏接过官帖，喜形于色，说：

"哈哈，我当官了，哈哈，我的美梦今天成真了。"堂邑氏哈哈大笑。但他还有一件事不放心,这时,他指着不远处关着甘父的囚车,问道:"可那个该死的匈奴人该怎么处置呢?是绞死?还是斩首?"他已磨刀霍霍,要宰杀此匈奴人了。

"不忙着杀,等程大人来才发落。"黄定安说。

堂邑氏见不能马上处死这个匈奴人,心中已有几分不快。

这时,程不识和张骞从金马门出来,下了马,程不识对黄定安说:"皇上降旨,甘父无罪,立即释放!快去打开车,放人!"

堂邑氏、他的管家方某和几个家丁大为惊诧,目瞪口呆,不知所措。

真是半路上杀出一个张骞,打破了堂邑氏蓄谋已久的杀害甘父的计划。

见堂邑氏犹疑不动,黄定安大声训斥道:"还不赶快打开囚笼,卸掉镣铐!"

看来,谋杀计划已成泡影,堂邑氏只得命令家丁打开囚笼,卸除了甘父的手铐和脚镣。

他对甘父说:"算你侥幸,今天留下你一命,日后我还是要找个机会杀你的。匈奴贼子,杀一个少一个!"他的口气,依然杀气腾腾。

可张骞这边却摆出一个仁爱景象:他小心翼翼搀扶甘父下了囚车,说:"好兄弟,皇上赦免了你!"

甘父跪下磕头,说:"谢谢程大人!也谢谢汉朝皇帝!"

"大哥,谢谢你!"甘父又要跪下磕头,被张骞一把拉住。

程不识又对甘父说:"皇上已经任命你张大哥为出使西域的大汉使臣了!你就跟着你张大哥去西域吧!"

堂邑氏顿时急了,也大惑不解,说:"他是我的奴隶,属于我的财产,怎能让他跟着去西域呢?"

程不识说:"他不能属于你了,皇上已经解除了他的奴隶身份。你想违抗皇命吗?"

堂邑氏见程不识正颜厉色,只好认输,忙说:"在下不敢。"

甘父大喜，对张骞说："大哥，那我以后就能一直跟着你了？"

张骞笑道："兄弟，你会说西域多国的话，你来担任使团的通译再好不过了！"

一个羽林郎拿来一套骑手服，甘父穿上后，显得十分英武。

西域音乐天才

甘父获释，喜不自胜，与在囚笼中相比，判若两人。他立即把长安城游了个遍，大开眼界。真是："春风得意马蹄疾，一日看尽长安花。"

汉代的长安是当时天下人口最多、城郭最大、商贸最繁荣的大都市。汉武帝建元年间，长安的居民就超过了五十万人。方形城郭的城墙周长达六十多里，东、西、南、北各有三座宏伟的城门。

看到这些城门，就令人不禁想起大禹、周文王、周武王、周公姬旦、秦穆公、秦孝公、秦始皇、汉高祖等和长安有关的历史人物。

甘父问张骞："大哥，秦始皇修建的阿房宫在哪？"

张骞答："被项羽烧了，现在只能看到它的遗址。"

看罢阿房宫遗址，再来看长安城内被称为八街的八条大街，不免有一种沧海桑田之感。这八条大街贯通四面八方，每条街宽可容十二辆马车同时并行。通往京郊陵邑诸县的九条大道，被称为九陌，把云集于长安四周的各地豪门巨富的官邸庄园连成了一片。在八街和九陌之间，有九个规模壮观的大型市场，被称为九市。九市里商店林立，商贾云集，商品繁多，应有尽有。京城居民和外地商旅络绎不绝，熙熙攘攘。

甘父在囚笼中，每天只能吃到一顿粗粮，饿得皮包骨，现在可以放开肚皮大嚼一顿了。

甘父吃了老杜家的五香胃脯，沿街信步，忽然听见一阵清脆悦耳的乐曲声传来。两人走进乐器店铺。货架上有各种中原乐器，于是甘父认识了筝、笙、琴、瑟、锣、鼓、铙、钹、竽、箜篌等。

现代一位作者把甘父描写成音乐天才，他对于乐器有一种天生的感悟，一弄就会。他是音乐和乐器的故乡——西域的化身。

甘父指着笛，非常高兴，说："横吹！西域也有！"

掌柜的说："我们汉家人叫笛，也有人叫箫。据说秦朝时就有了，是从西域传到中原来的。不过，我们不横吹，而是竖着吹的。"

甘父又问："横吹的，我会。店里有吗？"

掌柜的从里屋取出一支羌笛，还有笛膜，递给甘父。

甘父大喜，贴上竹膜，便吹奏起来了。

他吹奏的曲子是一支牧歌，西域风情浓郁，笛声悠扬，婉转而高亢，十分动听。

辞别长安

史书没有写张骞是怎样辞别汉阙、踏上远征的路途的，现代作家补写了这一章。

当天下午，汉武帝在未央宫御花园的清凉轩，设御宴犒赏大汉使臣张骞。

一位宫女带领着张骞，走过御花园中的九曲桥，进入清凉轩。

张骞初次踏入此皇家花园，被其中美丽的景致所惊倒。

这时，丞相许昌，长安令义纵，郎中令石建，太中大夫东方朔等朝臣已经在轩内左侧入座了。这些人是御花园的常客，所以神色泰然，不以美景为意。

张骞上前叩行大礼，高呼："使臣张骞叩见皇上！吾皇万岁，万万岁！"

汉武帝高坐轩内正中御榻之上，喜笑颜开，说："张爱卿平身！今日朕为你赐宴，犒赏你近年工作成绩突出，也是为你即将出使西域饯行。除了入席陪宴的许爱卿、义爱卿、石爱卿、东方爱卿等人之外，朕又请了两位贵宾，这两位是我朝的瑰宝和柱石，其中一位是你认识的。"

张骞再次叩谢，然后在右侧入座。

紧接着，卫子夫和卫青从御座后面的竹帘现身，走了出来，张骞一见，疑虑顿解，深感这两位姐弟虽出身微贱，可现在真不愧是汉武帝的瑰宝和柱石。汉武帝没有卫子夫，就觉得日子无味道，没有卫青，就难以击败匈奴，振兴国家。可见人有无出息，并不依赖家庭出身。

汉武帝说："西域不仅有天马，还有天酒和酒泉。西域如此神奇，张爱卿，你要尽力多去些地方，多跑些国家！"

张骞道："陛下，卑职一定竭尽全力！"他再一次深感责任重大。

汉武帝问："东方爱卿，两份御诏的诏文，你拟写好了吗？"

东方朔答道："臣拟定写好了，已交给许丞相了。"

丞相许昌说："两份御诏在此，请皇上过目！"

汉武帝说："替朕加盖上玉玺，现在就颁发给张骞吧！"

张骞接过御诏，说："使臣张骞领诏，叩谢圣恩！臣发誓，百折不回，万难不退，以身报国，凯旋回朝！"

龙楼门，又名直城门，是汉代长安西面三座城门居中的一座，因城楼上有两条铜铸巨龙，故被人称为龙楼门。

巳时刚到，城门大开。

今天是一个十分隆重的日子，大汉朝派出的使节起程前往西域，将开创中外交流史的新篇章。

瞧！大汉使臣张骞及百名使者衣冠崭新，骑着骏马，举着"汉"字大旗，带着辎重车马，威风凛凛，浩浩荡荡，从西门大街而来，走出城门。

张骞骑在骏马上，手持汉节，徐徐而行，器宇轩昂，神态庄重。何等威武，何等振奋。

张骞及使团从吊桥上跨过护城河，瞄准西方，大步行进！跨出了万里征途的第一步！张骞及使团所到之处，鞭炮燃响，人群中爆响起阵阵欢呼声：

"大汉使臣，马到成功！"

"大汉使臣，马到成功!"

使团队伍到达十里长亭后，张骞发令喊道： "下马休息，恭候圣驾!"

不久，汉武帝一行浩浩荡荡，也到达长亭，一行人纷纷下车下马，十分热闹。

张骞、甘父、卫青和百名使臣跪地叩行大礼，山呼万岁。汉武帝走到张骞面前，说："张爱卿平身!"

"多谢陛下!" 张骞起来后，严肃号令使团， "使者起立，恭迎圣驾!"

汉武帝举起酒杯，面对百人使团，高声致词，再次祝福他们。

汉武帝打量了一番，发现甘父虽然与汉人相貌有异，却英武矫健。他接见过多次匈奴使节，于是说："你是匈奴人吧?"

甘父回答："我是匈奴人。"

"你出使西域，是放你回故乡了，你完成协助使臣的任务后，还回汉朝吗?"

"一定回来! 皇上，我虽然是匈奴人，可现在是汉朝的使者，将来也是汉朝的使者，我要为汉国和外国架起沟通的桥梁。"

汉武帝笑了，说： "你的汉话说得很动听! 听说，你还会说乌孙语、月氏语、大宛语、楼兰语、龟兹语……"

"是的，我到过西域很多地方，每到一地，就爱学那里人说的话。"

卫子夫也上前同甘父说话： "听说，你有音乐天赋，羌笛吹得很好! 在柳市许多人都被你的笛声迷住了!"

甘父答： "我生为西域人，西域人没有不信教的，也没有不爱音乐的。"

卫子夫深有感触，她想，应引入西域的宗教和音乐，感化中原各个太务实的民族。

第三节　沙漠里的战斗

敦煌——大月氏的旧都

公元前 138 年，也就是汉武帝即位的第四年，一支出使西域的队伍离开长安，步行一个月，走了三千里路。但毕竟是在汉朝领土上行走，有惊无险，算是平安。

他们进入陇西郡，过平凉时，天气骤变。白天还骄阳如火，夜里却山风阵起，寒冷刺骨，盖上厚被还瑟瑟发抖。

对于张骞一行，离京后到被匈奴羁留前究竟是怎样走的，《汉书》中没有明言，只是简单地说他们走出陇西郡不久就被扣留了。

近世的作家冯惠民也只是写他们从陇西出发，进入河西走廊后，就遇到匈奴骑兵，全部被俘。

但现代作家也有仔细刻画描写的，据他们的描写，使团到了靖远后，看见由南向北的黄河湍流滚滚。于是，张骞一行分别乘坐四十多个羊皮筏子，艺高胆大的艄公们，让他们渡过了凶险的黄河。他们渡过黄河的上游后，到了当时所谓的"河西地区"。

在河西地区，他们进入骊靬（永昌）地界，第一次踏上了戈壁滩，还撞上了劈面而来的飞沙走石。

这些描写，都是根据当代人的旅行体验而加工的。

据他们的描写，张骞行到了嘉峪关，这里是边关重镇，建筑宏伟，官方设置的邸舍宽敞整洁，食宿俱佳。

据说，到了沙州（敦煌），驻军首领亲自率众迎接。不少使者听说军营附近的鸣沙山因沙鸣有声而著称，便纷纷爬上鸣沙山玩耍。

但是，当时他们到达的敦煌原来是大月氏的都城，大月氏迁走后，自然归匈奴牢牢控制，当时汉匈战争刚刚发动，匈奴占优势，河西走廊完全归匈奴掌握和占领，因此在那儿很难有汉军驻军，此情节暂且存疑。

当然，张骞没有时间游历美景，因为他知道，敦煌原来是大月氏的都城，那儿还有许多大月氏的遗民，住在附近的山地里，人们称他们为小月氏。张骞想取道前往小月氏居住的山地，找到一些小月氏的头人，和他们交谈，了解月氏民族的风俗习惯。

当时小月氏处于衰落时期，据佛经《大智度论》载，数百年后，小月氏部落由弱转强，竟侵入印度，在北印度建国。

再说张骞，他们的前面是通往西域的南北两路的两个边陲关口：阳关和玉门关，均属沙州，号称双关。

选择走哪一个关好呢？

古代史家对于张骞去西域的路线交代得不明确，《汉书》只说张骞西走十余日，至大宛。《史记》说他走了几十天，到大宛。途中经历哪些城乡和沙漠，都没有说。

近世作家冯惠民认为张骞走的是北路，据冯惠民的描写，张骞出陇西后，可能在今酒泉附近就被俘虏，脱身后，取道位于天山南麓的车师（在今新疆吐鲁番盆地），从那里穿过沟通天山南北的重要交通孔道，进入焉耆，再从焉耆溯塔里木河西行，经过龟兹（今新疆库车东）、疏勒（今新疆喀什）等地，翻越葱岭，到达大宛（今费尔干纳盆地）。作家还画了一张图，说明张骞西征采取的北路行程：陇西→酒泉→敦煌→玉门关→车师→焉耆→龟兹→姑墨→疏勒→大宛。

近世作家玉恒也认为张骞走的是北路，据玉恒氏的描写，张骞等沿着祁连山西行，走过秦朝修筑的长城，在长城外就被匈奴俘虏，11年后脱身，逃入千里塞北草原，接着进入一个名叫"白龙堆"的沙漠地区，连绵百里，怪石弯曲如龙。出了白龙堆，依然是无边的沙漠。白天，太阳恶狠狠地烤灼着大地，夜晚，寒冷又袭击着疲倦的人们。更致命的是缺水。难耐饥渴的战马一匹匹地倒毙，人也饥渴得濒临死亡。随后他们走到了楼兰的都城扜泥城（今新疆若羌），楼兰国人口一万四千多，是西域中的大国，匈奴还派了官员驻在这里，统治西域国家。张骞避而不入，西行六百里，到了尉犁国（今新疆尉犁县附近），那儿只有九千多人口，居民又从事畜牧，又种庄稼。又西行五百余里，到达西域大国龟兹，该国人口八万，出产五谷，还能开采铅矿，冶炼铁。再西行四百余里，到了姑墨国（今新疆阿克苏一带），该国也算大国，人口两万，半农半牧。再西行一百余里，到了小国温宿（今新疆乌什附近）。再西行六百余里，到达疏勒（今新疆喀什附近），人口两万，多稻田，商业中心。然后越葱岭（今帕米尔高原），葱岭有三个山口，北面山口通大宛，西面的通月氏，南面的通印度，他们走北面山口，到达大宛国首都贵山城（今吉尔吉斯共和国卡散赛附近）。

如果张骞当年的确走北路，这样的推想是合理的。

但今天也有学者认为张骞西征走的是南路，他们的根据是《史记》记载的地名楼兰、姑师、扜罙、于阗等都属于南路，而未见北道诸国，他们以此为根据，想象当时张骞系取南道。

今日的作家也有写张骞取南道的，如这位作家是这样写的：

张骞到沙州后，听沙州的驻军首领说，出玉门关走北路，沿途必经的车师国、焉耆国、龟兹国、姑墨国都被匈奴军占领。为此，张骞决定从阳关走南路去西域。阳关在沙州西南百里，张骞使团骑马西行，不到一天便到了阳关。

阳关建筑在白龙河畔的龙头山上，城楼巍峨，城墙高耸，地形险要。

到达阳关后，主管边关邸舍的舍长曾广贤前来拜访张骞。

张骞问道："出了阳关去西域，这条向南的路，曾舍长可曾走过？"

曾广贤答道："走是走过，但只到过若羌国、且末国、精绝国、扜弥国（即扜罙国）、于阗国、皮山国，未能到达葱岭就返回了。葱岭太高了，高不可攀，商队往往冻死在山上。"

张骞问："这一路匈奴兵多吗？"

曾广贤答道："常有匈奴出没，你们必须化装成匈奴人。"

于是，张骞一行化装为匈奴人的商队，穿着皮袍子，走南路西行。在祁连山下偷偷地进入匈奴人活动的地区。他们按照汉武帝的计划，想穿过匈奴地区，再向西到西域去，找寻那素不往来的月氏国。

望眼欲穿的月氏国，怎么还没走到呢？

西出阳关后，张骞和使团走了整整两天，人困马乏，举步维艰，但还是没有走出大戈壁滩。

烈日当空，没有一丝风，人人感到闷热难耐。

穿行沙漠，死亡率很高，体弱者很难坚持下去。

别说和匈奴兵战斗，就是和沙漠战斗，也能导致张骞的队伍大量减员。

有时候，狂风来了，飞沙走石，天昏地暗，不见天日。大家赶紧卧倒，半个时辰后，狂风过去，才敢起来，个个黄沙满脸满身，幸运的是，大家没有被黄沙掩埋掉。

又走了几天，他们看见前方不远处有人家，有几棵树，几间土屋，屋顶上飘着一缕轻烟。终于走出了大戈壁滩，有水喝了！

张骞拿出丝帛地图看了一会儿，说："路走对了！前面不远就到了若羌国了。"

人群发出一阵欢呼："万岁！胜利万岁，我们终于走完了沙漠，甜美的饮水、好吃的羊肉泡馍在等待我们！"

吃人的沙漠

大家正在欢庆，不料坏消息传来。

甘父突然骑马从南面的岔道奔来，喊道："等一等，不能向西走，西面的若羌国（即楼兰国）已经被匈奴大军占领了！不能去那儿送死！"

众人急于得到美食饮水，对甘父的情报不信，说："这个匈奴人在骗我们。"

张骞跟大家解释说："大家要相信甘父，他不会欺骗我们。甘父虽是一个匈奴人，在战争中被汉人俘虏，成为堂邑县一个贵族家里的奴仆。但他也是匈奴掠夺战争的受害者，对匈奴统治者也是痛恨的。由于他惊人的射箭技巧，他被释放而参加汉军，这一次成为我的重要助手。一路上，他常常单人独骑走在前面探路。他忠于汉室，不是匈奴的内奸，不会说假话。"

这时，甘父继续报告探得的情报：

"占领若羌国的匈奴首领是大都尉山戎乌达，兵马上万，我们必须避开他。我们只能向南走这条岔道，不远处，也有块绿洲，可以宿营。然后往西走，再穿过沙漠，就到车尔臣河。沿河走，就能到且末国了。"他把前进的路线探得一清二楚，使同伴们无法怀疑。

张骞绝对信任甘父，他考虑了一下，断然下令："立即出发，向南，去绿洲！"

甘父的指点没错，他们果然走到了有一片绿洲的地方。使者们下马跑到湖边，掬水狂饮，洗脸沐发……

他们在绿洲里宿营一晚，顺便消灭了一队匈奴散兵。

第二天早晨，张骞和使团离开绿洲向西行进。日近中午，却被一片看不到边的大沙漠挡住了去路。沙漠呀沙漠，你怎么像恶魔一样，反复出现啊！

张骞又取出木盘罗经和丝帛地图，看了又看，地图上标示此地是一片大沙漠，沙漠的西边就是扞弥国。

前去探路的甘父骑着一匹骆驼回来了。

甘父跳下骆驼后，向张骞及各位使者讲了他得到的情报。他说："且末国前天已被匈奴大军占领了，我们不能再去且末了。"

副使说："若羌国不能去，且末国也不能去，那我们是不是无路可行了？"

甘父说："天无绝人之路，我们必须改道去于阗国。去于阗有两条路，一条是穿过大沙漠，先到扞弥国，再越过克里雅河，就到了于阗国。这条路上没有匈奴官兵，但必经大沙漠腹地，非常艰苦。另一条路是向西南走，可以绕过大沙漠，越过克里雅河，就到了于阗。这条路上没有沙漠，好走，但是据说有两道匈奴官兵的哨卡。"

面对这个复杂的局面，张骞、副使和甘父商量了许久，末了，张骞对甘父说："骆驼是沙漠之舟。你和我各带一半人员，分两路走，到于阗会合。你带领一队，穿上匈奴官兵的服装，扮作匈奴官兵，骑马走西南一路。我带另一队，骑上骆驼，去穿越大沙漠……"

就这样，张骞和甘父各带五十余人分道行进，张骞走的是十分艰险的道路——横穿大沙漠！甘父一队走的道路自然条件要好一些。那些坚强的勇士们跟着张骞去穿越大沙漠，这也许是条死亡之路，有去无回。身体较弱的就跟着甘父走，这条路自然环境要好些，容易得到食物和饮水的补给，但时时刻刻都会遇到匈奴兵，如被俘获，十之八九也是死。

张骞一行五十人，在大沙漠里异常艰辛地跋涉着，这个大沙漠比前几次遇见的沙漠更凶险，似乎永远没有尽头，大家心想，单凭人力是走不出这个大沙漠的。张骞和使者们个个面容憔悴，肤干唇裂，汗水淋漓，疲惫不堪。

他们在沙丘的阴影里休息，一个个都万分疲惫，一倒下就睡着了。霎时间，狂风吹来，十分强劲，飞沙如雨，铺天盖地，所有的沙丘都在移动、变形、分化、聚合……

一个时辰，两个时辰……一条骆驼惊醒了，它转过身来拱推主人。于是张骞惊醒了，发现自己大半身子已经被黄沙埋没。他抱住骆驼的腿，终于挣扎着站起来了。举目四顾，除了飞沙还是飞沙，不见同伴们的身影。他们都被埋在黄沙里了。

张骞大声呼唤同伴们的名字，同时双手拼命刨开黄沙，一个伙伴的脸露出来了，就这样，他救出了 29 位伙伴。

被救出的旅伴都挣扎着站起身来，张骞环顾左右，29 位活着的使者紧紧相依而立。

其余 21 位使者或者失踪，或者刨出来时，双目紧闭，仰卧沙丘，早已停止了呼吸！

虽然遭此严重损失，队伍还得继续前进，不能坐以待毙。

两天后，张骞和 29 位使者终于走出了令人诅咒的大沙漠！

在大家濒临绝望之时，忽然，一个使者高兴地大呼道："前面是一条河！"

张骞取出木盘罗经，认清了方向，又察看了丝帛地图，说："同伴们，这就是我们希望中的克里雅河！过了克里雅河，就好了，再走半天，我们就到于阗国了！"

张骞手持汉节，使者们牵着驮满辎重的骆驼，向着克里雅河走去。

到了克里雅河流域这种有水草的地方，物质生活条件大大改善，但他们只能昼伏夜行，怕被匈奴兵发现。

被俘

张骞等第一次被匈奴俘获的经过情形，古籍上没有细说，也没说曾有战斗。今人的著作说法不一。玉恒氏的书上说张骞等在白天被匈奴包围，一场战斗后，汉兵的箭用光了，坚持到晚上，在肉搏战中，张骞的随员大部分牺牲，张骞等力竭被俘。冯惠民氏的书上只有两句话："张骞一行在河西走廊遇到匈奴骑兵，全部被俘。"照字面看，可能没有发生战斗。这也是可能的，因为张骞等是外交使团，不是作战军团。姜正成氏的书上描写的是夜战被俘。谭一寰氏笔下也是夜晚遇到敌人，清晨作战被俘。综合各家描述，这次战斗大致经过如下。

黑夜。在"沙海"里面，一连串的黑影移动着，他们是勇敢的大汉使团成员们。

骑着马走在最前面的，是汉朝的使臣张骞。虽然是夏天，他却戴着兽皮帽子，沙漠地区夏天的夜里，和冬天是差不多冷的。夜行军还需战胜一个敌人——寒冷。

他的背后插着一把宝剑，这是他防身必备的武器。他的两手握住缰绳，和缰绳握在一起的还有一柄旄节。这旄节也称为节，节并不短，有七尺多长，上面系着三把牦牛尾上的毛。按制度，旌节是皇帝交给到外国去的使臣，用来表示他的使臣身份的。节是使臣威武的象征，使臣必持节，所以使臣有时候又被称为使节。

贴近他一起前进的，是他的一个亲信李珀。此人出生在河西走廊地带，熟悉匈奴语言，李珀也穿着纯黑色衣裳。他的臂上挽了一把很大的弓，弓背雕着龙的图案，代表汉国，他背上的箭袋里插满了箭。

在地平线上，似乎有一颗星升上来了。他们疾步前进着，可这颗星动得比他们更快，越升越高。李珀对这颗星非常注意，他问张骞道："这是什么星呢？"

张骞看了一会，遽然环顾四周，全身紧张，轻声说："李珀，这不是星星，是匈奴人的火炬或灯火！"他赶快传令："兄弟们注意：不要说话，屏声静息，含枚疾走！我们要绕过前面的灯火，不要给匈奴人发现！"

忽然，有两个骑马的黑影向他们跑过来，口里大声呼叫。李珀翻译说："这两个人在叫：夜间戒严，不许通行。"

张骞加了一鞭，全队都加快速度奔跑起来了。两个匈奴人在后面追来，要查问这不听指挥的队伍究竟来自何方。他们想不到这是大汉的使者，以为是一窝匪帮。他们已经靠近了汉使队伍的尾巴，队伍里不知是谁张起了弓，对他们射过去。飕的一声，一个匈奴人滚下马来，另外一个连忙逃走了。

队伍绕过了灯火，仍然对着西北方，拼命地飞奔。张骞真希望以火箭的速度奔向月氏啊！天亮了，在后面的地平线上，腾起一阵灰雾，这是一队匈奴骑兵冲过来了。张骞回头一看，指挥全体伙伴道：

"弟兄们，张弓搭箭，准备突袭后面的追兵！"

伙伴们掉转马头，伏在马上不动。匈奴骑兵越来越近了，用匈奴话大喊"投降不杀"。等他们相隔只有百步左右时，张骞大喊"放箭！"

一百多支箭像雨一样射向匈奴骑兵，许多匈奴骑兵从马上摔了下来。

张骞又叫："冲呀！"

他率领伙伴们鼓起勇气，拿起刀枪剑戟向前猛冲，把骑兵冲得四散奔逃。张骞不敢恋战，杀退敌兵后，调转马头，继续向西北前进。

万不料匈奴早有埋伏，形成一个罗网，令汉朝使团无法脱身。四面八方都有匈奴骑兵冲过来了。四面的乱箭射了过来，很多伙伴中箭牺牲，倒在马下。

李珀为了护卫张骞，也中了箭，他对张骞说："张大哥，我不行了，你独自奋勇作战，冲出去吧！祝愿你早日到达大月氏国！"言毕瞑目而逝。

匈奴人的包围越来越小，呼声如雷，喊道："捉住那为头的，不要射他，留下活口。"

疲劳至极的张骞的坐骑受到惊吓，前面两只蹄突然跪下去，把张骞摔下来。几个匈奴骑兵飞也似的冲过来跳下马，把张骞牢牢地捆住了。

第四节　面对匈奴单于

见到右谷蠡王

张骞被俘后，《史记》等古籍只说他立即被送到单于那儿，单于下令扣留他们，不予放行。今天的作家冯惠民氏、玉恒氏等也只说张骞立刻被匈奴骑兵押送到王庭（今内蒙古呼和浩特一带），单于得知他们出使目的后，决定将他们软禁起来。姜正成氏还把押送的路线作了交代：自删丹沿弱水，经张掖至居延，由居延往北出，循龙城道，到匈奴王庭龙城，匈奴王庭说法不一，是因为单于的王庭是流动性的，且不止一处。

可今天的作家也有添加枝叶的，并在张骞和单于之间加进了千骑长、山戎乌达、右谷蠡王、右谷蠡王的妻子（阏氏）和女儿（居次）

等人，情节就复杂多了。

张骞首先被押送到右谷蠡王的王庭。

原来，于阗国已被匈奴大军占领，右谷蠡王的王庭就是原于阗国王的王宫。而直接统帅和指挥近十万匈奴大军的大都尉山戎乌达，却住在于阗城外的军营里。

张骞被扎实捆绑着，由千骑长带进了山戎乌达的营帐，由山戎乌达发落。

张骞想，这个杀了许多汉人的大都尉可能会下令处死他，自己死不可惜，只是联络大月氏的任务没完成，感到很遗憾。

不料，坐在豹皮高椅上的山戎乌达笑着站起来，说："快给汉国使臣松绑！"

千骑长很不情愿地解开了张骞身上的绑绳。

山戎乌达似乎并非穷凶极恶之辈，他说："我到过长安和洛阳，钦佩汉朝文化，我懂汉语。我本人不愿与汉家为敌。但我作为军人，以服从为天职，我不能违抗右谷蠡王，更不能违抗大单于之命令。贵使的去留，一切由大单于发落。"

山戎乌达属于那些仰慕汉文化的匈奴中层首领，像这样的认识大势的匈奴魁首不在少数，后来浑邪王和他的部下投降汉朝，就是明证。

张骞说："您既然热爱汉国，我愿与您为友，但我作为大汉使臣，必须效忠汉朝，完成使命是我的天职，我绝不能投降变节。"

张骞告诉山戎乌达，他此行的目的是出使汉国的西域，开通汉国和西域的交往道路，代表汉朝与西域各国建立友好关系。

山戎乌达缓缓地说："人各有志，各为其主，不能勉强。我佩服你的志向，但我也为你惋惜，你这个目的很难达到，因为你们所说的西域，通通是我匈奴国的西部势力范围。我匈奴国可大呢，面积有一千万平方里（相当于 500 万平方公里）。人口可多呢，有一百多万。"

张骞说："请你不要忘了，我大汉国的人口是贵国的几十倍，至少有五千万！"

山戎乌达说："你们人口再多也不顶用，人人只想谋利发家，经营小农经济，缺乏开拓志向，当兵的都是些市井恶少，可我们全民皆兵，人口一百万，可动员的兵力几近一百万，真正带甲的强兵悍将有三十万。从阳关到这一带，统统是我匈奴的属地，只要一号召，就可动员三十万兵马，常备军近十万。你带这么少的人，想通过我境，插翅也难飞渡。于阗城暂时是西王庭的首府。西王庭的首长是右谷蠡王，他的地位很高呢！全匈奴国位居第四，除了大单于、左右贤王、左谷蠡王，就是他了。"

张骞听了，默然无语，心中盘算怎样逃脱匈奴的牢笼。

右谷蠡王要见汉朝使者，山戎乌达遵命，带领张骞去见他。

在前于阗王宫的大殿里，右谷蠡王坐在虎皮高椅上，接见张骞。右谷蠡王比山戎乌达严厉，喝令他下跪。

张骞手持汉节，傲然而立，几个匈奴武士也无法按住他下跪，反而被张骞推倒。

张骞的勇敢令在场的所有人吃惊，尤其令坐在右谷蠡王旁边的阏氏（右谷蠡王之妻）怦然心动，想不到汉人中也有这样不怕死的刚强勇士，后来，她将这事告诉自己的女儿居次，居次因而对张骞有了好感。

右谷蠡王见威胁无法驯服张骞，便改变了态度，要他脱掉汉装，改穿匈奴高官的衣服。这是匈奴平民求之不得的荣誉，张骞拒绝了。武士们要夺取他手中的节杖，都被他推倒。他说，他誓死保护这节杖，这节杖代表汉朝的权威，是动不得的。

于是阏氏劝丈夫说：两国相争不斩来使，对于张骞，只能扣留他，不能杀他，因为匈奴国也有不少使者持节在汉国。杀了汉朝使者，会危及匈奴国使者的安全。

于是，右谷蠡王听了阏氏的话，决定不杀张骞，但他仍然下令：

"立即派出精兵强将，全力搜捕所有还活着的大汉使者，要一网打尽！大汉使者投降者留下，不投降者格杀勿论！"

山戎乌达说："王爷放心！这件事我尽快办好！"

右谷蠡王继续下令："其次，对大汉使臣张骞，要严加防范，也不许任何人伤害他！谁敢侵犯他，以军法论处！生活起居要优待他，让他吃小灶，给他穿武士的衣服，也允许他在你管辖的地方自由活动，但绝不可让他逃走！"

山戎乌达保证说："这件事一定办好。我已经责令百骑长，派人服侍他，同时安排了很多耳目，专门监视他的一切活动。"

右谷蠡王说："这样就好！"

山戎乌达试探着说："我打算在城外南郊找个地方，搭几座穹庐，里面安放一些生活必需用品，毛毯、燃料皆备足，羊牛肉不时供应，让张骞和监视他的官兵住在那里，这样便于我们控制他。"

右谷蠡王说："乌达，绝不能让张骞逃走！不能让他去联合别的国家一起来对付我们匈奴国！事关我匈奴国安危，千万不能疏忽大意！"

山戎乌达说："在下明白！"

右谷蠡王也说出自己的担心："这个大汉使臣是个了不起的人，也是个很难对付的人！看来他是不会投降的，可是我们又不能杀掉他！一个烫手的山芋落到我手里了。乌达，怎么办才好呢？"

这对于右谷蠡王是个难题，山戎乌达建议他将矛盾上交，况且，此事不能永远瞒住。于是他将俘获汉朝使节的事情派快骑特使报告大单于——军臣单于。

军臣单于下令，速将擒获的汉朝使者，不论级别高低，全部带来见我。

于是，张骞和他的同伴被匈奴兵押解着，骑着马向东北走。走了好多天才到达匈奴中央王庭，途中，押解他的匈奴兵士对他还算有礼貌，不敢为难他。

和单于的对话

《史记》和《汉书》对张骞和匈奴单于的谈话作了极简单的描述，

今天的著作只是将这段谈话加以解释。

听说大汉使臣押来了，单于亲自走出帐幕察看。

张骞上前一步，举起他的汉节，对军臣单于说："我是汉朝的使臣，奉汉朝皇帝派遣，出使月氏国，路经贵国被贵国骑兵拘留，请大王下令释放。"

军臣单于对张骞端详了一会，说："你这个样子，真的是汉朝的使臣吗？你们到月氏去干什么？月氏在匈奴的西北，汉朝怎能派人横穿匈奴地区到月氏去呢？假如我要派人到南方的越国去，向你们借路，你们肯答应吗？"

单于早就有一个想法，派人联络汉朝南方的南越国（包括今广东、广西两省和海南岛）、西南夷诸国（包括今四川、贵州和云南等省）以及闽越国（包括今福建省），包抄进攻汉国，瓜分汉国地盘。

事实上，匈奴早就做过这样的尝试。汉景帝时，吴楚七国作乱，匈奴就曾联合他们进攻汉朝中央政府，目的在于引起中国分裂，匈奴就可从中分一杯羹。但七国之乱很快平息，匈奴的打算落空。

此时此刻，单于有个计谋，他走近张骞一步，语气变得温和些，说："张骞，不杀你也可以。只要你帮我们办点事，还可以给你官做——不比你在汉朝的官小。"

张骞昂头望着天上的白云，傲然回答说："我是汉朝的使臣，不做匈奴的官。"

单于说："不做官也可以，如果你能替我国去南越国做联络工作，让他们和我们一道对付汉国，我将重赏你。"事实上，匈奴曾多次派人去联络南越国，想说服该国一同进攻汉帝国，但南越国王赵佗也是汉人，是春秋时赵王的后代，又是秦始皇的旧臣，不想和胡人联合进攻祖国。但眼下单于又想利用张骞的汉人身份，让他做说客，说降南越王，以实现自己的阴谋。

张骞说："这更不可能了，我不能出卖自己的国家。"

单于说："你能否将汉国的军事情报透露给我，并且，今后长期给我国提供汉朝的情报?"

张骞说:"我的职责是替汉朝提供西域的情报,一人不能事二主。"

单于见张骞不肯受范,就对他采取严厉措施:张骞受到毒打,监禁了几天,然后单于下令,将张骞交给一个贵族,做这个贵族的奴隶,让他当一辈子苦役犯。

但这个贵族拒绝接收这个奴隶,因为张骞的身份太特殊了,一旦有差池,引起汉朝和匈奴两国的战事,他负不起责任。于是,张骞被退回给右谷蠡王,由他监管。

第五节　囚徒岁月

匈奴的软化计策

关于张骞娶匈奴女子为妻的故事,在《汉书》上也有提及,但今天的读物中免不了将此事渲染一番。

面对着张骞,右谷蠡王又得解决一个难题:这个汉使张骞,杀又杀不得,汉朝是个大国,杀大汉的使者,匈奴将付出很大的代价。可如果他跑了,他虽是右谷蠡王,也会遭到大单于的重责。

这天,右谷蠡王找来自己的老婆阏氏和亲信山戎乌达,一同商量对策。

右谷蠡王首先开口:"这个汉国的使者,经我询问,来头不小,是汉国皇帝亲自派遣的,真不可轻视,究竟如何监管,我一时也没有想出办法来。不过,难题难不倒聪明汉,办法总会有的!"

阏氏见丈夫成天为这事伤脑筋,就开口说:"我倒有个办法,不知道有没有用……"

右谷蠡王问:"什么办法?快说!"

阏氏说:"能拴住骏马的不是缰绳,而是芳香的牧草。能拴住男人的不是官职,而是可爱的女人。"

"你是不是说让大汉使臣在这里娶妻生子？"

"对的，只有让他在匈奴地区成了家，女人和孩子就能牢牢地拴住他的心！心被拴住了，骨头就会发酥、变软。到那时，他就会投降我们，归顺匈奴！说不定还会为我国效劳呢。"

山戎乌达说："还是阏氏高明！对，用美人计！"

右谷蠡王问："好办法！不过，让谁嫁给他呢？不容易选择呢！山戎乌达，我派给你一个艰难的任务，替张骞物色一个妻子。这里的姑娘，任你选，不论地位高低，选谁都行。"

羊毛出在羊身上，右谷蠡王既然已说了"不论地位高低"的话，一言既出，驷马难追。山戎乌达首先把眼光落在右谷蠡王的女儿身上，王的女儿是公主，但匈奴称公主为居次，所以右谷蠡王的女儿就名叫居次。山戎乌达敢于打右谷蠡王的主意，是因为他明白居次的心思。居次自小讨厌匈奴帐幕的膻腥，喜爱汉朝的丝绸和瓷器，特别是张骞的勇敢不屈的表现令她万分仰慕，当山戎乌达前来试探她的心意时，她立即向山戎乌达表态，愿意下嫁给汉朝使者，这样就能实现自己的心愿——有机会到汉国去。往年，汉朝常将宗室公主嫁给匈奴单于，现在，匈奴的一个王爷将女儿嫁给堂堂汉朝特使，也并不越轨，而且很相当。于是，山戎乌达领着居次去见张骞。

公主相亲

颇有心计、城府极深的山戎乌达，把张骞安置在于阗河畔一个偏僻的小村庄里，对外保密。

这是一个半农半牧的小村庄，有牧场，有农田，有菜圃，有山丘，有池塘，还有一片茂盛的树林。

牧场里牛羊成群，农田里燕麦正黄，山坡上野苎麻丛生。树木中有一片矮小而叶嫩的树，后来这里的人们知道那是桑树。

于阗是西域各国中最早获得养蚕技术的国家，那儿养蚕的风俗起源很早，因此，在张骞来以前，此地就广有桑树，也是可能的。

　　草地上，有两座新搭建的穹庐，相距不远。另外，还有七八座营帐分布在小村庄的边沿。进出村庄的路口都有执刀的匈奴士兵把守着，外人还以为这个小村庄是个兵营，不知道其中蜗居着一位中原英雄。

　　山戎乌达和居次到那里时，张骞正在帮牧民收割燕麦，挥汗如雨。张骞告诉他们：他出身农家，收割、耕种、养蚕都会。他学习农活，十分虚心，现在还跟牧民学习挤奶和剪羊毛。

　　山戎乌达说："我们并没有把你当囚徒看待，你是汉朝的官员，我们让你享受官员待遇，你不必去干苦力活儿！吃的，穿的，用的，我们都会给你的。"

　　"这我相信。不过，我必须干活儿，自食其力。特别是，我不能堕落，不能软弱，不能丧失了志向，不能变节，不然的话，我就不配做大汉国的使臣。"

　　见他如此吃苦耐劳，不忘夙志，居次尤其钦佩，问："难道你所做的一切，所想的一切，都只是为了完成大汉使臣的使命吗？"

　　张骞说："是的。除此之外，我别无他求！"

　　居次问了一个她早就想问的问题："你有妻子和孩子吗？"

　　张骞答道："我有妻子，但尚无子女。"

　　居次心里凉了半截，原来他已经有了妻室。

　　看来，两人是谈不拢了，一时无语，默然相对。

　　山戎乌达为了实现自己的计划，赶忙出面圆场，笑道："据我所知，在汉朝有一点和我们匈奴相同，男人当了官或发了财，往往都会娶几个女人，有妻有妾。也都愿意有许多孩子，以便传宗接代。你现在很孤单，生活也无人照料，该有个女人来照顾你、陪伴你了。你愿不愿意再娶一个匈奴女人呢？"

　　张骞说："我到西域来，只有一个使命，让大月氏国和汉国结盟，至于我个人，应卧薪尝胆，刻苦自励，绝不能贪图享受，更不想享艳福。"

居次又问："饮食男女，是人的基本需要，也是上帝赋予人的权益。平民百姓都要婚配，你作为汉朝的高官，多娶一个妻子，并不妨碍你的使命呀！"居次频频向张骞示意，用无声的语言表示愿意嫁给他，张骞也领会到他们的来意，便思量拒婚的办法。

山戎乌达用露骨的话暗示说："如果有一个匈奴女子，年轻、美丽、高贵、富有，也愿意嫁给你，你愿意娶她为妻吗？"

张骞说："不！"

居次接着说："如果这个女子就是我，你也不接受吗？"

张骞正言厉色说："公主的美意，在下实不敢领。我在此虽身为囚徒，但绝不会为了美色、权势和财富而变节，我家中有妻室，也不能再娶任何女子，即使你是公主，我也不娶。"

居次听到这句话，生气至极，立刻跑出了穹庐，自认求婚失败。

张骞摆脱了这次求婚，就更加发奋劳作，锻炼自己的身心，洁身自好。

成功的撮合

但是几天后，山戎乌达又领着一个年轻标致的女人来了，强要他娶此女为妻，说这是王爷的旨意，是不能违背的。这女子名叫珀莉，她是匈奴人，说来也巧，她原是甘父的未婚妻，因战争失散，甘父被汉军俘虏，断了音信，但她身上尚保存着甘父的爱情信物——一串紫色玉石做成的葡萄。她当时在居次身边做女奴。

张骞具有明察秋毫的本领。他一见到珀莉，就猜想此女子也许是甘父的未婚妻，因为甘父曾向他描述过他的未婚妻的相貌、身材和气质，特别是当看到了她身上佩带的紫色玉石做成的葡萄，就更加证实了自己的猜想，因为甘父曾和他说过此事。他问珀莉说：

"你也许是爱好射箭和音乐的匈奴青年甘父的未婚妻吧？"

"正是，你怎么认识甘父？"

"甘父是我在长安结识的朋友,他现在为汉朝聘用,当上了汉朝的使者,跟我一起出使西域。到了若羌,我和他才分开。甘父他们走西南路,我带人去西路,相约在于阗会合。可是我被俘了,不知道甘父的下落⋯⋯"

珀莉告诉他,甘父的妹妹名叫娲霞,现也在王爷府中,是阏氏的女奴。人间也太狭小了,一家人都碰到一块了。

当下,张骞对山戎乌达坦白说,珀莉是他的朋友甘父的未婚妻,因此,他不能娶她为妻,不然是对朋友不忠。此种巧遇令山戎乌达哭笑不得,想不到世上有此奇事,对此情况,无可奈何,只得领着珀莉走了。

不几天,珀莉单独前来,向张骞说:"大都尉给我一个任务,要我帮他找一个会说汉语的匈奴人给你,王爷就决定让娲霞来,命令她不仅要当你的女奴,还要成为你的妻子。"

张骞问:"娲霞在哪里?"

珀莉说道:"就在帐外。"

张骞叫娲霞进来。

娲霞进来说:"大哥,留下我吧!我愿意做你的女奴!我虽是匈奴女子,但发誓对你永远忠诚!同时永远忠于汉家。我不会向匈奴人报告你的任何信息。"

张骞说:"好!既然你是我的战友甘父的妹妹,你留下来和我一起生活吧!不过,你不是我的女奴,我也不需要女奴!我会像甘父一样,把你当成妹妹,疼你爱你保护你!"

重逢

有一天,张骞在河边练武,河里驶来一个羊皮筏子,筏子上有一个武士,在吹笛子。张骞远远地看不清那武士的面容,但他听到那笛声,就猜想这吹笛子的武士就是甘父,因为这笛子奏出的乐曲是张骞和甘父事先约定的接头暗号。

羊皮筏子靠岸了，那武士手持羌笛，不等筏子靠岸，就踏水登岸，他果然就是甘父。甘父也认出了张骞。

甘父高喊："大哥！"

"甘父，好兄弟！"

张骞紧紧拥抱扑上前来的甘父，生死与共的战友又重逢了。甘父泪水滚下，张骞也热泪盈眶，二人欣喜若狂。

"你叫我好找，上天入地寻了个遍，茫茫大地皆不见你的踪影，今天总算找到你了！"

张骞问："你是怎么找到这里的？"

甘父说："几天前，我到了于阗，找到了西域文明护卫同盟的志愿者的首领沃特马赫……"

张骞问："难道西域有这样的志愿者？"

"可多着呢！"甘父回答说，"沃特马赫告诉我说，城里传遍了一个惊人的消息，说大汉使臣归顺了匈奴王爷，还娶了匈奴王爷的女儿为妻。我急了，想要劝你不要归降，昨天半夜偷渡进来，闯过了匈奴官兵的哨卡，今天一早就到了这里。"

张骞问："副使和其他的使者都在哪里？"

甘父答："都死了！都战死了！"

甘父扑在张骞的肩上，大哭起来。

张骞搂着甘父，心如刀割。

甘父不哭了，问道："大哥，你说实话！你是不是投降了匈奴王爷？是不是娶了王爷的女儿？"

"相信我，现在我还是大汉使臣，当了匈奴王爷的囚徒，我是娶了一个匈奴女子，她不是王爷的女儿，而是……"

甘父问："她究竟是谁啊？"

此时此刻，娲霞正从穹庐那边跑过来，呼唤张骞回家喝奶茶。

张骞看着奔跑的娲霞，笑着对甘父说："就是她！"

甘父终于看清了来者的模样，惊呼道："天啊，是阿妹！"

甘父向娲霞迎去，大声叫道："阿妹！娲霞！阿妹！阿哥来了！"

娲霞大吃一惊，不敢相信，停下脚步，凝神察看来人，果然是阿哥甘父！

兄妹二人紧紧拥抱，热泪纵横。

甘父问："阿妹，你真的嫁给了我的汉家大哥？"

娲霞说："是呀，难道你不高兴吗？"

甘父笑着说："太好了，我太高兴了！"

随后娲霞带着哥哥去和珀莉相见。

珀莉正在梳洗，她身为女奴，多次遭到歹徒的非礼，生活的历练使她警惕性甚高，见有生人进来，特别是来者又是男人，赶紧拿起匕首自卫，甘父一把抓住她的手腕，从她手中夺下匕首，说："你看我是谁？"

珀莉认出了心上人甘父，大为吃惊："甘父，是你吗？你真的回来了？多少年了，我以为你死在中国了呢！"

甘父抱住珀莉说："我九死一生，终于回到匈奴地界，和你相会了，但我现在不回乡当牧民了，我追随张骞大哥，为汉家服务，你应支持我。"

珀莉答应了，一对往日的情侣又重续前缘。

第六节　劳动

绿色宝库

张骞在囚禁中度过了 11 年，对这个有创造天才的勇士来说，11 年中总得做点事，在一些张骞传记中，他这些年做的事情离不了牧羊、打草、拾牛粪、淘井等苦活。

但在另一本张骞传记中，张骞利用当地的条件，做了很多有意义的事情：将野苎麻制成葛布或麻布，裁剪成衣。养蚕、用蚕丝织出丝绸，用丝绸换不少天马，托人献给朝廷。

在当时的条件下，做出如此神奇的事也许不太可能，但对张骞这个伟大的历史人物，在描写中再拔高也是值得的。

这本张骞传记是这样写的。

张骞每天劳作不息。但他的工作也是目的明确的，有条不紊，十分细致，他常带领牧民在村边的小山丘上，用镰刀砍割野苎麻。他们把砍下的一堆堆苎麻秆放到牛车上，驾驶着牛车下山，来到一个小池塘边，他们把野苎麻秆抛进小池塘里，然后将一桶桶的生石灰倒进小池塘中，顿时，升起一片白色的烟雾，烟雾消失后，张骞带领牧民们用手中的长木棍，不停地在池塘里捣着、搅着。

张骞在家乡就学会了从沤麻到纺麻的全部本领。现在，他成了师傅，他耐心教会牧民，同他们一起沤麻和纺麻。他还亲自动手，制作了一辆纺麻的纺车。

一天，张骞带着娲霞，甘父领着珀莉，在田野里漫步。他的用意是让他们懂得一点植物栽培学。

走到小池塘边，看到池边地上晒干了的一些野苎麻秆，珀莉好奇地问："大哥，这是什么？你每天和几个牧民在这里干什么？"

张骞知道用三言两语说不明白，必须借助物品来演示。他拾起一个干苎麻秆，又指着自己身穿的葛皮长袍，说："这是葛麻，可以用它纺织成葛布和麻布。我这件衣服就是葛布做成的。"

珀莉问："太神奇了。这种草，真的可以做成衣服吗？"

张骞说："你们畜牧民，穿惯了羊皮衣和羊毛衣，可我们汉家没有这么多皮毛，平民百姓穿的衣服，都是用葛布和麻布制成的，细一点的叫葛布，粗一点的叫麻布。丝绸太昂贵，平民百姓穿不起。葛布和麻布制成的衣比毛皮衣轻便，适合夏季穿，春秋两季也可以穿。"

娲霞说："怎么用这种草制成葛布和麻布呢？我想学。"

张骞耐心地说起来："先把苎麻秆割下来，放在水里加上石灰浸泡，用木棍捣烂，让苎麻秆脱胶，再捞起来晒干，一搓打，外表皮就掉了，剩下的全是麻缕。把麻缕放到清水里漂洗干净，再捞起来，晒干，晒干后，就变成很白的麻缕了，麻缕是制衣的原材料……"

珀莉说："哎呀，太难了！"

张骞说："更难的还在后面，从麻缕到衣服至少还需三道工序：用纺车把麻缕纺成纱线，而后再用织布机把纱线织成布，再请裁缝做成衣服……"

甘父说："大哥，你在这里又织麻又纺布，难道你真的打算在此安家落户，不逃走了，不再出使西域了？"

张骞说："正是为了逃出去，我才这么做。"

甘父说："我不懂，织麻纺布和逃走，这二者有何联系？"

张骞说："甘父，你认为，我们现在有什么办法逃出去吗？"

甘父说："现在比较困难，这个村庄外面有重重哨卡，有几层匈奴官兵围住，从于阗到皮山、叶城一带，驻扎有数万匈奴军队，我们四个人插翅难飞！"

珀莉说："那我们怎么办呢？"

张骞说："我们现在不逃走，如果现在蛮干强逃，匈奴追兵箭法厉害，我们恐怕性命难保。但是从现在起必须为逃走作准备，在这个村庄里，我带领村民种麦子，养育牛羊，还要种植苎麻，纺织葛布麻布，搞成一个发家致富的假象，麻痹监管我的匈奴大小官员，他们以为我安心做一个小农牧主，不想完成联络大月氏等西域国家、抗击匈奴霸主的大事业了。他们思想一麻痹，就会放松对我的控制，我就可以伺机逃跑。"

甘父问："具体时间有规划吗？"

张骞答："当然越早脱身越好，但要我说具体时间，现在还算不准。"

甘父问："大哥，你靠这些葛布麻布能抵几个钱，用这些东西送给大宛、乌孙、康居等西域各国王侯，他们不会重视我们。"

张骞说："我还有一个绿色宝库，丝绸，这种西域人眼中的无价之宝，我们将会有！"

娲霞说："丝绸宝库？在哪里？"

张骞说："走！我领你们去看！"

到了不远处，河边有一大片青翠碧绿的树林，树都不高，但枝叶茂盛。

张骞指着这片树林，说："这就是绿色宝库。"

甘父、娲霞和珀莉都感到莫名其妙，不懂他说的是什么。

张骞耐心解释说："这种树叫桑树，这叶子叫桑叶。这种宝树，生长在这里，无人知道它的用处，这些树在此自生自灭，白白生长了。可我知道这些树上的叶子的用处，我们汉家用桑叶来养蚕。蚕吃了桑叶就会长大，长大了就吐丝，这种丝就可以用来制成丝绸。"

甘父说："你是说，你打算在这里养蚕，织出丝绸？"

张骞说："正是。"

甘父说："我看你是异想天开，这事太难了，无法实现。"

张骞说："什么事也难不倒我，有志者事竟成。在这儿，制造丝绸是我的绝活，制成的丝绸会成为我的法宝，我唯有织出丝绸，才能打开局面，冲破牢笼，到达西域各国！"

娲霞说："我看你像魔术师，你今年就能变出丝绸来吗？"

张骞说："今年只能纺织麻布了。养蚕，要等明年开春以后。"

娲霞说："只有桑叶，没有蚕儿，也不能织丝绸啊！"

张骞说："蚕儿我带来了，就在我的节杖中。"

张骞取来汉节，把龙头一旋，龙头和节身脱开了。节身里藏着一卷发黄的丝帛，上面布满了密密麻麻的黑色小斑点。

张骞指着黑色小斑点说："这就是蚕种！"

甘父、娲霞和珀莉看了看，仍半信半疑。娲霞问道："这就是蚕儿？用这些黑色小斑点，你就能变出丝绸来？"

张骞说："对！这就是蚕种，天一热，就会变成小蚕虫儿，小蚕虫儿吃了桑叶就会渐渐长大，吐丝。奇迹是靠人来实现的。"

甘父开始信服，又问道："你怎么把蚕种也带来了呢?"

张骞说："出使前，我在上林苑值勤，我帮助当地的农民建造了蚕场，还替他们制作了纺织丝绸的纺机。当时，我就收藏了一些蚕种，以备不时之需。我把它缝在衣服的夹层里。这次出使来到阳关时，我突然意识到蚕种的重要性，便把它从衣服夹层中取出，藏到汉节里了。我们要用丝绸来为我们开路和铺路。在西域，丝绸比黄金还贵。"

甘父问："怎么个铺路法?"

张骞道："要知道匈奴人里面并非人人都憎恨汉家，与汉国为敌的只是大单于和他周围的几个显贵。广大匈奴民众还是愿意和汉国友好的，因为他们是受压迫阶层。还有匈奴国的妇女，都是受压迫的对象。"

甘父问："妇女能帮我们什么忙?"

张骞道："妇女虽然是软弱群体，但弱者也能起到强者不能起到的作用。中国哲学家老子说：刚强者易折，柔弱胜刚强。例如，阏氏、居次等人，这些匈奴的皇后和公主，我们可以让她们发挥对我们有利的作用。要知道，当年汉朝的开国皇帝汉高祖刘邦，在白登山被匈奴单于围困，就是靠送贵重物品给阏氏，才得到解围回国的。"

甘父问："大哥熟悉汉国历史，言之有理，小弟佩服。"

张骞道："我们今天被困于此处，和当年汉高祖被围差不多。现在，唯有丝绸，才能给我们打开逃走之门，铺就继续往西之路。首先，丝绸可以帮助我们打动阏氏、居次的心，铺就接近她们的门路。"

一天，山戎乌达坐着辎轳（匈奴的战车）来找娴霞，问道："你丈夫在忙些什么事?"

"他每天都在和牧民一道沤苎麻、晒麻秆、洗麻缕，他还亲手做纺麻用的纺织机。"

"哈哈，真有意思，干这些无用的事情，到底为了什么呀?"

"他是汉人，穿不惯羊皮袄，他要用自己织的麻布缝制衣衫。他从前在家务农，早就会织麻布和葛布。"

山戎乌达听了，无话可说，他想："我国配给他的上好的羊皮袍子他不穿，却要自己动手做什么低劣的麻布衣，让他成天做这些无用的事也好，他就不会想去所谓的西域了。"

父子情深

光阴似箭。西汉建元五年（公元前 136 年），张骞等离开长安后的第二年。

我们的眼光回到张骞的家乡汉中郡城固县，初夏某日，张骞留在家乡的妻子晓萌在织机房里织锦，她是个织锦能手，靠着她的一双手，养活一家人。她一天到晚，不下织机。

忽然，弟嫂珠儿唤她："大嫂，娘叫你快去，爹有话对你说！"

晓萌知道爹爹病情很严重，说不定到了弥留之际，赶紧下了织机，向堂屋跑去。

入春以来，张骞的父亲一直卧床不起，时时咯血，饮食难进，医药无效。苟延至今，弥留不去，全是思念骞儿，只盼再见骞儿一面。口里老是念着："骞儿，你怎么还没有回来呀！"

自从两年前收到最后一封信鸽传回的家书后，再也没有张骞的音信。张父命二儿子到京城去打听，郎中令石建总是回答："毫无音信，不知生死。"看来，生还的可能性很少，一家人几乎绝望了。

但不久又从西域商人口中听到谣言，说张骞归顺了匈奴单于，还娶匈奴王爷之女为妻。张父当然不信谣言，他相信张骞宁死也不会投降匈奴。他认为儿子只能选择两条路，或者为国牺牲，或者脱身归来。不过，他从谣言中推测骞儿还活着，因此，还有归国的可能。他很想在自己归天之前，见骞儿一面。

这天，张父对大儿媳晓萌说了最后的几句话，也是他临死前的交代："你要知道，骞儿所做的事情非比寻常，他开凿西域之行将永久造福后世，他如果能成功归来，将扬名千古。不过，爹等不到骞儿光荣回来了，爹要走了！根据传言，他可能在外面另外婚配了，这样，你也不要再等他了，爹走后，你改嫁吧！一定答应我！"

晓萌说："爹，我答应你！爹，让女儿为你守三年孝吧！三年之后，如果张骞还不回家，有确切消息他已经另娶，女儿一定改嫁！"

张父露出笑容，说："好女儿，爹可以放心走了！"说完，眼睛一闭，溘然逝去。

身拘匈奴心在汉

张父去世的那一刻，处于异地他乡的张骞心头一惊，隐隐发痛，感应到一种无以言表的悸动，不禁自言自语："不好！难道父亲他竟离我们而去了吗……"

他把这种猜测告诉娟霞，他说："往往预感会成为现实。"

娟霞说："不会吧，或许你太想念你父亲了！再等几年，我们回老家去看你父母亲！"

张骞长叹了一声："忠孝不能两全，为了国事，我羁留在此蛮荒之地。但愿不久之后我们回到家乡时，他老人家仍然健在。"

这天晚上，他梦见了父亲，看到父亲那副样子，他估计凶多吉少。

但令张骞感到安慰的是，在他离开长安后的第三年，他们精心喂养的天虫（蚕）吐了丝，真的织出了汉家丝绸，周围的人把这认为是奇迹，并把他们居住的那个小村庄叫春蚕庄。

西域各地来的商人，都闻讯前来，他们都想用皮货、玉器和骏马去换张骞纺出来的葛布和丝绸。春蚕庄的葛布和丝绸成了抢手货。

张骞把织成的第一批丝绸恭敬地呈献给阏氏，阏氏得到好处，在丈夫面前，净说张骞的好话：

"大汉使臣真是个神奇的人！他被囚禁，两手空空，才过了三年，他就变出了汉家的葛布、麻布和丝绸，一个没有名字的小村庄，变成了远近闻名的春蚕庄！或许，他真是天神派来的！"

右谷蠡王听到的净是关于张骞的好话。连山戎乌达也赞扬张骞，他甚至建议，把围在春蚕庄外面的几道哨卡都撤掉。

事实上，天长日久，匈奴兵对张骞的监视渐渐松懈，那些派出的耳目也越来越不管事了。

"徒然设这么多哨卡，监督一个不想逃的人，这是浪费人力物力。"阏氏说。

"我们还能管住汉朝使臣吗？"右谷蠡王问山戎乌达。

山戎乌达说："至少在几年之内张骞不会逃走。要不，他就不会花费许多心血种植桑麻、织布纺绸了！再说，我们可以派人扮作平民百姓，可以直接监视张骞。这个办法比用官兵围起来好！"

右谷蠡王下令："就照大都尉说的去办！千骑长，把路卡和官兵都撤掉，让这些官兵去前方作战。"

山戎乌达还说："以后我们多抓些汉家能工巧匠来，利用他们的技艺特长，为我们增加财富、充实国力。"

张骞做出一辈子在此安家落户的样子。山戎乌达看到这个假象，也真的麻痹大意了。

居次的悲剧

阏氏嫁女儿，张骞也送了不少丝绸，阏氏和她的女儿居次也很感恩。但居次的婚姻很不幸。她出嫁三年后，又回到了娘家。

居次见到母亲，便扑在母亲怀里哭起来。

阏氏原来以为，把居次嫁给骨都侯的儿子，应该享尽繁华，却不知道女儿的苦处。

匈奴一族的最高领袖，也是匈奴国的最高首领，是单于，居次的爷爷，即右谷蠡王的父亲就是大单于。大单于要居次嫁给骨都侯的儿子小呼衍氏，居次怎么敢不听从呢？

呼衍氏、兰氏和须卜氏是匈奴贵族的三大姓氏，都是名门望族。大单于总揽军政外交的一切大权，而其辅政大臣就是左、右骨都侯，而骨都侯必须由呼衍氏、兰氏和须卜氏三姓中的贵族担任。三姓之中，呼衍氏的地位最高，难怪阏氏认为，居次嫁给骨都侯的儿子小呼衍氏是无上荣耀之举。

居次带回一个女奴，名叫欣妮，欣妮陆续说了居次在婆家的遭遇：

"小呼衍氏是一头色狼，流氓成性，无恶不作，骨都侯也是头老色狼，他们父子这两头色狼，轮番糟蹋、百般折磨居次，可居次是贵人，又是大单于的孙女，不该遭罪的呀！"

阏氏听了，才知道女儿的不幸遭遇，只得叹气。

居次说："我想到春蚕庄去看看……"

第七节　逃　脱

逃跑计划

在居次去春蚕庄以前，我们先把目光看一看那儿的场景。

春蚕庄新落成一栋崭新的宅院，宅院的主人就是大汉使臣张骞。

院子呈长方形，约两亩地大小，是典型的汉人建筑，建得像张骞在家乡的故居，以示对家乡的怀念。院墙土筑，高略过人。大门在正南中央，正对着张骞的居室。张骞的居室在正北，是一排三间互通的青砖黑瓦房；正中是堂屋，东厢房是一排三大间青砖瓦房，准备为客人留居用；西厢房也是一排三间，一是厨房，一是农具房，一是马厩。

院子当中，却修建了一座西域风格的椭圆形大凉亭，以示中西友谊。亭顶被葡萄枝叶密盖着。亭柱、栏杆及凉亭里的椅子，均为白色。

凉亭是张骞工余休息场所。

这时，有一位气宇非凡的客人，骑着一匹白色骏马，正向张骞的宅院走来。他年约四十岁，匈奴人，高鼻翘须，身躯颀长而健壮，天然卷曲的头发上戴着一顶绣花小帽，穿了一身紫红葛布长袍，系着白色皮带，披着一件丝绸披风，他就是张骞的莫逆之交，也是西域文明护卫同盟的首领沃特马赫。

沃特马赫首先述说西域文明护卫同盟的宗旨。他说：在中国的西域，也就是中亚的周围，四千多年来，产生了五个独立的文明，即苏美尔—阿卡德文明、埃及文明、爱琴文明和印度文明及中国文明。目前，苏美尔—阿卡德文明、埃及文明、爱琴文明已经不再存在，印度文明也已衰落，唯独中国文明长盛不衰，可受到蛮族，特别是北方的匈奴游牧民族的威胁，所以挽救中国文明、抵抗匈奴是西域文明护卫同盟的目的。

沃特马赫前来，还告诉张骞一个好消息："昨天，大都尉下令把哨卡的匈奴官兵都撤走了，任何人都可以到春蚕庄来自由买麻布、葛布和丝绸，这里已成为西域少有的自由市场。你的理想实现了，发家致富的前程向你招手呢！"

张骞说："大哥，发家致富只是我计划中的第一步，我不能在此享清福，我还有第二步的计划！"

沃特马赫问："我也估计到你一定不会以发家致富为满足。第二步如何走？"

张骞说："我的计划是，葛布麻布全部放开卖，丝绸只卖掉十之一二，十之七八的丝绸，由你的秘密通道运出去，运到大宛国保存，作为我今后出使各国的经费物资。其中的一半，换成大宛天马，请你派专人通过你的秘密通道，把天马送到阳关去，再让阳关的汉朝官员送到长安献给皇上。"

沃特马赫问："你身在囚禁中，还不忘将宝物敬献皇上，真是汉朝的大忠臣呀！你的第二步计划，包在我身上，我一定不辜负你的期望。

你还有第三步计划吗?"

张骞答:"第三步,是到了有利的时机,我就带着娲霞和儿子张洞国逃走,先到大宛国去,如果在那儿能找到甘父就好了!甘父是我的得力助手。"

原来,甘父为了使自己的未婚妻珀莉摆脱女奴的处境,早就带着她到大宛国去了。

沃特马赫说:"好办法!你真是大才,有大计划!兄弟,放心吧!你的事我一定会办好的!下个月我去大宛国贵山城,头一批丝绸,我亲自带去。"

传授养蚕缫丝织绸技艺

几天后,大都尉山戎乌达、阏氏、居次、欣妮,还有几位随从女奴,骑马到达了春蚕庄,走进村庄,所见的景象使他们大为吃惊。

山戎乌达边说边指:"河边的几排小平房,是牧民们的住房。山丘西边的一排房子,是纺织葛布和麻布的。山丘东边,那座最大的院子里,有好多的房子,有养蚕的,有缫丝的,有纺丝的,有织绸的。再往东边不远,那座院子,就是大汉使臣的新居……"转眼之间,这么多住房和作坊拔地而起,怎不叫人啧啧称奇。

在喝过茶后,进行参观时,娲霞陪着居次和欣妮,走进了蚕纺大院。

在蚕房里,居次和欣妮看见几排长长的蚕架上,放着一百多个圆形蚕箔。蚕箔里,有几百条蚕儿正在默默地吐丝。蚕丝透亮,闪闪发光,十分耀眼……

在缫丝作坊里,居次和欣妮看见在七八口开水滚沸的大锅里,茧壳翻腾不已。七八个经过培训的于阗妇女站在锅旁,不停地用长竹筷搅动茧壳,挑起丝头……在纺织作坊里,居次和欣妮看见那个叫索德的年轻女子正在纺织绸缎。她技艺精湛,双脚踩着左右踏板,双手投梭接梭,引经找纬，手脚并用，忙碌不停。织成的绸缎滚滚流动，绚丽夺目。居次和欣妮眼花缭乱，啧啧赞叹不已。

居次和欣妮又走到提花机前，看娲霞提花织锦。

娲霞坐在提花机的坐凳上，左手操纵一百二十根棕线，右手操纵一百二十根银线，双手不停地上拉下投，极为神速，但有条不紊、神态从容，真称得上是高手。织成的提花色锦上，紫色葡萄和翠绿的叶子栩栩如生。

这时，张骞笑嘻嘻地捧着一匹绸缎走进来。

张骞说："这是娲霞织出来的第一匹锦缎，一直小心保存着，等你回来就当做礼品送给你。居次，请收下吧！"

居次说："我无功受礼，深感惭愧，这些年来，我虚度年华，苟延岁月，而你们却大有长进。现在我和欣妮决心拜你们夫妇为师，学养蚕和纺织丝绸。不知你们肯不肯收我们这两个拙劣的学徒？"

张骞说："我和娲霞十分愿意传授这些技艺，不过你和欣妮都不是学徒，而是我们的朋友！"

居次拍手说："那就太好了，学会纺织丝绸，在匈奴人中堪称第一批织绸能手，也不枉此一生。"

张骞说："我早就有这个打算，想让你们学会全部技艺：植桑，养蚕，缫丝，纺丝，织锦。我们汉家的技艺，就希望西域各国的人民都学会。不过，我对你们还有一个要求！"

居次问："什么要求？"

张骞说："你们不仅要学会全部技艺，还要能够管理桑林和各个作坊，甚至整个春蚕庄！"

居次说："你是要把这里的一切都交给我，对吗？难道你和娲霞……真的要远走高飞？"

张骞说："是的！一定要去大月氏国，去完成汉皇交给我的使命！不过，在你们还没有学会全部技艺，还不能完全掌管这个村庄之前，我们是不会随便走的。"

婚变

光阴易逝，西汉元光六年（公元前 129 年）。张骞等使臣离开长安已经近十个年头了。

我们的眼光回到张骞的家乡：汉中郡城固县是个小县城，但因临汉水，又受益于褒惠、清惠双渠，舟楫云集，物产丰盛，消费需求特多，故商贸兴旺，街市繁荣。城关大街上，车水马龙，川流不息，商号密布，马记丝绸店便是其中一户商家，该店在江浙一带进货，商品销往西北各地，甚至销往西域。

但近来马记丝绸店的老板娘晓萌，心情格外烦躁，脸上有了皱纹。

公爹张祥熙病故后，她履行诺言，在西崖村张家果真为公爹守了三年孝。在她守孝的一千多天漫长的岁月里，依然毫无张骞的音信。有些人甚至说张骞已经死了。守孝期满，她只好由人做媒，改嫁他人，离开张家。她的后夫姓马名金农，是城固县城里马记丝绸店的老板。

本来希望，再婚后过几年好日子，没有想到，婚后一年，马金农变了，嗜酒如命，赌博又上了瘾，经常彻夜不归，赢少输多。

有一句俗语说："人上杀场，钱上赌场。"其意思是说，上了杀场的人性命很快没了，上了赌场的钱会像流水一样很快输光。

马金龙每次上赌场前，都提着一袋银钱，可赌博后回家时，身上一个子儿都没有了。输了钱怎么办？他借高利贷再赌，结果债台高筑，脾气变坏，时时打骂晓萌。晓萌苦不堪言，满腹苦水无处倾吐，常常默默地怀念前夫张骞，怀念慈爱如母的婆婆……

东西方交流

与城固县城里面临困境的马记丝绸店相比，于阗城郊春蚕庄的天虫一条街上的张记绸缎庄和天虫布店，则显得十分旺盛。这两个店都是张骞开办的，建筑具有汉家风貌，白墙黑瓦，飞檐立柱。张记绸缎庄出售张家织造的汉家丝绸，天虫布店出售张家纺织的葛布麻布。前来购买葛布麻布的，大多是于阗、皮山、叶城和扦弥一带的平民百姓。前来换取或购买丝绸的，大多是来自西域各地的商人，有楼兰人、莎车人、疏勒人、姑墨人、龟兹人、大宛人、康居人、大夏人、大月氏人和匈奴人等。

这天，张骞正把两位客商送出张家宅院的大门，施礼相送。大宛商人金迪格和大夏商人钱德利各人抱着一匹珍贵的绸缎，笑容满面，还礼告辞。

临走前，金迪格耳语说："绸缎在我国是至宝，你如能逃出匈奴魔爪，欢迎你带着绸缎到大宛国贵山城来！大宛国王子是我的朋友，我让王子领你去见国王！"

张骞小声说："我一定会来贵山城的，我有这样的信心，而且一定首先拜访你！"

钱德利压低声音说："汉使张，谢谢你的热情款待，更谢谢你织造的丝绸！你如逃出匈奴监管，你一定要到大夏国蓝氏城来啊！"

张骞低声说："我一定能跑掉，我会来大夏国找你的！再见，钱德利，祝你一本万利！"

接着，老朋友沃特马赫来了。

张骞的孩子已经长大了，名叫张洞国，他捧着奶茶过来，给沃特马赫和阿爸各倒了碗奶茶，说："大伯，请喝奶茶！阿爸，桌子上是些什么东西？"

张骞说："这是大宛国客人送给我的礼物，都是我们汉朝没有的。这是红蓝花，是染料，染出来的是金红色……"

沃特马赫说："其实我们匈奴也有，叫做红花，可以当药来用，能治跌打损伤，也能治妇女病，很灵验。这个是胡萝卜，可以生吃，也可以炒菜，很好吃，也好种，大宛国出产得最多。"

张骞说："这种萝卜和我们汉朝的萝卜不一样，汉朝的萝卜有红皮的、白皮的，里面都是白色的，胡萝卜从里到外都是红色的……"

张洞国问："阿爸，这是种子吗？"

张骞说："是种子，这一包是胡萝卜的种子，这一包是胡麻的种子，金迪格说，胡麻长出来有些像苎麻，但大不相同，胡麻籽可以榨油，这种油可以用来炒菜，味道清香不腻。"

沃特马赫说："是的，我到过大宛国，那里家家户户用胡麻油炒菜吃，可我们匈奴国的百姓还是习惯吃牛羊的油，不过用胡麻油煎出的面饼我很喜欢！"

张骞说："我一定要把这些东西带回汉朝去，首先在我们的家乡试种试用。"

沃特马赫笑道："兄弟，你把蚕种带来了，这里也有了丝绸，你也发了财；你把红蓝花、胡萝卜籽和胡麻籽带回汉朝很好！单是胡麻油这一种，就会让你发大财的！"

张骞说："发财事小，民生事大。我们那里没有牧场，很难养牛、羊，牛油、羊油都很贵，一年到头，吃菜缺油。要是胡麻种植方便，又能丰收的话，那么家乡农民和汉朝百姓吃油的大事，就可以真正解决了！"

离开春蚕庄

我们的眼光转向沙州的阳关，那儿有一家胡姬酒店，是一个西域女商人潘内特娜开的，生意也不错。

某天中午，她的酒店来了一个不速之客，就是她的好朋友沃特马赫。沃特马赫说：

"久违了，我今天前来，有重要的事委托你去办。"

"什么事？只要我力所能及，当然帮忙。"原来潘内特娜也是"西域文明护卫同盟"的一个成员。

沃特马赫掏出一卷帛书，说："这是大汉使臣张骞用血泪写给汉朝皇帝的奏章，上面写了他在匈奴被囚禁和这十年的艰苦奋斗情况。我带来的十匹汗血天马，是张骞用他和娲霞辛苦所织的丝绸托人从大宛换回来的。张骞托我把奏章和天马带到阳关来找你，请你设法交到一个可靠的汉朝官员的手里，再让他们转送到长安，交给汉武帝。"

潘内特娜说："我开店的阳关归沙州管，现在的沙州来了个新县令，名叫堂邑氏，我店里的厨师老吴跟他熟悉，因为老吴常常送饭菜给他吃。"

次日上午，沃特马赫和潘内特娜跟随厨师老吴，来到了沙州县府衙，经过一番通禀，见到了县令堂邑氏。

沃特马赫对堂邑氏说："大汉使臣张骞奉皇帝命令，出使西域，十年前不幸被匈奴官兵捕获后，一直被囚禁在一个小村庄里，插翅难飞。他至诚高节，天日可鉴，不仅没有投降匈奴，也没有忘记使命，而且在小村庄里夜以继日，植桑养蚕，织出了丝绸，又托人用丝绸从大宛国换了十匹汗血天马，又托匈奴商队把十匹天马带到阳关，要交给县令大人，再请县令派人护送天马去长安，献给皇上。一番忠心，感动天地。我是商队的保镖，商队把十匹天马专程送到阳关了，请县令大人去验收。"

堂邑氏听了一惊，忙问："那十匹天马在哪里？"

沃特马赫说："就在阳关客栈里，请大人派人去验收领取。这里还有一卷帛书，是大汉使臣给皇上写的血泪奏章，请大人一并送交朝廷。这是重要文件，必须专人递送。"

堂邑氏一目十行看了看奏章，立即派人验收并带回了十匹汗血天马，也按照沃特马赫的一再要求，把加盖了县衙大印的回执收单给了沃特马赫。

可堂邑氏不想代表张骞把天马送到长安去，因为这样于自己无利。而且他和张骞是老对手，当年张骞奏明天子，赦免了他要处死的奴隶甘父，又让甘父离开他，使他丧失了一个奴隶。此事他一直怀恨在心。

他和左右心腹商量，决定上京献天马时，只字不提张骞，只说是他花费重金从大宛国买来，专门献给皇上的。同时火速派数百名官兵包围胡姬酒家，想以匈奴间谍的罪名杀掉沃特马赫和潘内特娜二人灭口。可是，搜遍了楼上楼下，却不见人，二人已无翼而飞，官兵便放火烧掉了潘内特娜的酒店。

原来，沃特马赫和潘内特娜刚出县府衙门，就有西域人在县衙的卧底向他们报告了堂邑氏的计划，他们俩得知，立即带着金银细软逃出沙州。他们逃到张骞的商店里，向他报告一切，张骞听完他们的叙述，心想自己一番努力却得到这样的结果，十分痛苦。

当即，沃特马赫取出那份加盖了沙州县衙大印的回执收单，递给张骞说："这就是那份回执收单。老弟，你收好，等你回汉朝后，再跟堂邑氏对质，讨还这笔账！"

沃特马赫还告诉张骞说："我已经找到了甘父，他就在大宛国的贵山城。"

这时，欣妮匆匆跑进来说："张大哥，娲霞姐！居次让我来告诉你们，明天一早右谷蠡王、阏氏和大都尉要带上大军去漠北王庭争夺大单于的继承人位置。此地出现了兵力真空，居次希望你们抓住这个时机，赶快逃走。"

这天夜里，月黑风高。张骞、娲霞、潘内特娜及两个助手索德、李梅把库房和绸缎庄里的丝帛绸缎及衣物等包扎成捆，在不少牧民的帮助下，装上几辆牛车，并运到了河边。沃特马赫则找来了三艘较大的马皮革船和几位充当押运的志愿者朋友。夜半时分，所有的丝帛绸缎和物品都被搬上马皮革船，并一一放好。

娲霞把一块木牌挂在张记绸缎庄的门板上，牌子写着四个隶书汉字："暂停交易"。娲霞、索德和李梅走进绸缎庄，关上了最后一扇门板，三人再一次环视店内，然后从后面的小门走出绸缎庄，颇有恋恋不舍之意，但还是来到了临河的岸边。

张骞说："沃特马赫大哥，货物都装好了，你带着他们动身吧。"

娲霞亲了亲儿子张洞国，说："儿子，你有这么大了，可以独立行动了，你跟沃特马赫大伯和潘内特娜阿姨先走！要听他们两位长辈的话。"

潘内特娜说："张大哥，娲霞阿妹，我们还是一起走吧！免得夜长梦多，又生枝节。"

娲霞说："我们还想等居次来，把这里养蚕、纺丝和织锦的作坊交给她。"

张骞说："我日积月累、经营多年的产业必须交给一个可靠的人，才不至于一朝散失，接手者非居次莫属，因为她是公主，由她保管，无人敢动分毫。所以我暂留一天，等她来接手。"

沃特马赫说："不要因为这些身外之物，而陷入危险。不过，你想在此多留一天就留下吧，可能你和这公主旧情难却，我不勉强你。我还要告诉你一个好消息，西域的几位志愿者高手快到了，他们会来找你的！"沃特马赫是个神机妙算高手，他算定张骞一时难以走脱，如果万一有情况，那西域的几位志愿者高手可以来解救他。西域志愿者遍布各地，使张骞事事顺手。

沃特马赫、潘内特娜、张洞国、索德和李梅乘船离开了春蚕庄，顺流而去。

魔术表演

次日清晨，右谷蠡王、阏氏和都尉山戎乌达，率领着十万骑兵，浩浩荡荡地开拔，出了于阗城，急速前行。所过之路，尘烟滚滚，遮没了道路、田野和半个天空……

都尉山戎乌达在离开之前，秘密嘱咐千骑长，令他看管好汉使张骞，如果张骞逃跑，唯他是问。他还说："有耳目报告，张骞和大宛商人金迪格和大夏商人钱德利约好，要逃到大宛国和大夏国去，约二人接应。此外，张骞还和匈奴叛臣沃特马赫来往密切，沃特马赫暗地组织一帮人，名叫'西域文明护卫同盟'，要佐助张骞逃跑，千万要小心啊！"

千骑长深知责任重大，左思右想，觉得万全之计，是在山戎乌达等离开于阗期间，将张骞夫妇囚禁起来。

张骞送走沃特马赫等后，在店里等待居次来接管绸缎庄，没想到居次没等到，却等来了一大队匈奴兵，以千骑长为首，千骑长下令将张骞夫妇捆绑，锁在一个房间里。

就在这时，沃特马赫预先安排的几位西域志愿者高手来到了春蚕庄，他们的使命是施用妙计，救出张骞夫妇。

匈奴一个百骑长匆匆赶来，说："千骑长大人，来了几个外国人，他们要见大汉使臣，要买他的丝绸。"

千骑长问："噢，他们是些什么人？"

百骑长说："是眩人。眩人就是流浪的艺人，会唱歌、跳舞、杂技、变戏法，还会算命、给人治病……"

"原来是走江湖的。好吧，让他们进来！"千骑长想要看看杂技表演，散散心。

百骑长奉命走后，千骑长命令士兵把张骞和娲霞关押在院内东厢房，房门口有几个武士把守着。

千骑长和武士们都进入张家的院子。

伦道夫等六个眩人，跟随匈奴百骑长走入宅院，走入凉亭。

千骑长坐在椅子上，问道："你们是什么人？"

伦道夫回答："我们是国际眩人艺术团，我叫伦道夫，是大夏国人，是艺术团首领。她叫乔妮丝，表演歌舞。他是大宛国人，叫甘凯姆，人称魔笛。他是康居人，叫诺伍顿，能吞吐刀火。他是龟兹人，叫努斯鲍，表演魔术。他是大食人，叫莱克明，能医善卜。长官，我们该怎么称呼你呢？"

"我是千骑长，手下有一千名威武的骑士。你们到这里来有什么事？"

伦道夫说："我们到于阗城，本想到王爷府献艺，可是王爷不在于阗，我们听说春蚕庄很热闹，有大汉使臣织造的丝绸。我们来这里是打算给大汉使臣表演歌舞，换取一些汉家的丝绸。长官，大汉使臣在吗？我们想见见他。"

"张骞打算逃走，被我抓起来了！"

伦道夫说："长官，这个凉亭很美，适合表演歌舞，请长官允许我们表演几个节目，赏我们一口饭吃就行了！"

千骑长和百骑长商量了一下，百骑长派了一名武士骑马去春蚕庄酒家买盒饭。

千骑长说："你们远道而来，我不能不领你们的情意，我已经派人去买盒饭了，保你们吃饱肚子。你们可以表演了。如表演出色，还可赏你们几个铜钱。"

伦道夫说："谢谢！长官。"

于是，"演出"开始了！

伦道夫说："请看第一个节目，吞刀吐火！"

诺伍顿，一个身高体壮的二十七八岁的康居汉子，表演吞刀。他右手拿着一柄雪亮的匕首，把匕首用力朝自己嘴中刺去，过了一会儿，他抬起头，脸朝着天，用力一吐，匕首从他嘴里吐了出来，飞往高处，刀身依旧雪亮没有一丝血迹，接着，他又吐了一口气，"嘭"的一声，这口气在空中变成了燃烧的火团，直追上飞的匕首。诺伍顿又吐了一口气，气又变成了火团，第二个火团飞上去撞第一个火团，霎时火花飞溅，如雨落地，匕首又回到他的手中。这一类武术，今天很多，其中有魔术、幻术、气功的成分，主要的奥秘是，那把匕首是假的，但当时的人从未见过，故而啧啧称奇。

伦道夫报幕说："请看第二个节目，空中取宝。"

努斯鲍，一个三十岁的龟兹青年，身穿宽袖长袍，上场后拍衣捋袖，表示衣袖之内空空无物，双手也是赤手空拳。他身子突然转了一圈，双手上竟然有一束鲜花。他身子又转了一圈，双手上居然捧出了一只白鸽，双手一放，白鸽向空中展翅飞去，顿时博得一阵热烈的喝彩，连千骑长也叫好。接着，努斯鲍在左袖上一捋，然后从左手手心里拽出五根长度似乎没完没了的色彩不同的丝绸，特别艳丽，使观看者眼花缭乱。五彩丝绸抽尽后，他依然两手空空，努斯鲍当空抓了两下，左手上变出一个酒壶，右手上变出两只酒杯，他把酒壶和酒杯给了身后的女郎乔妮丝，便施礼退场。这种魔术，今日已司空见惯，不外是一种靠转移人们的注意力而施展的手法。可当时在场的人都从未见过，因此惊讶万分。

伦道夫说："现在，由蛇仙乔妮丝表演蛇舞！"

乔妮丝，大约二十三四岁，浓眉大眼，高鼻樱唇。她袅袅婷婷走到凉亭中央，在甘凯姆的笛声伴奏下，开始表演蛇舞。身段婀娜，舞姿动人，身上除了乳罩和三角短裤之外，寸缕全无。最令观众意外和惊诧的是，她的双臂上居然缠着一条手腕粗细的金花蟒蛇。

乔妮丝一旋身，蟒蛇落地，下部盘圈着地，上部蛇身舞动，乔妮丝似乎也变成了一条正在飞舞的金花蟒蛇……

这种蛇舞，今天太多了；一些演员常被蛇咬，但马上服用蛇药，可保无事。

这时，两个暂时没有表演的眩人，悄悄溜出了凉亭，化装成匈奴武士，走到囚禁张骞夫妇的房屋前。对在门前看守的两名武士说："兄弟，百骑长派我们来替换你们。快去看表演吧，太好看了！"

两名武士对伪装者说："你们真是我们队伍里的弟兄吗？我怎么从未见过你们呢？"

一个伪装者说："我们是今天才入伍的新兵，上午报到，下午就被派到这儿来执行任务了，所以你们不认识我们。"

另一个伪装者说："正在演出的杂技好看极了，百骑长关心你们，所以要你们也去欣赏一下，你们不要错过百骑长的好意啊！"

凉亭边音乐声太诱人了，两名武士经不起引诱，看戏心切，也不管来接替他们的人是真是假，一双脚不由自主地离开屋子，向凉亭走去。

两个眩人急速打开房门，进屋用刀割开了张骞夫妇身上的绳索。

张骞走出门，忽然听见一阵羌笛声，十分耳熟，便问："是谁在吹羌笛？"

一位眩人说："是眩人艺术团的一个大宛小伙子，他正在给武士们表演歌舞呢。"

张骞十分肯定地说："娲霞，是甘父来了。眩人艺术团肯定是西域志愿者朋友们，有好戏看了！我们不能走，要走和这些朋友、和甘父一起走！"

蛇舞结束了，蟒蛇一飞，又缠在乔妮丝的双臂上。乔妮丝双臂一动，蟒蛇飞舞，进入了甘凯姆身旁的一只竹篓里，甘凯姆把竹篓盖好，扣紧。

伦道夫说："最后，请看魔笛表演。"

千骑长问："这笛子真的有魔力吗？"

伦道夫说："笛声可以让人做他不愿意做的事，或者做他想不到的事。比如这位武士现在不愿意睡觉，可是一听这笛声，他就会马上睡着；那一位武士没想过翻筋斗，可是听到这笛声，他马上就会去翻筋斗。不妨试试，如何？"

这其实是一种催眠术，但千骑长真的入迷了，便说："看看也好。"

甘凯姆吹起魔笛，笛声飞扬，一位精神抖擞的武士立刻倒在地上呼呼大睡。甘凯姆吹起另一支曲子，另一位武士丢下刀，开始翻空心筋斗，笛声停止，他也站着不动，倒在地上呼呼大睡了。结果，所有的匈奴武士，包括千骑长、百骑长在内，都被催眠睡觉了。

张骞夫妇和伦道夫带领的六个眩人正准备趁机逃走，不料一大队雄壮的匈奴武士来了，令他们惊诧不已。

原来这队匈奴武士的领队是居次，张骞疑虑顿消，他急忙迎上前去，说明情况。

居次吩咐，让这些匈奴武士醒来，她有话要说。

甘凯姆吹起进军曲，将被催眠的匈奴武士统统唤醒。

千骑长醒来，便向居次反映情况，说明他囚禁张骞的理由。居次指责他说："你擅自囚禁汉国使节，如果引起两国战争，你也担当不起！"

不待千骑长争辩，居次立刻宣布：她根据他父亲临走前的安排，命张骞夫妇到西部去，放牧她家里的一群牛羊，而且马上动身前往。而这一帮眩人，他们吃过盒饭后，领过酬金，就应离开，不能久留。

张骞遵命，立刻起程前往西部，眩人中的甘凯姆，也就是甘父，还有他的妻子珀莉（珀莉在眩人艺术团担任后台人员，所以演出时没露面），愿意跟随张骞一起走。其余眩人往别处演出去了。

逃跑与殉难

张骞等到达匈奴国的西部后，将原来流落在各地的汉朝使臣集合起来，尚存十余人。他们白天放牧牛羊，晚上商讨逃走之事。

他们知道：汉朝和匈奴的关系越来越坏。和亲政策停止了。上个月，匈奴对汉朝发动了大规模的进攻，很多骑兵都打仗去了，他们放牧的这块牧场附近，留下的匈奴人不多。他们暗暗想着：一直盼望着脱逃的机会，现在已经到来了。

一天，他们决定就在当天晚上逃跑，他们将牛羊交给当地的群众，说是送给他们。群众也乐于接受。

这天晚上，张骞约了甘父和其他的伙伴，一起逃跑。各人都弄到一匹马和或多或少的干粮，乘着月色，偷偷离开了住地。

这个临时集合的新的队伍，比从长安出发时小得多了。他们在横渡沙漠里的一次行动中，牺牲了将近一半。十一年的奴隶生活，又折磨死许多人。走在前面的仍然是张骞，他举着从长安带来的旌节。

这天夜晚，月光明亮，适于走夜路，他们走到一条小河边时，走在后面的珀莉惊喊：

"后有追兵！"

果然，后面一箭射来，珀莉中箭落水身亡。甘父大哭。

原来千骑长一直尾随他们，监视他们的行动。射死珀莉的就是千骑长。

张骞、甘父等立即回击敌人，百箭齐发，将千骑长射死，为珀莉报了仇。

消灭跟踪者后，张骞一行随即疾驰飞奔，走了一整天，绕过了皮山国和叶城，傍晚时分，被一条大河拦住了去路。这条河很宽，水流清澈，波涛汹涌，由西南流向东北。河西岸有一座城楼隐约可见。

张骞找到一位当地的向导，问道："这条大河是什么河？"

当地向导答："这条河叫叶尔羌河，源于葱岭，流向东北方，河西岸就是莎车国了。请问客官，你们要到哪儿去？"

张骞答道："我们要到大宛国去。"他知道，到了大宛国，前往大月氏国就不难了。

向导说："从莎车国再往北可到疏勒国，从疏勒国再往西走一天，就可以到大宛国了。"

张骞大喜，说道："这就是说，再走两天，我们就能到达大宛国了。"他又问道："这一路上，有没有匈奴官兵呢？"

向导答说："这一路上，没有匈奴官兵，你们可以放心前行。"

于是，他们就在那儿扎营休息。

一路上，甘父情绪低落，老是怀念着死去的妻子珀莉，茶饭不思，衣衫不整，走路老是掉队。张骞多方安慰他，但总提不起他的兴致。

甘父虽然掉队，但强壮的体魄使他赶上来了，张骞对他说："你现在很孤单，我给你介绍一个新朋友。"

"谁？"

"表演蛇舞的姑娘乔妮丝。"

甘父又稍稍提起了兴致。

第二天清晨，张骞、甘父等一行十余人，骑马趟过了叶尔羌河，很快就到了莎车国。

他们夜宿昼行，纵马奔驰，经过了疏勒国，然后在捷列克要隘，翻越所谓的葱岭，在第三天傍晚，就到了大宛国贵山城郊外。

第八节　到了大宛国

汗血马

张骞带领的队伍首先在大宛国游览观光。

他们看见，大宛人有高高的鼻子，眼睛陷得较深，留着整齐的长胡须。他们属于印欧人种。

大宛人不住帐幕，住的都是砖木结构的房子。但是这房子和中国房子有明显的不同：中国的房子把屋檐伸得远远的，而大宛的房子不伸出屋檐，却成尖顶。这是受了希腊文化的影响。

张骞看到山城规模宏伟，就问大宛国的百姓：

"大宛一共有几座城市？"

"七十多座。多数是上千人的小城。"

"全国一共多少人口？"

"四十万。"

张骞和伙伴们啧啧称奇，这是到西域以来所见的最大的国家。

张骞说："你们大宛是西域少见的大国了。"

在山沟里，路边都搭着横木条，上面布满了青青的藤蔓，藤蔓上长着美丽的分成三瓣的叶子。张骞的伙伴都是汉人，有的不认识，问道："这叫什么作物？"

当地百姓说："这叫葡萄，秋天结成一串串珍珠般的果实，光滑透明，甜美多汁。葡萄可以制酒，有钱人藏酒多的竟有几万石（当时石是容量单位，一石是十斗）。"

张骞带领的伙伴们都仔细观察马吃的小花，颇为好奇。

牧民解释说："这叫苜蓿，是野生的，马最爱吃苜蓿，吃了苜蓿，可以长得很肥壮。"

这个答复使汉人们很感兴趣。

汉人们说："我们在匈奴见的好马很多，可是都不如大宛马又高又大。"

当地人说："这马呀，是天马的子孙呢。"

一些汉人对"天马"不解，问道："什么是天马？"

牧民指着北面的高山说："你们看，那连绵的高山不是插在云端里，隐隐约约看不清吗？有时候，我们看见有马在那云端里奔跑，简直像飞一样。这种马，看得见，捉不着，我们叫它天马。有人想出办法，把各种颜色的母马放到山里去，等天马下来交配，生下的小马就是这种马，称为汗血马。"

一些汉人又问道："为什么叫汗血马？"

"他们长途奔跑时，前脚两侧会冒出一种红色的汗，不懂的人以为是出血了，所以叫做汗血马。"

广约盟友

第二天，他们一群人来到大宛国贵山城郊外金迪格的牧场。

在牧场的一个木屋旁边，张骞和娲霞见到了自己的儿子张洞国。

沃特马赫和潘内特娜也从木屋里走出来，和他们见面。

沃特马赫告诉张骞，这木屋的主人金迪格拥有的汗血天马最多，并同意可用丝绸换他的汗血天马。金迪格对大汉文明充满敬意，他愿意将此木屋送给大汉使臣张骞，作为囤积丝绸之用。

沃特马赫还告诉张骞："大宛国不算大，可是大宛国很富裕，农业、畜牧业和商业都很发达。最重要最著名的物产一是汗血天马，二是苜蓿草，而苜蓿草又正是汗血天马的最好饲料。在这个国家，拥有好牧场和汗血天马就是最大的财富。这片牧场是大宛国最好的牧场。大宛国很重视商业，金迪格是一位很讲诚信的商人。他同大宛国王私交很深。张骞老弟，你要用丝绸换汗血天马，金迪格可以帮你办好，你要见国王，说服大宛国和汉朝结盟，更要借助金迪格！"

晚餐后，沃特马赫、伦道夫陪同张骞夫妇上阁楼，察看张骞寄存在此的二十匹丝帛和三十匹绸缎。张骞发现，丝帛、绸缎都保存完好，没有虫蛀和发霉。他深表感谢。

沃特马赫说："不用谢！我和潘内特娜只是帮你把这些丝绸沿着丝绸之路，从于阗运到大宛，放置在这里，算什么辛苦？真正辛苦的是你和娲霞！为了这些丝绸，你俩花了整整十年心血！"

然后他们下楼，共商大事。在马灯下，沃特马赫说出了自己的秘密计划：他要到于阗去，组织反抗匈奴人的活动，匈奴是西域不安定的最大根源。他说："我们西域文明护卫同盟的宗旨，是主持正义，反抗暴政，倡导自由，帮助民众！在西域，我们最大的敌人就是以大单于为首的匈奴王庭。正因为我们与汉朝有共同的敌人，我们才决定全力支持大汉派来的使臣！"

沃特马赫又交代伦道夫说："你们艺术团的任务是，帮助和保护大汉使臣，联络康居、大月氏和大食等地的志愿者朋友，促使大汉使臣和这些国家结盟成功。西域国家有大汉国这样的盟友，就不受匈奴打压了。我估计，与大宛国结盟问题不大，和康居、大食也可结盟。但大月氏国王志在南方，不想介入北方与匈奴的战事，恐怕难以结盟。"

听到这句话，张骞有点失望，如不能和大月氏结盟，我们不是白来了吗？

第二天上午，大家送别盟主沃特马赫。然后，张骞、甘父、娲霞和伦道夫一齐到贵山城去，拜访富商金迪格。

金迪格亲自降阶欢迎他们，他和张骞夫妇是老相识，不用互相介绍。张骞先将伦道夫介绍给金迪格，当他介绍甘父时，金迪格说："这个甘凯姆我认识，他曾在我这里做工，原来他也是大汉使团的一员，真是人不可貌相。"

张骞取出一匹丝绸，送给金迪格，金迪格谢绝了。张骞委托金迪格将绸缎转送给大宛国王，金迪格接受了。

见到大宛国王

过了两天，金迪格来到牧场，对张骞说："今天我送你们去王宫见国王。"

张骞和甘父二人穿上礼服，登上金迪格的马车，前往大宛国王的王宫。这是他们出使十一年来第一次享受外交礼遇。

大宛国王宫坐落在贵山之巅，是一座石砌城堡。

到了宫门前，王子亲自迎接，金迪格非政界人物，他的商人身份，不便进宫，便告辞走了。

王子亲自驾着一辆大宛敞篷马车，盘山而上。张骞浏览沿途风光。山路弯曲但较宽阔。驶近王宫，张骞看见城堡的石墙是一色淡红，上面布满了碧绿的常青藤，红翠相映，鲜艳而悦目。宫门上，石柱上，门檐上，各种浮雕栩栩如生，精美别致，有希腊艺术的风味。

到了贵山上，在王宫正门前，张骞、甘父下了车，跟随王子进入王宫，沿着笔直平坦的石板大路，走向大殿。

大殿前面，是一个大花园。大殿门前矗立着八匹姿态各异的汗血天马的大理石雕塑，他不禁想起了长安未央宫金马门前的那六匹鎏金铜马……

忽然，器乐奏响，乐曲热烈欢快，十二个美丽苗条的大宛宫女跳起《天马迎宾舞》，围住张骞、甘父和王子，或跃或腾，或进或退，状如天马，惟妙惟肖。

张骞想，这个国家的一切，包括日常生活、旅行、防卫、外交、艺术、娱乐都和天马有关。这个国家如此珍惜天马，而尚武的汉家皇帝又如此喜爱天马，可将来两国会不会为了天马打仗呢？这仅仅是一个预感，可后来竟成了现实。

王子说："国王和王后来了！我父亲为人随和热情，不拘小节，请不要介意。"

国王四十多岁，面如孩童，身躯略胖，但动作敏捷，神色快乐。他头戴王冠，身穿橘红色的细羊毛长袍。

王后三十多岁，金发碧目，黛眉红唇，容貌秀丽，体态婀娜，神态和善端庄。

几名侍卫呈上了张骞以大汉国的名义赠送给大宛国王的十匹绸缎。

国王和王后各捧一匹绸缎，抚摸赞叹，爱不释手。他们最初并不知道这是张骞夫妇十多年的劳动成果，甘父用大宛语向他们简述了这些丝绸的来历。

国王说："太美了！这是世上最珍贵的礼物！谢谢你，大汉使臣！"

王后说："这绸缎太美了！就像天上的彩霞！这些丝绸真的是你和你妻子亲手纺织的，是吗？"

张骞说："是的。"

国王对大臣们说："你们都过来，看看汉家丝绸吧！"

群臣上前观赏，均赞叹不已。

随即国王引领张骞等进入大殿。

国王盯着张骞手中的汉节看了一会儿，问："大汉使臣，你手中拿的手杖，雕琢细致，称得上艺术珍品，但为什么不放下来呢？"

张骞说："国王陛下，这不是手杖，而是汉朝皇帝特地赐给我的汉节，这是表示我使臣身份的凭证，就像国王赐给大臣的令牌一样。"

国王和群臣都对张骞的气节敬佩不已，同时对节杖的艺术也欣赏不已。

国王问："汉朝皇帝派你到我国，为了什么事？"

张骞让甘父用大宛话代言来大宛国的目的。

甘父说："汉朝皇帝让大汉使臣张骞到大宛国来办两件事。第一件，汉朝愿意同大宛国结成同盟，永远友好相处，共同抗击匈奴的侵略。"

国王说："很好，我赞同！大宛国愿意同汉朝结成同盟。不过，大宛国也不愿意同匈奴为敌，因为匈奴是草原上最强大的国家，而汉国是农业地区最强国，二者势均力敌。如果匈奴不侵略我国，我国是绝不会去攻击匈奴的。"

大宛国和匈奴国一样，没有文字，只能口头订立盟约。在西域，只有身毒（印度）、大食、大夏、楼兰、于阗和龟兹有文字。

国王又问："大汉使臣，你要办的第二件事是什么？"

甘父说："是想用丝绸换大宛的汗血天马。"

国王说："很好！你已代表汉朝皇上送给我丝绸，我将回赠汗血天马给汉朝皇上！礼尚往来嘛！"

当晚，他们被安置在宾馆里，吃到了米饭和面食，还吃到一些不知名的好菜。

第二天，张骞又去觐见大宛国王，这次他穿的是使臣的官服，和国王举行正式会谈。张骞见到国王，举起他的旌节，首先向国王表示感谢，接着以首席使臣的身份，正式亮出出使的真正目的（昨天甘父说的只是次要的目的）："我是受汉朝皇帝派遣，出使月氏国。路上被匈奴拦住，请大王派人给我们带路，送我们到月氏去。等我们到了月氏，再回汉朝，将来汉朝皇帝必以重礼向国王表示感谢。汉朝的钱财可多呢！只一个府或县收藏的钱币和粮食，贵国的仓库就装不下！"

国王说："啊，我告诉你们实情吧。月氏本来离我们很远，这个国家是个'行国'，即依水草而迁徙的国家。不比我国依傍绿洲农耕，永不迁徙。听说早先月氏国的领土在东边的祁连山下。后来他们搬到那北山上面，那里有很大的河谷草地。他们把原住的塞国人赶跑，在那里住下来。那塞国人赶着牛羊从大宛经过，往南方去了。月氏住了十几年，从东边又来了一批乌孙人，这乌孙人勇悍善战，长于骑射，又得到匈奴的帮助，几次恶战，把强大的月氏打败。于是月氏人又向南迁移，他们经过大宛的时候，牛羊马匹很多，把我们的苜蓿吃掉一半。听说他们现在在葱岭正西的山地里定居下来。他们现在称为大月氏，以便和留在祁连山里面的小月氏相区别。"

张骞和他的伙伴在大宛住了三天，便向国王告辞去寻找月氏国了。国王派了两位官员和八名武士给他们带路。

张骞在离开大宛国时，对旅伴们作了安排：自己和甘父以及其他汉朝使者一道走，走葱岭南的路线，先到康居国，再到大月氏和大夏国。有几名志愿者，如伦道夫和他们一起走，因伦道夫的家在大夏国，他要去探望亲人。而张骞的妻子娲霞带着儿子张洞国以及潘内特娜走葱岭北的路线，经过疏勒、姑墨，到龟兹国去，学习音乐。等张骞出使大月氏回来后再相会。

第九节　终于到了大月氏国

从康居到大月氏

张骞作为西征之将，细心研究大宛地理，发现大宛国境北、东、南三面环山，西面却是敞开的。全国的溪流汇成一条大河，向西北方向流去（现在叫锡尔河）。张骞等人沿河走去，便见前面一片茫茫的沙漠草原。带路人告诉他们，这里是康居国境。康居面积很大，西临西海（现在叫咸海，是个大湖），大宛的河流就是穿过广阔的沙漠，远远地流进西海去的。康居和匈奴一样，是个游牧国家。

他们到达康居的首都卑阗，见到康居国王，代表汉国赠送他十匹丝绸。国王又惊又喜地说："汉朝是富强的大国，土地辽阔，我早就很仰慕。我们和大月氏关系很好，我派人送你们到大月氏去吧。"

国王客气地留他们住了一夜，派十名武士送他们去大月氏。

在路上，他们看到康居人放牧的一群群牛羊。带路人指着前面的山岭说："那里就是大月氏了。"

"大月氏！"张骞听到前面就是大月氏，就把马抽了一鞭，马儿立即放开四蹄，向前奔跑起来。当他踏上大月氏国土的时候，心情非常激动，高兴得跳起来。十一年了，月氏，月氏，这个异国的国名始终盘桓在他的脑际，今天终于可以看到这个国家了！为了使他们两人——张骞和甘父到达大月氏，不知牺牲了多少伙伴的生命啊！

"你们骑马狂奔，难道是遇见了强盗？"迎面走来一群大月氏官兵，拦马问道。

"我们没有遇见强盗。我们是大汉国的人，从万里以外来找大月氏国。找到了，一阵高兴，就加鞭狂奔了。"张骞答道。

"你们远道来大月氏有什么事？"

"我们要见大月氏国王。"

"要见国王，我引你们去吧。"其中一个大月氏人说。此人非常威武，看样子是大月氏的官员。

他们在山间大道上走着。这里气候比匈奴温和，也下点小雨，河流较多。居民除放牧外，也种田。

前面山崖下出现一条大河，比大宛的河大，水流很急，波涛汹涌，浪花飞溅。这大月氏官员说："这条河名叫妫水，发源于葱岭。它向西流到康居国。"

大月氏官员接下去说："这条河流到了康居，流经广阔的沙漠，最后也是流进西海。"①

张骞问道："我们要过河吗？"

大月氏官员说："不要过河，我们的国王住在妫水以北。"

他们沿着妫水走，见到许多帐幕和房屋，俨然是一座城，其中一个最宏大的帐幕，十分华丽，里面布置不同一般，那就是国王住的地方。

---

① 这条河现名阿姆河，流经阿富汗和俄罗斯，最后进入咸海。在历史上，它曾几次改道流进里海，当时似是流入里海，所以这西海也可能是里海。

张骞手持旌节，进帐幕去见国王。那国王是一个妇人，虽然步入中年，但少年时的华美姿容尚在，原来是死去的国王的妻子。张骞代表汉国赠送她十匹丝绸。

"哦，你是汉朝的使臣，"女王点点头，徐徐说道，"汉朝是个强国，我在祁连山的时候，就很仰慕这个国家。我多次和我夫王接见过汉朝的来使。可恨的匈奴人，阻挡我们，使我们不能同汉朝交往。后来，匈奴又迫使我们迁离祁连山，来到这万里之外的地方。"

张骞说："现在汉朝比几十年前更强大、更富庶，兵强马壮。汉朝皇帝已在秣马厉兵，要给匈奴狠狠打击呢。"

女王回忆往事，激动万分："那万恶的匈奴呀，杀害我的夫王，逼得我们万里奔波，好不容易搬到北山里面，匈奴又唆使乌孙来打我们，甚至派军官指挥乌孙人作战，我们只得第二次搬家。……现在汉朝大军进攻匈奴，也是替我们月氏报仇雪耻！"

张骞说："我们希望女王在西面发动对匈奴的进攻，使匈奴两面受敌，不能兼顾，这样就能更快地打败匈奴，报月氏的旧仇。"

女王点点头，好半天不说话。最后，她答复说："我们这里离匈奴很远，兵士很难跋涉这么远的距离去打仗，劳师而袭远，违反兵法准则，往往要打败仗。因此要我们出兵主动攻击匈奴，也许是纸上谈兵，空谈而已。至于将本部落迁回我们的老地方祁连山，就更不容易了。此地很适宜我们放牧牛羊。祁连山再好，我们也不想回去了。我们作为游牧民族，本就是到处漂流的，不比你们农耕民族，留恋故土。"

张骞又说了很多话，想让女王雪耻复仇。

女王说："这件事我还得仔细想一想，还要和大臣们商量。……你们刚来，且在此休息休息。有什么需要，请告诉我们。我们国家虽比不上汉国富庶，但不会怠慢上国使臣的。"

张骞表示谢意，还告诉女王说："我们离开汉国已经很久，路上被匈奴国拘留十多年……"

"十多年？真的吗？"女王惊奇地问。

"真的。"张骞说，"我们来此实在不容易，经历了千辛万苦，越过了万水千山，为的是让贵国和我们夹击匈奴。所以，我们恳求国王早日做出决定。"

女王听了很感动。

大夏、安息、条支、奄蔡和大秦

张骞等人在大月氏休整，而一道来的伦道夫则回大夏国老家探亲去了。张骞受到款待。仆役们送来大盘羊肉，羊肉里有葱、蒜等调味品，这是汉人从未尝过的。有时候，还吃到黄瓜、蚕豆和豌豆，张骞等人都是第一次吃这些西域特产。

第二天，大月氏的官员陪张骞等人出去游玩。东望是葱岭，冰峰在阳光下闪闪发光。路边到处有野生的蚕豆。在一个山嘴上，长着几棵美丽的树：碧绿的小叶子，绿叶中露出许多深红色的多瓣的小花。大月氏人说："这叫石榴花，以后会结出一种果子，叫石榴。石榴是圆的，成熟时一侧裂开，里面露出许多透明的石榴籽，这籽有甜的，也有酸的，好吃。"

他们还看到一种二三丈高的核桃树，叶子是两两相对，开着球状的黄花。大月氏人说："这种树结出的核桃，有一个坚硬的壳，敲开来，里面的核桃肉被软壳分隔成几块。核桃肉含油很多，很好吃。"核桃是坚果中营养最丰富的。

官员们还告诉张骞等人说："离这里不远，还有一座城市，名叫蓝氏城。"张骞对这城市很向往，决意去看看。

于是，官员派八名武士护送他们，他们渡过妫水，又走了一段山路，就远远看到依山建筑的蓝氏城。城楼上红窗绿瓦，有卫兵驻守着，城门口有哨兵。

城里的房屋不是平顶房，而是由希腊的奴隶工匠修建的大宛式的尖顶房。

城里行人马匹很多，在这里的街道上挤挤撞撞。这里有各地来的商人，人种也是各种各样，白皮肤的，黄皮肤的，黄而带红色的，胡须和头发也有各种样子，有的人上髭向上翘，直扎眼睛。有的人穿着有条纹的袍子，大裤子，扎着头巾。有的人不顾天气温和了，还披着山羊皮，皮上挖两个洞伸出手臂，没有袖子。

大月氏的官员告诉张骞：这地方原来称为大夏国（位于现在阿富汗一带）。这里和西方国家常有往来，人们长年经商，远走别国，贩卖货物。他们也会种田，但产量不高。国境多山，各地居民互相隔绝，有的人长年住在山洞里。后来又发生内战，几个贵族各据一方，没有统一的政府和军队。所以大月氏骑兵一到，大夏就无力抵抗，被大月氏所征服。不过大夏的人口有一百多万，比大月氏还多，大月氏征服大夏以后，还要利用大夏的贵族进行统治。

张骞为大夏国深深叹息，大夏国本是希腊将领建立的国家，有高度的文明，现在急遽衰落，沦为大月氏这个游牧部落的附属国。

张骞听说大夏人和一个位于西方的国家往来较多，就向一个大夏商人打听那个西方国家的情况。据这个商人说，那个西方国家叫安息（位于现今伊朗一带）。

商人一面说着，一面从口袋里摸出一枚圆圆的银币给张骞看，银币上有一个人的头像。商人说："这就是安息国王的头像。每个新国王登上王位，都要用自己的头像铸造银币。"

这说明古代国家都用金属制造货币，而最早的货币是黄金。

"安息有多大呢？"

"我也说不清楚，因为我只到过首都番兜，有许多地方我没去过。据安息人说，安息大小有几百座城，周围有几千里。从蓝氏城向西，走二三千里才到安息边界，从安息东界到西界也有二三千里。"

"安息富饶吗？"

"很富饶！"大夏商人说，"安息产稻、麦、葡萄，也放牧牛羊。有车和船运输货物，商业发达。而且它还有文字！听说你们汉朝是把字写在竹片上，从上到下一行一行地写，可是安息字是从左向右横写的，写在羊皮上。"

这个商人到过的国家很多。他讲到康居西北有个奄蔡（位于现在苏联中亚细亚西部，里海和咸海一带），盛产貂皮，很多国家都买它的貂皮做皮袄或者帽子。安息西边还有个条支（约在现在伊拉克一带），那里临海，有河流，雨水，所以也是种稻的。

"条支有一种大鸟蛋，一只蛋就像一个瓮！"商人说。

"这么大的鸟蛋？那么鸟有多大呢？"张骞半信半疑地问。

"那鸟就像羊那么大，翅膀张开就有一丈长！可是它太重了，不会飞，养熟了可以把它当马骑。"他说的是一种鸵鸟，产于西亚或非洲。

张骞正感觉惊奇，那商人忽又叫道：

"你看过一个人会把刀吞进肚子里去吗？"

张骞见过伦道夫带领的歌舞人的类似表演，可这会儿假装不知道，摇摇头，商人又道：

"还有人忽然从口里吐出一把火！那真是怪事！条支人就会玩这种玩意儿！"

张骞想，如果能让条支的艺人到汉宫中去表演，那些贵妇人一定很爱看。

"再向西还有什么国家吗？"

"再向西，偏北，有个黎轩国。"

"黎轩国有什么出产？"

"那我就不知道了。"

黎轩又名大秦，就是著名的古罗马国，它是当时文化水平都很高的国家，位于欧洲南部。可是交通阻绝，大夏人对它欠缺了解。

祖国的物产

有一天，张骞到蓝氏城的市场上去游览，在一个商店里发现一种布，他心里一惊，再仔细地看了看，揉了揉，兴奋地叫喊起来：

"甘父，你看这是什么布？"

甘父正拿着一根竹杖拄在地上，试试竹杖牢不牢，听到张骞叫喊，他回头呆呆地望着张骞，不知如何回答。因为他不是卖布的商人，怎么能分辨出布的种类呢？

"这是蜀布！是蜀地出产的！"张骞兴奋地说。

"蜀"指我国四川成都一带，和张骞的家乡陕西汉中很接近。可是甘父怎么会知道蜀布呢？他只能呆呆地笑着。

"甘父，"张骞说，"这蜀布是质地坚牢而又柔软的麻布，我小时候常常穿的，所以一见就认识。"

他不等甘父回答，突然又把甘父手里的竹杖夺过来，仔细地察看着。

"这根普通竹子，和我们途中见过的千万根竹子相同，其中有什么秘密啊！"甘父说。

张骞举起竹杖给甘父看，说道："甘父啊，你看这竹子，每一节很长，里面是实心的，和普通竹子不同啊！这竹子称为邛竹，生长在蜀地邛崃山中，我小时候用得可多了。真奇怪！真奇怪！"

甘父说："我见识不广，不知道这种特产竹子的价值和宝贵，请原谅。"

张骞说："我不是说这竹子很珍贵，令我纳闷的是，为什么这地方会有蜀地的特产呢？"张骞百思不得其解。

张骞请翻译询问店主："这布和竹杖是从哪里贩卖来的？"

"从身毒国买来的。"店主人说。

"身毒不是在大夏东南吗？"

"是的，东南几千里呢！"

张骞向在场的大夏人打听身毒国的情况。人们告诉他，身毒（现在印度和巴基斯坦一带）气候炎热，四季如夏，除高山外不见霜雪。那里有较大的平原，土地肥沃，雨量充沛，农产丰富。有一条大河流过国境（现在叫印度河），国都就在河边。那里有许多奇怪的禽兽，例如，有一种庞大的动物，比老虎还大得多，有一条会动的长长的鼻子。可是它一点也不凶猛，人们可以骑在它背上旅行或打仗。

"这种动物我见过，叫大象，我们汉朝也有的。"他又问，"从身毒向东走是什么地方？"

人们都答不上来，只有一个人说："我在身毒时，听说身毒东边平原很大，也有高耸入云的山峰。"

"也许这是匈奴人贩卖过来的吧？匈奴人已经控制羌地，那儿离蜀地不远。"张骞的一个伙伴说。

"不，不是匈奴人贩卖过来的，是东南方几千里的身毒国贩卖过来的!"店主坚持说。

回旅店后，张骞把这天的发现和大家讨论，并且画了一张图给大家看："兄弟们，我们从长安出发，在北边的匈奴势力范围里住了多年。又从匈奴国向西到大宛国，再向西南到大月氏和大夏。算来大夏已在长安的正西或西南，隔长安一万多里了。现在身毒又在大夏东南几千里，从那里能购买到蜀地出产的东西，那么身毒一定离蜀地不远了。我们假若从身毒经蜀地回长安去，不是可以避免匈奴的拦截吗？"

甘父等听到他的话后，恍然大悟。他也真希望找到这条路。

张骞说："我们如果从原路回去，又要经过匈奴的国境，很不安全，说不定又会落到匈奴人手里。今天我发现了从南面回汉国的道路，心里很高兴。"

从此，张骞千方百计打听身毒以东的情况，可是人们的说法含糊不清，或者互相矛盾，所以始终没有探出一条从身毒到长安的路来，这令张骞很失望。

大月氏侵略大夏

张骞在一家歇息的店里遇见了伦道夫，伦道夫一见到张骞，就倾吐心中的不快：

"几天前，我和诺伍顿、莱克明和乔妮丝骑马进入了大夏国首府蓝氏城。我回到故居，发现屋里无人居住，尘土很厚。到处打听，才知道半年前，大月氏王派遣五十万兵马，越过妫水，突然攻打大夏国，一个月之内，占领了大夏国的全部领土，赶走了大夏国王。大月氏占领蓝氏城后，强迫大夏人搬迁。城里五万居民被迫迁移外地。大月氏占领了大夏国后，把大夏分为东、西、南、北、中五个辖区。分封了五个翕侯（部族首领），每个翕侯各带十万兵马管一个辖区。这条街上原来的居民，也被强迫迁走，不知去向。"

张骞说："不用着急，我去寻访此地富商钱德利，他可能会帮你。"

钱德利的商号，在大夏蓝氏城无人不晓，生意特别兴隆。

钱德利见到张骞，便说："你终于到蓝氏城来了，大驾光临敝店，未曾远迎，望乞恕罪。欢迎你，伟大的大汉使臣！"

张骞向钱德利一一介绍自己的随从，特别介绍伦道夫。

钱德利对伦道夫说："你把你亲友故旧的姓名年龄告诉我，我设法替你打听他们的下落。蓝氏城大多数大夏平民都归休密翕侯管辖，我请他去查询，不难找到你的故旧朋友。"

伦道夫才稍稍安心，后来，钱德利果然给他找到了亲戚朋友的下落，并在休密翕侯的帮助下，这些人得以返回原地居住。

钱德利说："我认识的休密翕侯很顶用，当今大月氏国的政局是，女王年纪大，又有病，渐渐不太理政事，国事落到各翕侯手中，特别是休密翕侯，有左右政局的权力。"

张骞看到钱德利店里的算盘，十分惊讶，说："没有想到大夏国也用算盘算账，这算盘也和我们汉朝的一样。"

钱德利笑笑说："不，大夏国和西域各国都没有算盘，这个算盘是我在长安买来的，我在长安学了三个月，才学会打算盘，回来就教会了我的管账目的人员。你们汉朝的先进文化，对我们很有利。"

张骞问："其他商号也有用算盘的吗？"

钱德利摇了摇头，说："其他商号没有，商人们都靠心算，数目大了，容易出错。我们的账目不会错，就靠这把算盘。汉朝人真了不起，发明了天下最好的计算工具。"

张骞看了看店里的又大又厚的用羊皮纸做的账簿，见上面密密麻麻写满文字，便问道：

"这是大夏国的文字吗？"

钱德利答道："不是，大夏国没有文字，这是龟兹字。"

张骞看着这些文字，深感精通多国文字的必要性。

接着，钱德利邀请他们到花园里去喝酒，饮的是葡萄酒，张骞拿着酒杯细看，问："我们汉人的诗歌云：葡萄美酒夜光杯。这酒杯很美，是透明的，这是玉石做的吗？"

钱德利说："不是玉石，而是水晶石制成的，叫水晶杯，水晶石是大夏国的特产。"

张骞又拿起酒瓶看了看说："这个酒瓶也是水晶的吗？"

钱德利说："不是，这是玻璃制的。"

张骞夸赞玻璃制品说："玻璃瓶很轻，又透明，和我们汉朝的陶瓷不同。"

钱德利说："此地玻璃瓶很多，普通人家都买得起，而陶瓷制品多是汉朝运来的，只有富贵人家才有。"

"玻璃瓶有其优点，用它盛饮料或液体，从外面就可看见，激发人们的食欲。大夏国还有其他特产吗？"

"还有地毯和壁毯。"

钱德利讲述了大夏地毯和壁毯织造艺术，令在座的汉人们钦佩不已。

然后，张骞向钱德利讲他一路的经历。

张骞说："大宛国王派了两位官员和八名武士把我们护送到康居国。我们代表汉国赠送康居国王十匹丝绸，康居国王接待我们很热情，表示愿意同汉朝世代友好，通商贸易，可是不肯正式缔结盟约，他的借口是康居国没有文字，也没有同任何国家签过盟约。"

钱德利说："那是因为他既不愿意得罪汉朝，也不愿意得罪匈奴，他怕同汉朝签了约，匈奴单于会发兵攻打康居。"

张骞说："正是这样！匈奴的影响无处不在。康居国王派了十名武士送我们去大月氏国，我们在大月氏见到了女王，我们请求她和汉国联合兵力，夹攻匈奴，未得到明确答复。我们对大月氏的官员说，我们想到蓝氏城观光，于是他们派八名武士护送我们。我们渡过了妫水，到了蓝氏城，才知道大夏国被大月氏占领了。"

钱德利说："在西域，大月氏是第二军事强国，仅次于匈奴。十几年前，匈奴突然崛起，四邻畏惧，连强国大月氏也被匈奴打败。从祁连山一带逃到了伊犁河流域。后来，因为领导者怯懦无能，内部分裂，大月氏人又被匈奴人支撑的乌孙国人赶出了伊犁河流域，迁到妫水北岸，大约有一百万人。大月氏女王同她的哥哥和她的四个亲属掌握了全国的大权，渐渐恢复了元气，以致近来突然袭击大夏国，占领了大夏全部领土。女王封她哥哥和四个亲属为翕侯，这五位翕侯掌握兵权，各霸一方，控制了整个大月氏。"

伦道夫问："大夏国原来也有七八十万兵马，为什么不战而降呢？"

钱德利说："这就要怪我们的糊涂国王了，他害怕大臣的权力超过自己，在全国不设置统摄军权的大长官，只在每个城邑设置只能管一城的长官，各带一万多兵马，互不关心，各自为政。大月氏全民皆兵，男女老幼，近百万大军，过了妫水，就像洪水一般，势不可当。并且，大月氏女王虽懦弱，但有五个翕侯带兵，杀伐实在厉害。一个月内，蓝氏城和其他七十多个城邑被大月氏各个击破。大夏国王逃走了，城邑也沦陷了，财物被掠夺一空，几十万夏人被强迫迁移，背井离乡……"

过了一会，钱德利还告诉张骞说："休密翕侯对我说，女王和五位翕侯在商量要不要同汉朝结盟这件事。他们商议了三天，吵得很厉害。有两位翕侯亲汉朝，有两位翕侯亲匈奴。休密翕侯保持中立。"

印度国和佛教

第二天上午，张骞手持庄严的汉节，同甘父和乔妮丝走进钱德利家豪华的客厅。甘父和乔妮丝各抱了一匹丝绸，乔妮丝把一匹丝绸送给了钱德利的妻子，说："这是张大哥送给夫人做衣裙的，请收下。"

钱德利的妻子弯腰施礼，表示感谢。

甘父把一匹丝绸交给钱德利，说："这一匹是张大哥送给休密翕侯大人的，请你代为转送。"

钱德利说："我一定办到。休密翕侯一定喜欢。"

张骞问："你经商到过许多地方，足迹遍天下，东方最远你到了哪里？"

钱德利说："长安！就是你们汉朝的国都。北方最远处，我到过匈奴的漠北王庭。在狼居胥山下，又名肯特山，南方最远处，我到过身毒……"

乔妮丝有些激动，说："啊！你到过我们身毒？"

钱德利说："你的祖国身毒很美丽，也很神秘。有很多寺庙，很多大象……我还在你们的圣河恒河里洗过澡，参加过身毒最隆重的沐浴节……"

乔妮丝问："你在那里参拜过我们的佛祖吗？"

钱德利说："当然参拜过，我还到过佛祖的出生地蓝毗尼花园呢！"

乔妮丝问："你知道佛祖是什么时候出生的吗？"

钱德利说："佛祖是印度历四月三十日晚上降生，相当于中国阴历五月十五日。"

乔妮丝问："你知道佛祖属于什么种族吗？"

钱德利说："佛祖是'释迦'族人。"

乔妮丝问："你知道释迦族源于何处？"

钱德利说："这我不太清楚，还是请张骞大使回答吧。"

张骞说："我来西域后，对这个问题进行了研究，中国有些学者认为释迦族就是《左传·昭公九年纪》中的允姓之戎，世居敦煌，为月氏所逐，遂往葱岭南奔。中国战国时代的史书称其为塞族，又称作释迦族，他们原居住在伊犁河一带，后来有一支逐渐南迁身毒。留在原地的一支即汉代史书上的康居。"

乔妮丝问："你们可知道佛祖的俗名是什么？"

钱德利说："佛祖的俗名叫悉达多，姓乔达摩，释迦牟尼是佛教徒对他的尊称，意为释迦族的圣人。"

接着乔妮丝讲了佛教产生的故事：当时释迦牟尼的父亲净饭王为迦毗罗城的城主。相传净饭王的王后摩耶夫人梦见菩萨骑着白象从天而降，进入她的寝宫，她因此而怀孕，并在蓝毗尼花园一棵无忧花树下生下了悉达多太子。悉达多·乔达摩出生七天，母亲摩耶夫人便病故了，此后他一直由姨母波阇波提（又名摩诃波阇波提）夫人抚养。一位仙人给他看相，预言日后他会成为引导众生觉悟的宗教家。他从小跟从婆罗门学者学习文学，又跟武士习武。净饭王唯恐他厌世出家，每日以盛宴、歌舞、美人娱乐他，并为他建造了一所奇妙无比的宫苑，使他不知人间有春去秋来的凄凉，不知人生有生老病死的哀愁。十六岁时，净饭王便为他娶了美貌的邻国公主耶输陀罗为妃。某日，他偶尔乘车出城，见衰病及死者，深悟世界之无常，遂决意出家，但父亲不准，不久耶输妃怀孕，生下一子，他认为可以告慰父王，于十二月八日，骑白马飞奔出城，入蓝摩国剃发，向一个法名叫郁陀罗迦仙的婆罗门大师求道，修习各种禅定。先后苦修了六年，仍感难以悟道，乃起身沐浴于尼连禅河，在菩提树下打坐默想，发誓不成正觉（成正觉即成佛，即洞明一切真谛的大觉悟者）终不起坐，至二月八日夜忽睹明星而大悟，时年三十五岁。于是周游四方化导众生，凡四十余载，最后在拘尸那揭罗国王城附近的金河河岸的娑罗双树间寂灭。

听完这个故事后，张骞说："我在西域各地多次见到佛教寺院和阿育王建造的佛教石柱，深感这种宗教如果传入中国，一定有广大信徒。"

乔妮丝说："你所说的阿育王是身毒摩揭陀国的月护王的孙子，月护王驱逐了马其顿驻军，征服了大半个北身毒，建立了强大的孔雀王朝。阿育王登位时，大约是中国的秦始皇时代。阿育王是孔雀王朝最有名的明君，他由一个杀人如麻的暴君，如顿悟般地成为佛教的庇护者。他大量兴建佛寺，并派人到锡兰、缅甸、波斯、埃及、希腊等地传教。"

钱德利说："但好景不长，盛筵难再。大约是中国吕后当政的第四年，孔雀王朝覆灭，身毒又先后遭到大夏人、安息人和大月氏人的侵扰。佛教在身毒呈衰落景象。"

张骞补充说："中国古书《历代三宝记》记载传说云：秦始皇时代有沙门室利房等 18 人来东土震旦传教，不知是真是假，如果是真事，那么，这 18 人肯定是阿育王派来的。"

乔妮丝怀乡之情油然而生，说："我八年没回祖国了！甘父，以后你愿意陪我一起去吗？"

甘父说："我们要先回汉朝，然后一定和你一起去身毒国！如能到身毒，我一定皈依佛教，并且将身毒的佛教传入中国。"

由于张骞开凿了通西域的道路，当时西域佛教已流行，应该陆续有西域的佛教徒进入中国传教，但史书对此没有明确记载。

佛教正式传入中国，是在东汉明帝时，汉明帝以国家的力量，派郎中蔡愔、博士弟子秦景等人往天竺国（古印度的别称，又名身毒）去寻访佛的踪迹。蔡愔等在途中遇到番僧摄摩腾，又在大月氏国（天竺国尚远在大月氏国东南数千里处）得到《四十二章经》和佛像，就邀请了摄摩腾，用白马驮了佛经和佛像，回到汉朝。汉明帝大喜，下诏在京城洛阳西门外建立精舍让摄摩腾居住，这座精舍，就是中华第一座寺院白马寺的前身。

由于话题围绕身毒国进行，钱德利突然想起了什么，说："有两件东西，我请你们看看。"

他走出客厅，不一会儿，拿着一根竹手杖和一段葛布进来，给张骞看。

钱德利说："这是我在身毒的市场买来的。"

张骞看了，很惊奇，说："这是竹手杖，这是蜀布，都是我们汉朝巴蜀的产物。我已经在大夏市场上看到，此地商人说是在身毒买的，我半信半疑。这些巴蜀的产物，你的确是在身毒买到的吗？"

钱德利说："我是在恒河沐浴时买的。卖给我竹手杖和蜀布的身毒商人说，这是他在汉朝巴蜀买的。他说汉朝巴蜀在身毒的正北方，大约七千里路，骑马三个月就能走到。"

张骞说："太好了！我的猜疑得到了证实。甘父，我们回到长安以后，一定要力争出使身毒，就从巴蜀往南走！"

月氏最终不愿结盟

张骞迫切希望月氏答应出兵，和汉朝夹击匈奴。如果这事成功了，他们就可以放心回长安去了。可是女王说话含糊，既不表示出兵，也不说不出兵。

一天一天过去了，小羊羔已经变成大羊。石榴开裂了，葡萄熟了，树木落叶，草地变黄。冬天来了。

张骞和伙伴们在大夏过新年。他们和大月氏人、大夏人交上了朋友。当张骞讲到汉朝万里江山、近六千万人口的时候，那些西域人都吃惊得吐出舌头。

春天来了，又过去了，山林田野一片翠绿。可是张骞越来越心焦，简直有些坐立不安。

"难道我们万里迢迢，跋山涉水，冒着生命危险到月氏来，就为了吃点蚕豆、石榴或者葡萄？"他终于把问题提交大家商量。

他说："兄弟们！我们出使月氏，是为了联合月氏对匈奴作战。可是一年过去了，女王还没有对匈奴作战的决心。难道我们就这样一年一年等下去吗？"

一个伙伴说："月氏是不会出兵打匈奴的。他们是个善忘的民族，由于远离匈奴，已经忘记匈奴对他们的伤害了。"

另一个伙伴说："月氏不想回老家，祁连山对他们已没有吸引力，他们在这儿生活得比在老家好。"

甘父说："月氏在这里，有一番新天地，和汉朝相隔万里以上，他们不相信汉朝能给他多少好处。所以，我们再等下去，也等不到月氏出兵。"

张骞对全体伙伴扫视了一遍，严肃地说："我们久等无益，不如回去。皇上在等候我们的消息呢。"

张骞见伙伴们有点犹豫，就举起旄节，高声说道："兄弟们，我们是奉了国家的使命来月氏的，现在当然要去复命。赏罚如何，在所不计。我们总算找到了大月氏，还访问了许多国家，开辟了一条通向西域的道路。我们回去，是有许多新发现向皇帝汇报的，我们并非徒劳无功。"

他一番话鼓起了伙伴们的信心和勇气，大家都说："我们不能老死在这个异乡，一定回长安去！"

"好，大家一起回去！"张骞高兴地看着大家，又慢慢地说，"大家知道，原路回去怕匈奴拦截，去身毒的路又很渺茫。我现在探听到一条路，就是沿南山山麓走。"他对这条路作了详细的解释。

"大家还记得盐泽吧？"张骞一面说着，一面看大家，"盐泽以西有几千里的大沙漠，北面有北山，南面有南山。南山、北山连绵不断，在西面的葱岭相会，假如我们是沿着北山的南麓向西南到达葱岭，顺着岭北的一条峡谷而到达大宛，因那一带是匈奴人经常往来的地方，我们可能会有危险。假如我们从盐泽沿着南山的北麓，同样也能到达葱岭。这条路和北路隔着一块大沙漠，匈奴人不大会来。我们这次回去，应该沿南山的北麓向东走，直到盐泽，这条路比北路安全。大家赞成走这条路吗？"

大家对地理不甚了解，但都信服张骞的话，就决意从南路回去。

第二天，他们向大月氏女王辞行，女王也不强留，赠给他们一些土产和钱币，派人送他们出城。

钱德利也来送行，他说："两个亲匈奴的翕侯打算扣留你们，现在休密翕侯派了十名武士以女王的名义护送你们出境，你们赶快走吧！不走恐怕有变。"

张骞说："即使女王没有忘记大月氏的奇耻大辱，现在也不敢公开对抗匈奴单于。现在两位翕侯还是亲匈奴的，这也是王后的心腹之患。能不能除掉她的心腹之患，还很难说，无论如何，现在大月氏跟汉朝结盟是不可能的。女王派武士护送我们出境，就很不错了！"

第十节　回国

再次被扣留

他们向东翻过葱岭，又一次到达疏勒国以后，就向东南方前进，来到南山脚下。那南山是高耸入云的绵长的山脉，山麓有很多巨大的石头，都是千万年来从山上滚下来的。张骞和伙伴们顺着南山北麓向东走，右面是石头堆，左面是茫茫无边的大沙漠，这就是夹在北山和南山之间的塔克拉玛干大沙漠了。

南山的雪水也汇成小河，经过石头堆的下面流进沙漠。在河水较多的地方，也形成绿洲，有人放牧或种田。张骞等人沿着沙漠的南部边缘，经过一个个绿洲，这是一条驼马队经常往来的交通线，沿途可以借宿或吃饭。

南山的雪水不如北山多，所以山下的绿洲不如北山下面那么密，也不如北山下面绿洲那么大。于阗（现在新疆和田县）是他们经过的一个较大的国家，上文已经描写过这座城市，还写到从南路去西域的张骞在那里养蚕织绸。那里有较大的河流，附近的山里出产玉石，玉器销往远方。

从于阗向东，气候越来越干燥，绿洲越来越稀少，张骞的队伍时刻面临断水的危险。

张骞鼓励大伙说："我们从疏勒国走来，已经走了好几千里了，应该快到盐泽了。"

果然，前面地平线上，出现了一座城堡。城墙外有一片草地，骆驼、牛、羊成群，白杨树和胡杨树高高挺立着，梧桐伸出手指状的树枝。张骞满心欢喜，回头对大家说：

"我们又到楼兰了！"

张骞见这座城的景色，很像楼兰。到城门口一问，果然是楼兰国。张骞打听清楚城内没有匈奴人，就带领伙伴们进城借宿了。

西域国家中，楼兰是距汉国最近的国家。

张骞向旅店主人打听王宫在哪里，想去求见国王。

"要见国王？"旅店主人含笑说："楼兰国王不在这里啊。这里叫做伊循城，是楼兰的一部分。国王所住的城叫扜泥城，在盐泽的西边。这伊循隔扜泥有一百多里呢。"

张骞不能见到国王，就打听回汉朝的道路。旅店主人说："汉朝是个很大的国家，可是因为它和匈奴经常打仗，我们楼兰人很少去。只知道它在东南方，沿着祁连山麓向东南走去，还有几千里路呢。"

"那祁连山下，听说有一个月氏国？"张骞明知故问。

旅店主人说："是有一个月氏国。可是在大约五十年以前——我听我父亲说的——月氏人战不过匈奴，便带着很多牲畜，向西方远远地迁移了。现在还有少数残留的月氏人，住在祁连山里面，称为小月氏。"

"这儿有没有匈奴出没？"

"有呀！"

张骞把打听到的情况告诉大家。

大家商量了一阵，决定翻越祁连山，摆脱匈奴人。他们知道，祁连山以南住着羌族，羌人和汉人是有来往的，可以袒护他们。到了羌地再向东走。

于是，他们悄悄地离开伊循，偷偷地爬上祁连山。

可是，他们几次翻山都被弥漫的风雪挡住，辨不清方向，找不到路。

他们再回到祁连山下，忽然遇到全副武装的匈奴骑兵。

匈奴兵上前，把他们逮住。匈奴兵搜查了他们带的东西，断定他们不是商人，就把他们捆绑起来，追问他们的身份。

张骞指着自己带的旌节，对匈奴人说："老实告诉你们吧，我们是汉朝的使臣，被派到月氏去的，现在往回国的路上赶。"

真是命运不济，此次被俘，又像上一次被俘一样，他们被匈奴人长途押送，到了匈奴王庭。

他们在王庭前站着，等了好长一段时间。

军臣单于终于出来了。他说："张骞，又见到你了。我上次不杀你们，叫你们做工，你们胆敢逃跑，现在又被抓住，你有何话说？"

"我受汉朝皇帝派遣，出使月氏。现在从月氏回来，要回汉朝复命，请大王宽大释放我们。"

"释放？"军臣单于厉声说，"你想得太好了。你们在月氏干了些什么？"

"什么也没有干，我们只是建立了汉族和月氏人的友谊。"

"你们想联合起来对付我们匈奴国，是不是？"

"没有。月氏这么远，远水不救近火，怎么联合得起来呢？"

军臣单于听了，哈哈大笑起来，他说："你们要联合月氏，是痴心妄想。我们多次打败月氏，他们畏怯我们，绝不敢再来。"他吩咐卫士们："这批汉人是奸细，很不安分，叫他们放羊。"

原来这时候，汉军已经开始对匈奴大举进攻，并且初步取得胜利。匈奴人都上了前线，后方劳动力缺乏，所以不杀他们，留下来放羊。

一年以后，一件意外的事发生了。匈奴军臣单于因病死去，他的太子（名叫於单）正想接位，左谷蠡王伊稚斜忽然带领大军杀奔王庭。於单和伊稚斜双方的军队发生激战，骑兵和骑兵先是互相射箭，后来是持刀冲杀，最后於单失败逃跑，伊稚斜成为匈奴的新单于。

这天，张骞正在放牧牛羊，可是，监视他的匈奴人不见了，隐约地听到一阵喊杀和武器交战的声音。原来匈奴人都打仗去了，留下一个真空地带，没有人留下来看管他。

"这是一个逃脱的好机会！如果有一匹马就好了。"

找来找去，果然找到一匹马，游牧地带，闲置的马匹到处都是，张骞喜出望外，骑上马，他说："这是天助我归汉！"

前面一个人骑马来了，他一看正是甘父。他高兴地叫："甘父，我们俩趁这机会回汉朝去吧。"

这时候，他们遇见另外一些被掳掠来的汉人。张骞说："这里混乱得很，你们跟着我回归汉朝吧。"于是，汉人们也骑上马，跟在他的后面。

张骞、甘父和汉人们不假思索地向南狂奔，他们尽力远离匈奴兵，以免卷入匈奴人的内战。

终于，前面地平线上出现了汉朝边关的城墙，城上的汉家旌旗鲜艳耀眼。张骞的眼泪不禁夺眶而出。

这又是伤心的眼泪，他想到一同出发的一百个伙伴，现在只有两个人回来！太少了。

他们首先到达的是铁门关。古代中国北方有二十六个关隘，山海关是天下第一关，铁门关被古代人称为"天下最后一关"。古诗云："能兼汉月照银山，复逐胡风过铁关。交河城边飞鸟绝，轮台路上马蹄滑。"又云："银山峡口风似箭，铁门关西月如练。"

守铁门关的军士听到了张骞和甘父的奇遇，表示无限的敬佩。他们告诉张骞：汉朝对匈奴的大战，已经开始了。现在汉朝已经不用消极防守的办法，而是主动地大规模进攻，深入沙漠，打击和消灭匈奴的主力。三年以来，汉朝已经收复了河南地地区，取得了初步的胜利。从此地去京师，十分安全。

一家人团聚

这时，张骞的妻子娲霞和儿子张洞国依然滞留在龟兹国的龟兹城内学习音乐，要知道成为一个音乐大家需要很长时间练习。娲霞和张洞国学了年余，获益匪浅，大有长进。

他们母子早先获知张骞再次被匈奴扣留，十分担忧。然而，这时他们听说匈奴国大乱，估计灵活善变的张骞一定会逃脱归汉，因此，他们也终止学业，准备归回汉朝。虽是初春，龟兹城冰坚雪厚，山川皆白，道路难行。然而，他们仍积极地准备回归汉朝的许多事务。

不几天，娲霞、乔妮丝、伦道夫、诺伍顿、莱克明和张洞国等人，各自骑上一匹汗血天马，还牵了一匹驮着一些衣物的汗血天马，出了龟兹城。教他们音乐的教师一直送出城外。

龟兹国派出了三十名武士与娲霞等人同行，十天后，娲霞等人和护送娲霞等人的三十名龟兹武士到达了汉朝的玉门关。这时，张骞和甘父等也从铁门关赶到玉门关。在玉门关前，娲霞等人和张骞、甘父竟会面了，真是意想不到。张骞一家团聚，大家喜不自胜。

玉门关是汉朝西疆边陲的两座边关之一，在阳关正北，距阳关六十里，属沙州县所辖，是汉朝通往西域的北路门户。

张骞离开玉门关已经十二年了，在张骞眼中，这座雄关比过去更高大、美观了，这是经过多年修缮的缘故。

玉门关城垣高三丈，黄胶土夯筑而成，敦实坚固。其上有城楼三层，立柱飞檐，雄姿巍峨。玉门关长八丈，宽九丈，其间有房屋若干，是守关吏卒的居所、马厩和武器粮草库。西面和北面各开一门，可通战车，可行驷马。

长城在玉门关北约五里，逶迤东西。登上玉门关，长城一览无余。

张骞等人在玉门关城北门前下了马。张骞怀抱汉节，手持御诏，对守关的几位士卒施礼，说："我是大汉使臣张骞，十二年前奉皇上御诏出使西域，今日完使归国，有劳大驾禀报镇守大人！"

"张大人请稍候！"士卒立即上马，疾驰关内去禀报张骞归来之事。

张洞国望着城楼，问："阿爸，这里就是汉朝吗？"

张骞说："这里是汉朝最西的边陲——玉门关，进了关，就是汉朝的国土了。汉朝国土很大，从玉门关骑马向东，要走两个月才能到汉朝的京都长安城。"

张洞国从未到过汉国，在他的眼中，所有的东西都很新奇和好看。

乔妮丝问："大哥，那山顶有一道长长的墙，可是没有房子，为什么？"

张骞说："那是长城！长城外面是匈奴，里面是汉朝。长城是匈奴和汉朝的边界。长城有三丈多高，四丈多宽，很坚固，可以挡住匈奴人入侵的兵马……"

乔妮丝从未来过汉国，许多东西不认识，因此一直向张骞问这问那。

张洞国问："阿爸，长城上面那高大的建筑是什么？"

张骞说："那是烽火台，遇到敌情，烽火台就举烽火报警。"

张洞国问："阿爸，沙漠地带没有劈柴，举烽火时烧的是什么？"

张骞说："烧狼粪，所以有战事时又称狼烟。"

这时，玉门关镇守马知书和数十名兵士骑马走出关门，下了马，向张骞施行大礼。

马知书说："卑职马知书不知使臣大人归来，有失远迎，请大人见谅！"

张骞还礼，说："马大人，这是汉节和御诏，请过目验证！"

马知书接过御诏，阅后奉还，说："大人长途跋涉，十分辛苦，请入关休歇吧！"

张骞说："他叫甘父，也是出使西域的使者。这五位是西域眩人，也是我的至交好友。她是我妻子，这是我儿子！还有这三十位朋友，是龟兹国王派来护送我们的武士！"

马知书抱拳向众人行礼，说："诸位辛苦了！请入关进餐休息吧！"

镇守马知书准备了丰盛的酒宴来款待张骞等人，感谢龟兹武士。酒宴之后，各自在邸舍里休息。马知书陪同张骞和甘父登上玉门关城楼，漫步交谈。马知书聆听他们二人讲述在西域的种种见闻，感到十分有趣，恨不得亲自去走一遭。

是夜，月华如水，银辉明媚，一轮圆月，冉冉在天。城楼上宁静肃穆，视野开阔。长城横亘于北方山脊，宛如盘卧的巨龙。

漫漫数万里，在异国他乡颠沛流离，几经危难，九死一生；悠悠十二载，与同胞亲人音信断绝，恍如隔世，魂牵梦萦。今日，终于返回祖国，脚下是汉朝的土地，眼前是同胞的面庞，耳际是亲切的汉语，张骞此刻怎能不激情满怀、欣喜万分呢？然而，此刻他的心情却异常沉痛，因为他又想起了十二年前，离开故国前的那个夜晚。

马知书问道："你们当年出关时，使团共有多少人马？"

他说："当年出关，最后一夜我们住在阳关，使团共有百人。那天晚上，我和甘父登上城楼，吹笛吟唱，观赏月色。今天，银月团圆，宛如当年。可是，百人之中回到汉朝的只有我们两人了！其余使者都长眠于异域他乡，再也回不到故里，再也见不到亲人了！"

甘父说："除了我们二人之外，其余九十八个使者，或战死，或病死，或渴死饿死，或葬身沙漠中，但人人都是铁骨铮铮的好男儿，个个都是我们的好兄弟！"

马知书感叹说："长眠于西域的使者们，为国殉职，可歌可泣。他们在天之灵闻知二位大人持节归国，一定会欣慰的！"

张骞和马知书互相交换信息。张骞告诉马知书西域各国的事情，马知书告知张骞国内的动态。

张骞眺望长城，若有所思，问："这十几年间，我朝与匈奴战事如何？"

马知书道："这十几年来，匈奴大单于一贯敌视汉朝，不断派骑兵攻打、骚扰我国上郡、代郡、辽东、辽西、云中、上谷、渔阳及雁门一带。入侵兵马少则万余，多则十余万，攻城略地，抢夺牲畜财物，杀掠汉家百姓，危害甚烈。当今皇上雄才大略，一改前朝和亲、厚贿之策，而力主抗战讨伐。东起辽阳，西到玉门，我朝陈兵百万，兵强马壮，军威大振，捷报频传。更可喜的是，出现了两位使匈奴官兵闻风丧胆的将军，一位是关中的飞将军李广，他是一员老将，一位是车骑大将军卫青，他是战场上的新星……"

甘父听了，惊呼起来："啊，卫青当上大将军了！真是人不可貌相，酒不可斗量。"

张骞说："出使之前，我们与卫青结识不久，那时他出任太中大夫之职，表现和普通官吏差不多。"

马知书说："如今卫将军已是皇上宠信的权臣名将了！他也是皇上的小舅子，他姐姐是皇后嘛！"

张骞说："出使前，我与卫将军虽是初交，但知道他心怀大志，颇有才干，擅长骑射，爱读兵书，早有从戎领军之志。以我之见，卫将军虽为皇亲，但确有超人之处，绝非沽名钓誉之人！"

马知书说："大人所言极是。卫青荣升贵胄的确不完全是依靠皇后的恩泽。卫大将军骁勇善战，精通谋略，有大将之才，而且似乎有神灵保佑，他运气极佳，每次他带兵出征，总能逢凶化吉，大胜而归！有卫青不败因天幸的说法。"

第十一节　向汉武帝汇报

进宫复命

两天后，守关的将领派人送他们回长安。于是，张骞、甘父、娲霞、乔妮丝、伦道夫、诺伍顿、莱克明、努斯鲍和张洞国一行，终于到达了长安。他们从龙楼门进入京城，又沿着南街大道，到了未央宫南的金马门前。

众人下马后，张骞和甘父上前，向金马门前的卫兵施礼，张骞说："我是出使西域的使臣张骞，他是使者甘父。我们今日才回到长安，想进宫复命，叩见皇上。不知公车司马令在否？"

"使臣大人请稍候，容我入内通报！"卫兵赶紧进入金马门去通报。

公车司马令黄定安匆匆走出金马门，他初见到张骞，因分别日久，有点陌生，但终于认出这就是张骞，喜出望外，说："使臣大人，你终于完成使命归国了！卑职祝贺你！"张骞施礼，说："黄大人大安！黄大人，你还认识他吗？"

黄定安打量甘父，看到他的高鼻深目的匈奴人特征，就说："啊，记起来了，你就是被关在囚车里的那个年轻人！皇上赦你无罪，你跟着张大人出使西域去了！"

黄定安又问道："记得你们出发时，队伍雄壮，约有一百来人，其他人在哪里？"

张骞和甘父说："其余九十八个使者，或战死，或病死，或渴死饿死，或葬身沙漠中。我们俩能平安回国，已属万幸了。"

黄定安听了，感叹万分。

张骞说："黄大人，有劳大驾向皇上禀报，张骞有奏章一本，细述出使经过，想呈给皇帝，并想进宫朝圣，交还汉节。此外，还有西域艺人随行，想进宫表演杂技。"

黄定安开始不明白杂技是什么，有点犹豫，但经过张骞的解释后，他满口答应。

当天晚上，张骞等人回到招待所后不久，便接到了公车司马令黄定安前来宣读的两道圣旨：其一是命令明日早朝，使臣张骞和使者甘父，入建章宫玉堂殿见驾；其二是命令明日张骞和甘父携带妻儿，伴同西域眩人，赴建章宫华奇殿参加宫廷御宴，席间，西域眩人可以表演西域歌舞杂技。

翌日清晨，张骞手持汉节和甘父、娲霞、张洞国、乔妮丝、伦道夫、诺伍顿、莱克明等人，在黄定安的导引下，雄赳赳地骑马到了建章宫门口，众人下马后，见到了早已在宫门前等候的御史大夫公孙弘和太监李延年。

张骞带了旄节，和甘父去见汉武帝。张骞和甘父跟随公孙弘进入大门，向东去玉堂殿见驾。娲霞、乔妮丝、张洞国、伦道夫等则随李延年进入大门，向西走向华奇殿，去见卫皇后。

十二年前出使月氏，多年来音信毫无的张骞，突然回来了！武帝听到这个消息，非常高兴，所以亲自接见了他。

张骞和甘父走进玉堂殿后，在丹墀之下，向高坐于御座之上的汉武帝叩行大礼。

张骞说："叩见皇上陛下，吾皇万岁，万万岁！"

甘父说："叩见皇上陛下，吾皇万岁，万万岁！"

汉武帝道："二位爱卿平身！"

武帝细看二人，觉得他俩委实苍老了许多，走的时候都是年轻小伙子，十余年来，在西域历经危难，已经像中年人了。

张骞和甘父抬头望武帝，见到他已由一个少年天子成长为成熟的雄主了。

张骞拿出他的旄节——旄节上的牦牛毛几乎脱光了——双手举汉节过顶，奉还给武帝。太监收起汉节，走上丹墀，呈给汉武帝观看。

"臣死罪，出使多年，无功归来。"他对武帝说。

他说了月氏不肯攻打匈奴的原因，也说了自己两次被俘，伙伴死亡和散失的情况，然后详细地陈述十二年来的所见所闻：

"臣亲身到过的，较大的国家有大宛、康居、大月氏、大夏等，听人谈到的大国还有五六个……"

汉武帝手抚汉节说："张爱卿，你写的奏章，朕已经阅过。你与甘父在西域历经十二载，跋涉数万里，备受艰辛，九死一生，始终能保汉节无损，不畏强暴，坚贞不屈，难能可贵，朕甚欣慰。你二人在途中出使大宛国和龟兹国；又出使康居、大月氏、大夏等国，虽未能与诸国正式结盟，但诸国均愿与我朝互通友好；又从西域带回多匹汗血天马及许多西域特产和珍宝，你二人功劳显著，应予以嘉奖。御史大夫，你替朕宣诏吧！"

公孙弘展开圣旨宣诏："圣上特旨，赐封张骞拜太中大夫，六百石。赐封甘父为奉使君，四百石，钦此。"

张骞和甘父跪地叩礼谢恩，高呼："吾皇万岁！"由于没有圆满完成任务，他们本来只希望免予处罚就很好了，并不盼望封赏。

太监宣旨退朝。

张骞、甘父和公孙弘等朝臣，跟随着汉武帝，走出玉堂殿，向华奇殿走去。

中午，张骞、甘父、娲霞、乔妮丝、伦道夫等参加了皇上和皇后为张骞和甘父庆功而特设的宫廷盛宴，公孙弘等朝臣出席作陪。

下午，眩人艺术团和娲霞在宫廷乐府，为皇上皇后表演西域音乐、歌舞、杂技。那些西域歌舞和吞刀吐火的杂技令宫人们大开眼界。

汉武帝龙颜大悦，大为赞赏，赏赐给诸位眩人许多黄金和丝绸。

卫皇后以重金聘请眩人艺术团留在宫廷乐府，向乐府的全体乐工舞者传授音乐歌舞技艺。

张骞的归来，立即轰动了长安！从此，汉朝宫廷乐府，乃至整个长安城，掀起了学习、表演西域音乐歌舞以至杂技的热潮……

贪官受到惩罚

张骞回家，听到父亲已亡故的消息，十分悲痛，决定在家乡闭门不出，为父亲守庐尽孝二十七个月。他也知道前妻晓萌已改嫁，并且改嫁了两次，第一次改嫁很不幸，第二次才嫁了一个本分的农夫，又生了一个女儿。

他已有俸禄，今非昔比，邻村的豪强富户都上门来拜会他，他在地方上主持公道，恤孤救寡，散财取义，远近闻名。

建章宫的玉堂殿里，新的一天又从百官上朝开始了。

汉武帝上朝后，高坐在丹墀上的御座里。

长平侯卫青出列奏本，说："吾皇万岁！太中大夫张骞写有奏折，托臣面呈圣上。"

汉武帝说："张骞为何不入朝奏本啊？"

卫青说："张骞之父病故，张骞依制在故里守庐，身服重孝，不宜入朝参见。"

汉武帝说："张骞参奏何事？公孙大人，你照奏折宣读。"

公孙弘接过张骞的奏折，阅后读道："陛下圣裁，臣张骞参奏堂邑氏冒名骗功、焚书欺君之罪。臣出使西域，不幸被匈奴拘捕，被囚禁后，臣与胡妻植桑养蚕，辛苦十载，织成丝绸，便私下联络流落在大宛国的汉使甘父，托其友人，将丝绸运到大宛，换得正宗汗血天马十匹。又托一名商队保镖，亲自将十匹汗血天马带到我国阳关。商队保镖与其密友胡姬酒家店主同往沙州县衙，将十匹天马及臣所写奏章交给县令堂邑氏，以期转呈皇上，并希望皇上能解救臣于危难。不料，堂邑氏贪婪歹毒，毁掉臣所写的奏章，当夜派官兵以奸细的罪名逮捕商队保镖和酒家店主，并烧毁胡姬酒家。堂邑氏押送十匹汗血天马返回长安，以其名义敬献皇上。其时值元光二年岁在戊申八月……"

汉武帝听完后，龙颜大怒，说："有这等事，传堂邑氏！"

卫青说："皇上，证人西域商队保镖和匈奴酒家店主已经在殿外，是否宣诏入殿，以便对质？"

汉武帝说："宣证人入殿！"

沃特马赫和潘内特娜进入大殿。

卫青把一张回执收单呈上，说："当时堂邑氏收下十匹天马和张骞所写的奏章，商队保镖要求出具回执收单。这份回执收单，被张骞保存至今，可为物证，请陛下过目。"

堂邑氏听说皇上宣他进宫，以为又有封赏，便端正衣冠，随特使进宫。

随即，堂邑氏被期门郎带上殿内。

汉武帝说："堂邑氏，你可知罪？"

堂邑氏说："臣对朝廷一片忠心，从未犯罪。"

汉武帝大怒，说："大胆狂徒，竟敢抵赖！把张骞的奏折给他看！"
期门郎摘掉堂邑氏的官帽。公孙弘把奏折给堂邑氏看。

公孙弘问："这两个人，你该认识吧？"

沃特马赫和潘内特娜站在堂邑氏面前。沃特马赫说："堂邑氏大
人，我是西域商队的保镖。元光二年（前133年）八月，我和胡姬酒
家的店主，到沙州县衙拜见你，你当时是沙州县令，你不会忘了吧？"

堂邑氏吓得浑身发抖，但仍不肯认罪，说："皇上呀，此二人是匈
奴的奸细，他们借张骞之名义，假装进贡天马，意在探听我天朝虚实！
当时我认为张骞已死，他们是假冒的，所以我将天马没收，交给皇家。
随即追捕二人，但二人包藏贼心，早已跑掉了。"

沃特马赫和潘内特娜说："我二人是汉朝的朋友，绝非奸细，早已
由官府辨明，你肆意诬蔑我们，罪不容恕。"

卫青说："他二人是我军的情报人员，多次立功，应当奖励，你怎
么诬指他们为奸细呢？"

公孙弘把回执收单给堂邑氏看，说："这份回执收单上，有你的签
字，有你加盖的大印，还想抵赖吗？"

由于堂邑氏仍旧强辩，汉武帝下令将堂邑氏交付酷吏张汤审讯，经
过一番严刑拷问，堂邑氏在众多人证物证面前，最后认罪说："廷尉大
人饶命！皇上饶命！我如实坦白招供！烧掉张骞的奏章，将送天马的人
灭口，献天马骗皇上，这都是师爷出的主意，与我无干……"

张汤问："师爷何在？"

堂邑氏说："他病死了！"

张汤说："你胡说！坦白从宽。"

堂邑氏说："我认罪！我该死！我毒死师爷，也是为了灭口。"

张汤把审讯结果报汉武帝。

汉武帝说："堂邑氏虽能坦白，但其犯罪情节严重，应处以严刑！其所有家产财物，全部没收，以充少府（皇家金库）！"

探寻去印度的道路

张骞在家守孝，可汉武帝忘不了张骞，他亲自来探望张骞了。事非偶然，微服出行是汉武帝的老习惯。

张骞见汉武帝来了，十分惊讶和恐惧，连忙下跪。

汉武帝说："张爱卿，不要怕，起来吧！朕微服出宫，到了汉中，想起你在城固家中守庐，游兴所至，便来看看！"

张骞十分激动地说："不知圣驾光临，未能远迎，臣有不敬之罪。"

汉武帝捋捋胡须，笑着说："不知者不罪！朕爱微服出访，就是怕那一套逢迎烦心的礼仪，你无需拘束！我身边这位护卫叫霍去病，是卫皇后和卫将军的外甥，十八岁，骑射均佳，又知书达理，朕很喜欢他，就把他带来了。他力能敌万人，有他在旁，朕万无一失。"

霍去病行礼，说："张大人好！舅舅时时说起张大人的非凡功绩，我霍去病好生钦佩！"

张骞道："我的些许功劳远远比不上令舅卫大将军。霍公子，祝您建立更大的功劳！"

汉武帝问："这两匹马突然跑过来吃草，这是何故？"

张骞说："这两匹都是汗血天马，最爱吃的就是西域的苜蓿草！它们好久没吃到苜蓿了，一闻到苜蓿的香气，就奔了过来，如同人一般，是嘴馋了！"

汉武帝看着地里的草，问："这就是苜蓿草？"

张骞说："是的。臣从西域带回了苜蓿种子，便试种了一亩地。打算结籽之后，敬献朝廷，以便推广。"

汉武帝说："好！听卫将军说，你还带回来几样西域植物种子，可曾试种？"

"臣正在试种。"张骞从苜蓿地里拔起几根胡萝卜，说，"这是胡萝卜，可以同苜蓿套种，可做菜吃，也可生吃。乡亲们，你们快拿去洗干净，让皇上尝尝。"

霍去病吃了几口洗过的胡萝卜，说："好吃，又甜又脆！"

"朕也尝尝！"汉武帝拿了一根，吃了两口，说："真好吃！张爱卿，还有别的吗？"

张骞指着一片金黄的油菜花说："还有油菜！那一亩地就是！"

汉武帝和霍去病随张骞走到油菜地边，望着一片悦目的杏黄色。

张骞说："这是油菜，其用途十分广泛。菜子熟后可以榨出油，用这种油炒菜香而不腻。在非牧区，种了油菜，用菜子榨油，比放牧牛羊方便，菜子油又可以代替牛、羊、猪的油，可以解决百姓吃油的大事。等结籽榨油后，臣送油到宫里，请圣上品尝。"

汉武帝说："好！若能推而广之，倒是一件功德无量的大好事！"

张骞说："臣还从西域带回葡萄枝条，经过压埋插枝，已经成活，并结出了葡萄。葡萄这种水果，状如珍珠，多汁甘甜……"

汉武帝问："葡萄在哪里？"

张骞说："在臣家宅院内，葡萄架上。圣上如不嫌寒舍简陋，请圣上去品尝品尝。"

娟霞端来一盘洗净的葡萄，献给汉武帝和霍去病，说："皇上，霍公子，请尝尝葡萄！"

汉武帝和霍去病取了葡萄，吃了起来。

汉武帝说："果然状如珍珠，汁多味甜！张爱卿，你从西域带回来的葡萄酒，就是葡萄酿造的吧？"

张骞说："正是。西域各国都盛产葡萄，除了当水果吃外，大部分用以酿造葡萄酒。"

汉武帝问："西域的葡萄酒以哪个国家为最好？"

张骞答："以高卢国的最好，不过该国极远，在大秦国的西面很远的地方。"

这当儿，甘父也来觐见汉武帝。这天，恰好甘父在张骞家做客。

汉武帝对娲霞说："娲霞，你是西域人，一定会弹琵琶吧，眼下能弹一首西域歌曲给我听吗？"

娲霞说："为皇上弹奏，是民女的荣幸。不过，从龟兹带回来的那支琵琶，民女已经献给乐府了。如今，家里没有琵琶了。"

汉武帝对甘父说："听卫皇后说，你妻子是身毒人，你去过身毒吗？"

甘父说："我虽然听说过许多和身毒有关的事，但自己没去过身毒。在我的心目中，身毒是个神秘的国度。"

汉武帝问："张爱卿，身毒是否也属于西域？"

张骞说："身毒国不属于西域。身毒在汉朝正南方，大约万里。从巴蜀，经昆明，再向南走可到达身毒。身毒在西域东南方，相距二万余里。身毒是古代文明的发源地，也许，它的文明起源比中国更早。"

汉武帝说："我这次派王然于等几路人去身毒，可总找不到路，看来，从汉朝直接去身毒，很不容易。你真的在大夏看到从身毒运来的巴蜀的竹杖和葛布？"

张骞说："正是。臣不但在街市上看见，而且在大夏蓝氏城一位富商家中，也看到巴蜀的竹杖和葛布。那位富商说，竹杖和葛布是他从身毒商人手中买到的。而身毒商人又是从巴蜀直接买到的。由此可见，从汉朝到身毒，总有一条道路可通。"

汉武帝说："上次王然于他们探路未成，等你守庐期满，朕派你和甘父出使身毒如何？"

张骞说："遵皇上旨意，万难不辞！"

汉武帝说："朕回宫之后，派治粟都尉专程来此见你，你可将苜蓿、胡萝卜、油菜、葡萄、红花等种子、枝条给他，并告知移植技术。朕让治粟都尉辟地专植，以便在全国推广，上可供宫廷之用，下可为百姓造福。所需费用，均由大农司拨发，你意下如何？"

张骞说："皇上圣明！臣尽力协助治粟都尉办好此事。"

西汉元朔五年（公元前124年），初夏。

张骞守庐期满后，奉汉武帝圣谕，出任大汉使臣，手持汉节，身怀御诏，带领使者两百人出使身毒国。张骞命甘父为副使，其妻乔妮丝任使团通译随行出使。

一个月后，张骞及其使团南下巴蜀，到达长江与岷江交汇处之犍为郡僰道县。

僰道县在岷江之滨，山高峡深，林深树密，终年云雾弥漫，瘴气蒸熏。由于长途跋涉，疲劳体虚，加上水土不服，引起上吐下泻，头晕目眩，张骞和近百位使者，终于病倒在僰道江滨。

张骞对甘父说："我在西域探险十余年，从不畏难，可如今却感到很难胜任，是不是我年老了？"

甘父说："并非您年老，而是这个任务太艰巨了，也许这是个无法完成的任务。"

这时，犍为郡郡守前来探望张骞，他执意要派人护送张骞回京城治病。张骞不得不听从郡守和名医的决定，终止了自己出使身毒的行程。

张骞在家养病数月，一天，一位羽林郎走进来呈上一封帛书，说："张大人，卫将军派我送来一封书信，请大人过目并回话。"

张骞接过帛书，只见帛书上写道：

"骞兄台鉴：近日匈奴右贤王率军数万，侵犯朔方、定襄甚为猖獗。圣上命我挥师漠北，杀敌驱虏，三日后离京出征。兄若贵体康复，望随军从我，杀敌报国，建功立业，以展宏志。弟卫青顿首。"

张骞说："请你回禀卫将军，我已康复，虽然作战不是我的强势，但我决意随军出师漠北。你先回去，我明日抵京，拜见将军。"

张骞回京，首先参见武帝，他对武帝说：

"身毒的道路没有打通，是我的罪过，现在让我走上抗击匈奴的第一线，立功折罪吧！"

武帝高兴地笑了："你愿意打匈奴，甚好，到大将军那儿报到去吧。"

大将军就是卫青。卫青派张骞做一名校尉。

第十二节　带兵出击匈奴

立战功受封博望侯

公元前 123 年 2 月，张骞和霍去病跟随大将军卫青，开赴前线，奔向北方。

十天之后，卫青率领由 6 位将军所属的十几万大军到达朔方郡。卫青命令在城外黄河南岸扎下大营。

卫青、张骞和霍去病三人伫立在黄河岸边，眺望对岸。大漠漫漫，长城隐约，这一仗怎么个打法，卫青沉思良久。

前将军赵信策马奔来，下马禀报危急的战况："禀报大将军，卑职遣派探马过河侦察，悉知匈奴右贤王所带的三万胡兵，均在长城以南与黄河以北之间活动，已经占据了定襄、雁门、代郡和上谷。"

敌军来势汹汹，不可大意啊！

卫青下令，必须立即夺回定襄。于是，张骞和霍去病临危受命，带着十多个北地士兵，扮作匈奴商人，渡过黄河，潜入定襄城（现在内蒙古和林格尔县），张骞懂匈奴语言和习俗，为侦察提供了方便。他们很快在城内探知，右贤王占据定襄后，十分轻敌，整天寻欢作乐。他们乘机抓到一名匈奴兵，作为俘虏，准备带回大营。并且在返回中，张骞和霍去病两人作了战斗分工，张骞带几名汉兵藏在城内，做内应，准备大军一到，就趁机打开城门。霍去病带俘虏出城向卫青汇报。

霍去病将俘虏带到汉军大营。当匈奴兵知道眼前的汉朝武官就是声震边陲的卫青大将军时，吓得魂飞魄散，跪在地上叩头求饶，不仅招供了他所知道的匈奴军情，还供出了右贤王寻欢作乐的地点，自愿带领汉军去捉拿右贤王。卫青命令将这名俘虏严密看管，免得他跑了，泄漏汉军虚实。

接着，卫青一声令下，汉军大营的铁骑兵全部出动，迅速渡过了黄河。人噤声，车马衔枚，悄悄包围了定襄城。

三更时分，定襄城门突然被打开，做内应的张骞和他带领的几个士兵，骑在马上，各举火把一支，同时在夜空里画了三个圈。

很快，张骞驰马到了卫青身旁，向他报告说："卫将军，守城门的敌兵都被杀掉了，城里敌军大营五千人都在睡觉。不过，大营四面埋伏有五百匈奴的弓箭手……"

卫青让随从令官传令："大营铁骑火速进城，逢敌便杀，以首级计功！"

匈奴的弓箭手开始进行还击。五千敌军都醒过来了，参加作战。

双方的箭都像雨似的发射着。有时候，汉军左手持盾挡住箭，右手举长刀，驰马冲近敌人，奋力斩杀。有时候，匈奴兵也冲进汉军队伍。

张骞在西域期间，虽也经历过小规模的战斗（也许没有经历战斗，对此史无明文），但这次参加的却是兵团大战，他和战友一起，大量杀伤敌人，杀起敌人来，如砍瓜切菜一般，平生操练的武艺，此时有了发挥的场所。

五千匈奴官兵，在一个时辰内，大多被卫青的铁骑大军歼灭了。其余撤退逃跑，右贤王也逃之夭夭。

将军卫青出现在阵前，他虽出身卑微，可领军作战，不失大将风度。他指挥军队前进追击。

天亮了。匈奴兵已经溃逃，汉军急促的鼓声从后面传来了，并且传来大将军的命令："追上去！追上去！"

汉军不顾疲劳，鼓起勇气，继续前进。

到了下午，大将军卫青望着一望无际的沙漠，问校尉张骞道："还能再追下去吗？"

校尉张骞十分冷静地说："不必再追了。这附近有一块很好的水草地，匈奴应该有军队占据。再向前，几百里路没有水草，是很危险的。我们不如停止追击，去夺取水草地。"张骞终究是个高人，他没有被胜利冲昏头脑，他知道盲目深入敌后的危险。

卫青同意张骞的建议，并且立即派张骞带兵去夺水草地，又命令前面的战士归队。

张骞已经夺得水草地。大军在水草地扎营，进行休整。后方的粮草也运到了。卫青召集将领们讨论进军的计划。张骞知道这一带哪里有水草地，哪里是匈奴大军驻扎或时常往来的地方，对制订作战计划起了重要的作用。

接着，张骞利用他多年和匈奴人打交道的优势条件，自告奋勇，愿意带领十余侦察员（多是匈奴的投诚者），深入敌后，侦察敌情，卫青批准他的申请。

定襄战役，汉军大获全胜。但是，半个月后，战争双方互有胜负。因此，这一天卫青面无笑容，在设置于定襄郡府衙内的大营里，他来回走动，神情不安。他知道战争的最后结局，尚是未定之数。

这时，霍去病走进大堂施礼道："参见大将军！"

卫青问："可有张校尉的消息？"

霍去病说："张校尉亲自带了十几个精兵，潜入敌后，侦察地形地貌，尚未返回，也无音信，我很挂念他。大将军，六师状况如何？"

卫青说："左将军孙贺和强弩将军李沮均已阵亡。前将军赵信和右将军苏建正在雁门一带同强虏交战。中将军公孙敖和后将军李广战况如何，尚未可知。我最担心的是前、右两师，恐怕是凶多吉少。"

真是"说曹操，曹操就到"，这当儿，张骞忽然出现了，他从容走进大堂，手里拿着一卷丝帛，说："参见大将军！"

卫青的面上笑容又现，说："张校尉，总算把你等回来了！你和敌人遭遇了没有？没有什么损伤吗？"

张骞呈上手中的那卷丝帛，说："大将军，我潜入敌后，查看了各处的地形地貌，精心绘制了这幅敌后的水草图，请大将军过目。"

卫青看了丝帛水草图，十分高兴，说："太好了，有了此图，我心里就有底了。胡人逐水草而居，敌兵据水草而营。我军断其水源，夺其牧场，可充我给养，困敌人于死地。张校尉，你立了一大功！"

霍去病看了丝帛水草图，说："张大人，有了这幅图，敌后实况了如指掌，我军行动明确，心明眼亮，打起仗来胆子更壮了！"

说话间，苏建浑身是血，跟跄而入，叩地痛哭，说："大将军，末将请罪来了！"

苏建说："我率领三千铁骑，闯过雁门关，中了埋伏，遭遇敌军万余人。厮杀了一天一夜，我负伤昏迷，倒在血泊之中，醒来后，我发现三千壮士全都阵亡了！"

一位探马进入了大堂，禀报一个坏消息："大将军，前将军赵信被匈奴生擒之后，已经率军投降匈奴了。"

卫青大怒，骂道："无耻赵信，投降辱国，我要将你碎尸万段！"

张骞安慰卫青说："大将军息怒，雁门敌军侥幸获胜，必然头脑昏昏，狂妄自大。此时大将军遣派劲旅，攻其不备，迅猛冲杀，必胜无疑！"

张骞继续讲述侦察得来的详情，当他讲到东北方向一块富饶的水草地经常驻有匈奴重兵的时候，霍去病立即站起来，说："我今天晚上就去扫平它！"

卫青听到他的要求，称赞地说："你要多少兵？"

"只要我那八百精壮！"

原来霍去病手下有挑选出来的精壮骑兵八百人。左右参赞都认为兵马太少，难以制服强敌，但霍去病坚持只要这么多，多一个也不要，卫青只好由他。

卫青命令说："霍校尉，你率八百铁骑，立即出征雁门。张校尉，你带一千铁骑为他随后掠阵！"

霍去病和张骞领命而去。

霍去病带领他的精兵，按照张骞指出的地理位置，连夜不停地奔驰了一二百里，天还没亮，就像旋风一样攻进匈奴的营地。

匈奴大营里，官兵们沉浸在胜利的喜悦之中，正在饮酒、吃肉、狂歌乱舞……他们慌乱地拿起武器应战，怎敌得过这勇猛顽强的汉族骑兵？

霍去病一马当先，挥舞战刀，冲杀进大营里，左砍右劈，勇不可当。

八百名汉军铁骑突然冒出来，宛如天兵天将，个个勇猛如虎，个个敏捷似鹰，杀得匈奴官兵措手不及，仓皇逃走。

匈奴官兵人仰马翻，尸体纵横，血流成河……

这次突袭，霍去病以八百人杀敌两千多人，单于的叔祖父和许多贵族都被杀了，单于的叔父被俘。匈奴人真正领教了汉军无比勇猛的战斗力。

当然，张骞带领的后备支援队也杀敌不少，但张骞对这次战役的功绩主要在提供地图方面。此外，他的队伍捕获俘虏很多，不像前锋部队对俘虏格杀勿论。

雁门战役因奇袭而大获全胜，卫青再次在北方诸郡威名远扬……

此后半个月内，上郡和代郡也为汉朝大军收复，卫青率军北伐大获全胜。

卫青率领的十几万大军，继续向匈奴腹地前进。他们按照计划，占领水草地，攻击匈奴兵，取得一个又一个的胜利。

这年四月，卫青又率领十几万骑兵出长城作战。虽然有两路军打了败仗，但总的来说，又给了匈奴军沉重的打击。总计这一年斩杀和俘虏的匈奴贵族和士兵将近两万人。匈奴单于受到多次打击以后，不敢靠近长城驻扎，远远地迁移到沙漠以北去了。汉朝反击匈奴的战争，取得了初步的胜利。

武帝不辞辛苦，亲自到前线，欢迎和慰劳作战的将士，并且带来许多慰劳品，分给将士们。

武帝对卫青说："应该按照将士们作战的功绩大小，给予奖赏。首先受奖的是霍去病，接着是另外几个杀敌较多的将领。"

卫青建议说："前线杀敌较多的当然要奖励。可是还有熟悉匈奴地理情况的人，在帐内参加谋划，使大军易于找到水草，避免饥渴，这个功绩也不能埋没。"

"你是说张骞吗？"武帝问。

卫青点点头，并且取来张骞制作的丝帛水草图呈给武帝观看。

武帝高兴地说："张骞，好样的！这人上次出使大夏，历尽艰危，了解西域和匈奴的许多情况。现在又随军作战有功，应该奖励。他制作军事地图，这是一项创举。对外作战，我们不但需要武将，也需要文官，张骞就是这样的文官，也给他封侯吧。"武帝回京后，立即办理给张骞等封侯的事务。

半个月后，皇上派遣的特使程不识满面笑容，走进了定襄城内郡府大营。

程不识高声说道："卫大将军及众将官接旨！"

卫青、公孙敖、李广、苏建、张骞和霍去病等将官跪地接旨，齐呼："吾皇万岁，万万岁！"

程不识宣读圣旨："朕委派卫尉程不识为特使，赴定襄大将军军营颁旨。定襄雁门之战役，我军大胜，斩获匈奴官吏首极一万五千余，虏获匈奴将领有四百多人及胡兵万余人，获取牲畜百万余头，匈奴右贤王败阵而逃。胡兵败北，远遁漠北。长平侯大将军卫青统帅六师，指挥有功，功勋昭著，因已多次加封，其本人不再加封爵位，但功勋应该惠庇子孙，赐封其子卫伉为宜春侯，次子卫不疑为阴安侯，三子卫登为发干侯。"

卫青谢恩高呼："吾皇万岁，万岁，万万岁！"他的呼声很有分寸。他明白，他的姐姐卫子夫受皇上专宠，是他一家封侯的保证。

程不识继续宣读圣旨："骠骑校尉霍去病英勇无畏，所向披靡，杀死大单于叔祖父借若侯，生擒匈奴相国当户和单于季父罗姑，斩敌首二千二百二十八人，虏敌千人。战功累累，晋升为骠骑将军，赐封为冠军侯，封邑东郡二千五百户。"

霍去病谢恩高呼："吾皇万岁，万万岁！"他的声音比哪个人的呼应都更洪亮。

程不识把眼光转向张骞，继续宣读圣旨："校尉张骞随大将军出征，导战有功，使行军知水草处，兵马粮草得以不乏。赐封为博望侯，封邑南阳二千户。"

张骞听了，有点不相信自己的耳朵，他认为自己在此次战役中，没有打头阵，不必冒很大的危险，至于画画地图，原是他的本分职责，算不了什么大功，为何封赏如此高呢？但他没有询问，也跟着谢恩高呼："吾皇万岁，万万岁！"

程不识继续宣读圣旨："卫尉苏建率右军抗敌，打了败仗，全军覆没，不能英勇战斗到最后一人，却只身逃回，罪当斩，念其没有向匈奴屈服投降，免死罪，革去卫尉之职，贬为庶人。"

在场的将士中，只有苏建的形象最猥琐，但他心中的重负也减轻了许多，因为没有治他的死罪。

侯，是一种封建贵族的称号。在封建社会里，封侯是高级的奖赏。武帝封张骞为博望侯，说他知识广博，眼光远大，所以叫"博望"。后来，又把他由校尉提升为将军。

作战失利废为庶民

两年以后，为了防止匈奴的侵扰，汉朝派出四位将军，出长城搜索匈奴的军队，给予打击或驱逐。东路两位将军，一位是张骞，一位是李广。李广率领四千骑兵先走。

张骞出发前，卫青再三叮嘱，要他小心谨慎，紧密配合李广的军队。

卫青说："据情报，匈奴左贤王发兵两万，已经越过大凌河，向右北平逼近了。郎中令李广作为右北平太守，已经领兵四千，前去迎敌了。"

张骞说："我军不到敌军之半数，飞将军李广虽然骁勇善战，但恐怕难以制胜……"

卫青说："正因如此，我想请兄再率一万兵马前去增援。"

张骞说："既然如此，我立即率兵出发！"

卫青说："一万兵马，明晨集合，你明日即可开拔，千万勿误战机。"

汉军旌旗，被风吹得哗啦哗啦响。战士们威风凛凛，斗志昂扬。张骞的队伍有一万人，接着也到了右北平。他也从右北平出发，和李广按不同的路线搜索，经过不同的地区，约定时间在某地会合。

张骞心里洋洋得意，不觉骄傲起来。他想，自己上次打仗轻易得胜，说明领军作战并非什么大难事，只要勇猛就行。

于是，他认为："这匈奴人被打败了，再也不敢靠近长城来了。我们这样搜索，怎能搜到匈奴军队呢？空跑一趟罢了。"

他决定改变原来的搜索路线，向北深入沙漠，兜了一个大圈子。他这是因为错误估计敌情而造成的大错，即忽略主要任务，做毫无必要的作战迂回行动。

他这样做可能还有其他原因：首先，他是一个职业探险家，打仗也不忘探险，他要借此机会到他未去过的地区探查一下。第二，他是一个旅行地理学家，擅长绘画地图，上次因他画的地图使汉军掌握了水草地区，获得大胜，这次他又想抢占先机，画出水草图供李广军作战时应用，不想这次战争形势和上次截然不同。第三，他不是一个军事家，不适于统帅大军独当一面，他不懂得军情紧急、分秒必争的道理，他不知道坐失战机，会带来严重后果。

匈奴兵真的不敢靠近长城吗？正当张骞向北前进的时候，匈奴左贤王早已到达沙漠以南，和李广相遇。李广是一个六十岁的老将军，他几十年来，和匈奴多次交战，匈奴称他为"飞将军"。他发现前面有匈奴兵，就命令战士放箭，准备冲锋。谁知左贤王带兵四万，刚好是李广的十倍。李广的战士冲锋几次，不能取胜，被匈奴兵包围了。

四面都是匈奴的旌旗，四面都有匈奴兵狂呼乱喊。李广在马上遥望四方，包围圈很厚，而张骞的军队却不见踪影。

但李广是个身经百战的将军，他遇到最危急的战况，绝不慌乱，总会想出摆脱危局、险中求生的办法。

李广指挥他的军队组成一个圆阵，每个人都背朝里，脸朝外，警惕地注视着敌人。遇到敌人准备进攻时，就放箭射死敌军的前锋，迫使他们后退。李广是著名的射手，他的弓是最大最硬的，称为"大黄弩"，必须挂在肩上才能拿动。他的箭放出，又准又有力，敌人应声而倒。

当时，匈奴都尉下令放箭，四周一片箭雨直射汉军。

李广等舞刀护身，击落箭矢。

李广大喝一声："拿大黄弩来！"

他身旁的士兵送上大黄弩和大黄箭。

李广挽弓搭箭，瞄准匈奴都尉，大喝一声："倒下！"

匈奴都尉中箭身亡，跌落马下。

射死敌方主将，是一种动摇敌方军心的心理战术。

但是由于力量悬殊，汉军的死伤逐渐增加，粮食和水也越来越少了。李广焦急地想着："博望侯怎么还不来呢？他出了什么事呢？"

天黑了，大风吹起灰沙，两军互不相见。匈奴兵害怕汉军突袭，稍许退却，放松了包围圈。

天亮了，汉军仍然警惕地防守着。干粮吃完了，水喝完了，眼睛熬红了，但是对李广这名沙场老将来言，困境中总有办法。他还组织了两次小规模冲锋，目的不在于冲出去，只是显示一点威力，使匈奴兵不敢靠近。

张骞率领的一万大军终于来到了。他们在沙漠地区兜了一个大圈子，跑得很疲劳，还迟到了两天。他们一发现匈奴军，就迅速发动攻势。匈奴军正全力围攻李广，忽然意外地受到背后的攻击，措手不及，不觉乱奔乱跑。

李广发现，匈奴后队有些动摇。他从包围圈的缺口里，望见了汉家旌旗迎风飞舞。

"博望侯来了！"

匈奴军看到汉朝大队的援军来了，感到很恐慌。左贤王下令：向东北方向撤退。

张骞命令对匈奴军放箭，但不要紧追，因为当前最紧要的是援救李广受到严重损失的军队。李广的四千士兵，已经死伤大半。

张骞看到李广军的损失如此惨重，不禁心如刀绞："啊，我的过失啊！我违反军纪，没有按规定的路线前进，迟两天到达会合地点，以致造成这么大的损失！"

张骞和李广会见的时候，羞惭地对李广说："李将军，我有罪。你的部队受到这么重大的损失，我应该负责。我愿意接受处罚。"

半个月后，原来给张骞封侯的程不识来到右北平汉军大营诵传圣旨。

程不识高声说："李广、张骞接旨！"

李广和张骞跪地接旨，齐呼："吾皇万岁！万万岁！"

程不识宣读圣旨："朕委派卫尉程不识为特使赴右北平诵旨。右北平之役，虽击败匈奴左贤王大军，杀敌八千余，虏获牲畜十万余头，但右北平太守李广所率之军伤亡惨重，死者过半，念其奋勇，以寡敌众，功罪相抵，免于责罚。"

李广谢恩高呼："吾皇万岁！万万岁！"

程不识继续宣读圣旨："博望侯张骞延误军期，应受死罪。念其追击杀伤胡虏三千余人，革去侯爵，贬为庶人。钦此。"

程不识说："张骞贤弟，委屈你了！"

张骞谢道："我上次战役被封侯，本属非分之福。这次战役误了军机，应当死罪问斩，侥幸有命，已是万幸，何有委屈？"

程不识说："张贤弟，风云不测，祸福难料。你解甲归田，焉知非福？身怀碧玉，总有光灿之日。"

张骞说："领兵作战，非我所长。"

李广问："程大人，可知北地战事如何？"

程不识说："北地一战，右贤王大败而逃。骠骑将军霍去病三次大捷，独领风骚，斩敌首三万，虏敌八千，功勋卓著，加封五千八百户。合骑侯公孙敖驰出塞外，中途迷路，延误军期，当斩，免死罪，革去侯爵，贬为庶人。"

原来，就在李广和张骞在东线受到挫折的时候，二十岁的青年军官霍去病被升为骠骑将军，领兵一万人，进攻河西的匈奴军。他在另一支汉军迷失道路未能配合作战的情况下，绕道千里，到达敌军后方，像狂风，像迅雷，锐不可当，很快就斩杀匈奴兵三万多人，俘虏贵族一百多人，这是一次振奋人心的胜利。

霍去病是战场上的新秀，打仗是青年人的事，所以立功显著。李广虽是老将，但不占年龄优势，坐在后方筹划可以，冲锋陷阵已经力不从心了。

河西，就是现在甘肃省西部，黄河以西，祁连山山麓一带地方。这一带地方，西南有高高的祁连山，东北是合黎山和一片沙漠。只有这从东南到西北一千多里的一长条"走廊"，因有祁连山的雪水流成许多小河，所以沙漠之间有许多水草地，是很好的牧场。月氏、乌孙都曾在河西住过，后来他们迁走了，河西由匈奴独占。

驻在河西的匈奴浑邪王和休屠王打了败仗以后，受到匈奴单于的严厉斥责。单于甚至说要处死他们。浑邪王感到情况危急，就和休屠王商量，准备率领四万骑兵向汉朝投降。武帝得报大喜，派霍去病带一万骑兵去接受投降。后来休屠王和一些官兵反悔，不愿投降，浑邪王在霍去病的帮助之下，杀了休屠王和其他动摇分子，投降了汉朝。

武帝设宴，招待浑邪王和他的部下。对于这些匈奴人，汉朝政府供给衣食，安排他们住在汉朝沿边各郡，劳动生产，和汉族人民和睦相处。

再过两年，也就是公元前 119 年，武帝派卫青和霍去病深入漠北，和匈奴进行大决战。卫青和霍去病各率五万骑兵，分两路出发，后面跟着几十万步兵。卫青深入一千多里，包围了伊稚斜单于，单于带了几百人突围逃去，匈奴兵被杀和被俘达一万九千人。霍去病深入两千多里，大败匈奴左贤王，一连击溃许多匈奴军，杀死和俘虏匈奴兵七万多人。

这一次大战，彻底打垮了匈奴奴隶主贵族的侵扰力量。汉朝反抗匈奴侵扰的战争，经过大约八十年，到这时才取得决定性的胜利。以后汉军再到长城以外去搜索，很少遇到匈奴军。

第十三节　再次出使西域

再度起用

武帝大开宴会，庆祝胜利。这时，他想起西域来了。他记得上次张骞从大夏回来，说是西域有许多文明大国，有丰富宝贵的物产，只因路上有匈奴阻挡，不能往来。现在匈奴已经退出河西，到西域去不是很方便吗？他问左右一个人道："博望侯张骞今天参加了宴会没有？"

"没有啊，他在两年前因作战不力被削去侯爵，回家种地去了。"

武帝说："是有这回事，但我现在用得着他，派人去召他回长安。"

当年，武帝的祖父文帝曾召回逐臣贾谊，却并未委以重任，令贾谊郁郁而终。可这次武帝是要重用张骞。

于是，张骞削职为民的两年后，即元狩四年（公元前 119 年）七月初八。这一天是他四十五岁诞辰，好事又临头了。

他正在祭祖，张洞国突然跑来了。他急切地说："阿爸，朝廷派卫尉程大人来了，找你有急事！"

张骞问："程大人在哪里？"

程不识笑道："老夫就在这里呀！"

张骞见程不识走过来，赶紧起身行礼，说："程大人，有失远迎，望见谅！"

程不识说："张骞老弟，老夫又任特使，前来颂旨了。张骞接旨！"

张骞跪地叩首，高呼："一介草民张骞在，衷心祝愿吾皇万岁！万万岁！"

程不识宣读圣旨："朕委派特使卫尉程不识赴城固张骞家颁旨：赐封张骞为中郎将出任大汉使臣，持汉节出使西域各国，主办结盟联姻事宜。钦此！"

张骞谢恩高呼："吾皇万岁！万万岁！"一见又要他去西域，张骞的劲头就来了，唯有在西域那些地方，才能找到自己向往的事物，才可以会见久别的友人。他不知多情的居次还无恙否？

程不识说："这回皇上为何又派你出使西域，你可知晓？"

张骞说："我不知道。"

程不识说："十天前，乌孙国的一位富可敌国的商人，来到长安，觐见了皇上。这位富商是乌孙国王的亲戚。他说匈奴单于派人到乌孙国，要同国王联姻，把匈奴居次嫁给乌孙国王。乌孙国王没有答应，也没有拒绝。乌孙国王想娶汉朝公主，同汉朝联姻，又不知道汉朝皇帝愿不愿意，所以托这位富商到汉朝时问问皇上。"

张骞问："皇上意下如何？"

程不识说："皇上表示同意与乌孙国联姻。那位富商说，请皇上派一位使臣去同乌孙国王面谈，而且指名要博望侯张骞当使臣去乌孙国。"

张骞说："这很奇怪，我从未到过乌孙国，也不认识什么乌孙富商。再说，我现在只是布衣平民，不是博望侯了！"

程不识说："我们汉朝皇帝把你博望侯免了职，可是他们西域人没有免你这个博望侯啊！你在西域人缘好，声望高，他们信赖你！他们仍然称呼你为博望侯，正因如此，皇上才起用你，派你出使。"

张骞说："我不过徒负虚名而已！"

程不识笑道："老夫虽名叫不识，但却有识人识才之目。张骞老弟，你的用武之地不在疆场而在西域。皇家要你领兵打仗，是用错了地方，只会误大事。西域是你一生命运所系。老夫祝你此去马到成功，大展宏图！"

出使乌孙

张骞又被召到皇宫，他是多么高兴啊。武帝刚一问起西域之事，他的话就像打开水闸一样，滔滔不绝了。他说："皇上啊，我做梦也想着再去西域啊！还有商人们也想去。"

武帝问："他们是想去做生意？"

张骞答："对，他们想去做生意，商人就是想赚钱。现在虽然河西已归我军掌握，没有匈奴兵阻隔，可是西域情况如何，他们还摸不清底细，他们担心在西域各国还有匈奴的残余势力，如果先有人走通了这条路，他们就可做生意了。"

武帝点头说："我是打算再派使臣到西域去。你看先到哪一国好呢？"

张骞答："这个我早就想过。依我的愚见，先去乌孙国。"

武帝问："乌孙？住在北山里面的乌孙？为什么先去乌孙呢？"

张骞答："乌孙人强悍善战，其国王是狼的子孙。"

武帝问："狼的子孙，这又是为何？"

张骞说："乌孙和月氏一样，本来住在祁连山下。早在几十年前，匈奴派兵灭了月氏，又灭了乌孙，把乌孙王也杀了。乌孙王有个儿子叫昆莫，刚生不久，一个官员抱他躲在草丛里。一天，这官员出去找吃的，回来一看，惊呆了！"

武帝问："出了什么事？"

张骞答："一只狼正在给孩子喂奶呢！"

武帝问："真的吗？"

张骞答："真假谁知道！也许那个官员故意撒谎吧。他还说，有只乌鸦衔了肉在孩子睡的草丛上面绕着飞呢。这件事给匈奴的单于听到了，单于认为这孩子是神仙降世，就把他找来收养了。等他长大了，单于把匈奴军队中收编的乌孙人交给他率领，练习武艺，后来他带兵攻入北山，把月氏人赶跑，在北山里面建立了乌孙国。"

这种狼奶养大的国王后来很凶悍，据说，突厥的国王就是狼养大的，突厥继匈奴而起，成为草原霸主。其后裔建立横跨欧亚的土耳其帝国。

张骞继续讲匈奴和乌孙的关系。收养吃狼奶的昆莫是匈奴老上单于的事，距今六十多年了。昆莫赶走月氏、建立乌孙国的时候，老上单于已经死去，军臣单于继位，昆莫就不愿再朝拜匈奴了。军臣单于因而发怒，曾派兵进攻乌孙，可是，却被乌孙打败，到底是吃过狼奶的酋长厉害。此后匈奴就不敢再进攻乌孙了。

张骞根据匈奴和乌孙的关系，认为可以联合乌孙对付匈奴。他说："乌孙的老家在祁连山下，也就是匈奴浑邪王住的那地方。现在浑邪王离开那地方了，我想劝说乌孙回到他们祁连山下的老家来，和汉朝结盟，共同对付匈奴。这就好比斩断了匈奴的右臂，对于保障河西的安全，防止匈奴侵犯，会有重大的作用呢。"

武帝问："乌孙人肯回他们的老家吗？"

张骞答："我想是可能的。乌孙和匈奴有过一些冲突，假如我们多送财物给乌孙，并嫁个公主给昆莫做夫人，和他们建立亲密友好的关系，他们看到匈奴已经日渐衰弱，而汉朝无比强大，又思念老家，也许会愿意迁回祁连山下的。"

张骞还满有信心地说道："汉朝若能和乌孙联盟，乌孙以西大宛等国，都可以派人去联系。他们知道汉朝是个富强的大国，都会派人到汉朝来的。"

武帝将此事和群臣商量，群臣们说：乌孙是喝狼奶长大的，武力必强，独立于西域，匈奴不敢侵犯，汉朝与其结盟是一条好计策，也就是用爱心和联姻去感化这些狼的后代，联合他们的武力去对付匈奴。但张骞一人，势单力孤，难成大事，必须派强有力的使团才行。

于是，武帝经过再三考虑，决定再派以张骞为首的使臣团体去西域，而且不惜血本，派出了一个空前浩大的使臣队伍，远远超过上一次的规模。

公元前 119 年，武帝封张骞中郎将的官职，派他出使乌孙。除张骞是使臣以外，还派了许多副使。武帝对张骞说："这些副使也都持节，他们有资格出使别的任何国家。可是，他们都听你指挥，派谁到哪一国去，都由你作决定。张骞，断匈奴右臂，振汉家声威，你的责任不小啊！"

乌孙内患

西汉元狩四年（公元前 119 年）七月十九日，第二次到西域去的使臣队伍出发了。全队三百人，除张骞外，还有副使十多人。他们带去六百匹马，除三百匹供乘坐外，另外三百匹驮着粮食、衣服和帐幕，还有价值数十万的礼物，黄金和丝绸闪闪耀眼。在马前马后，还有成千上万的牛羊跟着前进，像一个大规模的游牧队。

张骞率领他的队伍从陇西出发，渡过黄河，浩浩荡荡地沿着祁连山东北山麓，向着盐泽前进。他心情挺好，想起初次出使时，他的队伍很单薄，所带的装备也很朴素简单，一路上到处遇见匈奴敌人，可这次则不同了，他的队伍十分雄壮，浩浩荡荡，马匹粮草丰盛，物资装备一应俱全，尤其是携带的黄金和丝绸，可以使途经的国家的王酋们垂涎不已。

两个月后，张骞及使团到达了汉朝西北边陲最后一座边关。张骞向那里的守将张汉成打听乌孙国的情况。

张骞问："乌孙国首府赤谷城，你去过吗？"

张汉成说："我经常去。赤谷城离这里二百多里路，骑马一天就到了。乌孙国亲汉朝，对我们很热情……"

张汉成让张骞在河边的巨石上坐下来，他坐在张骞的对面，开始一一道来：“乌孙人原先住在我国祁连山下的沙州一带，以游牧为生。二十多年前，才迁移到伊犁河、伊塞克湖这一带。这一带原先是大月氏人的领地，乌孙人很能打仗，把大月氏人赶跑了。现在乌孙人大约有六十万，依然逐水草而居……”

张骞问：“乌孙国同匈奴的关系如何？”

张汉成说：“匈奴的领地在乌孙国北面，右谷蠡王的大营从前在于阗，现在迁到蒲类。蒲类原先也是西域的一个小国，匈奴把蒲类国消灭了，占领了蒲类一带。现在匈奴经常派兵骚扰乌孙国。乌孙国昆莫仇恨匈奴，拒绝向匈奴朝贡。但是，乌孙人虽是狼的子孙，崇尚武力，但其实力终究打不过匈奴，匈奴目前虽已衰落，但‘百尺之虫，死而不僵’。所以，乌孙尽力避免同匈奴打仗。据我所知，乌孙昆莫愿意同汉朝结盟，和汉朝联合抗击匈奴。”

张骞说：“如此看来，乌孙昆莫向汉朝求亲，愿意联姻，共同抗击匈奴，是真心的了！这很好，中国的帝王是龙的后代，乌孙的王酋是狼的后代，龙加上狼，就可以令不可一世的匈奴胆怯了。”

张汉成说：“但目前乌孙政治情势复杂，你此去要小心谨慎行事，不然有落入匈奴陷阱、被其捕捉的可能。现在乌孙国分三派，昆莫猎娇靡（书中简称昆莫或猎娇靡）、太子翕侯岑娶、大禄翕侯三足鼎立。”

张骞问：“乌孙国的政治情况是怎样的？”

张汉成说：“乌孙的昆莫有十几个儿子，最大的一个做了太子。不料太子年轻时就生病死了，临死时指着他十几岁的孩子（昆莫的孙子）对昆莫说：‘爸爸，我死以后，就让他做太子吧。’昆莫含泪点头说：‘我一定让他做太子，你放心走吧。’于是昆莫的这个孙子——名叫岑娶——就做了太子。”

张骞说：“这个岑娶少年得志，青云直上，一定很骄傲，我到那儿去，要小心对付他才是。”

张汉成说：“但岑娶也有克星：昆莫的另一个儿子不服。这儿子叫大禄，自幼勇武有力，昆莫很喜欢他，给他统率一万多精锐骑兵。他认为哥哥死了，应该由他做太子。现在岑娶做了太子，他很气愤，表示要杀掉岑娶。"

张骞问："争夺王位的事，中国历朝历代都有，想不到外国的王室也差不多，面对这种情况，昆莫怎样办呢？"

张汉成说："昆莫夹在中间左右为难，他很怕十几岁的岑娶敌不过大禄，就也给岑娶一万多骑兵，让他住在另一块地方，和大禄隔开。昆莫自己只有一万多骑兵。这样，国家分成三部分，名义上昆莫是国王，可是遇有大事，他确实不能完全做主。"

张骞问："昆莫、岑娶、大禄三人各自的政治倾向如何？"

张汉成说："昆莫猎骄靡亲汉朝，渴望和汉朝联姻结盟。太子翕侯岑娶现任都尉，娶了个匈奴女人，亲匈奴。因此，汉使团应该特别提防太子翕侯。大禄翕侯是昆莫第六个儿子，现任大臣。此人文武双全，有很大雄心，不服太子翕侯岑娶，想取而代之。大禄翕侯也亲汉朝，汉使团可与他结交。"

乌孙不愿回到祁连山去

张骞率领的使团走完河西走廊，迅速地穿过白龙堆，到了盐泽的东岸。那大片芦苇地，那金色的鱼鳞似的波光，又使张骞回忆起十九年前的情景来了。

没有匈奴的拦阻，不必时时刻刻担心匈奴的袭击，前进的步伐快多了。使臣队长长的队伍，经过楼兰等国，向北爬上北山，在北山的西北部看到一个广阔的山地牧场。"啊，乌孙国到了！"

乌孙国位于现今天山的西北部，包括伊塞克湖及伊犁河河谷一带。这里气候较冷，雨水却比天山南坡多。初夏季节，山头的松树特别葱翠。

张骞率领使臣队来到乌孙，立即派人驰马先去乌孙首都，说明汉朝使臣要来拜见。乌孙国王派了官员出城迎接。乌孙首都名叫赤谷（现在吉尔吉斯共和国境内），是山坡上的一座小城，山势险陡，南面雪峰耸峙，北面可以俯瞰碧绿的伊塞克湖。

城里的王宫不过是较大的帐幕，与汉朝的宫殿相比，自然差远了。

张骞和几个副使持节进帐，拜见国王昆莫。这位吃过狼奶的、有着神话般传说的国王，现在已经是个六十多岁的老头了。他的眼睛是蓝色的，胡须本是红色的，已经有些花白。他似乎有心事，唯有看着仆人们搬进来的珍贵的礼物（瓷器和丝绸），脸上才露出喜悦的神色。

猎娇靡问："你就是博望侯张骞？"

张骞说："我是张骞，现任中郎将。"

猎娇靡又问："你以前到过西域？听说你会织造汉家丝绸？"

张骞说："我第一次出使西域，前后十三年，到过匈奴、于阗、大宛、康居、大月氏、大夏和龟兹等国。我和妻子在于阗织造过丝绸。现在是我第二次出使西域，专程到乌孙国看望您。"

猎娇靡问："你身后有汉朝大军吗？"

张骞说："没有。我们一共三百人，都是和平使者。乌孙国一直同汉朝友好，我们出使，不需要大军保护。"

猎娇靡问："你来我国有何贵干？"

张骞看着昆莫苍老的脸，他对昆莫说：

"匈奴多年来欺侮邻国，或者杀人抢劫，或者操纵控制，国王想必都知道的。你的父亲不是被匈奴所杀吗？听说近年来伊穉斜单于百般欺侮乌孙，强迫乌孙纳贡，接受他的控制，这是令人愤恨的。汉朝多年来也受到匈奴侵扰，人民蒙受很大灾难。不久前，我国皇帝派军队深入漠北，把匈奴单于打得狼狈溃逃，现在祁连山下的匈奴人，除少数杀死和逃跑以外，多数已经归顺汉朝，过着和平安乐的生活。祁连山下有大量空旷的土地。那地方水草丰美，便于放牧。假如乌孙能搬回祁连山下的老家，和汉朝结为兄弟之国，那就可以摆脱匈奴的控制。两国共同抵抗匈奴，匈奴是很容易打败的。"

昆莫仔细地听着，有时也点点头。听完了，沉默了好一会，才说：

"是这样的吗？让我想想，想想。"

张骞坚定地说："汉朝物产丰富，愿以最珍贵的礼物送给国王。汉朝还准备嫁一个年轻美貌的公主给国王做夫人。如果结为亲戚，将来的礼物还会更多的。"

昆莫笑了笑说："这件事太大，我要和孩子们，和大臣们商议商议才行。你们远道而来，暂且休息几天再说吧。"

张骞在宾馆——也是帐幕里，和副使们商量："乌孙搬家的事还不能很快做出决定，我们不能毫无结果就返回，如果劳民伤财，毫无建树，皇上会加罪的。"

于是，他们就在宾馆等待。可昆莫和大臣们讨论的结果如何呢？

有的大臣说："汉朝虽说是个大国，可是相距太远，这使臣虽如此说，不知真情如何。"

有的说："回到祁连山下去，和汉朝建立亲密关系，必招致匈奴怨恨，得罪匈奴可不是好玩的！"

总之，多数人反对迁回老家。但太子翕侯和大禄翕侯因没在都城，没表态。

昆莫自己也感到一动不如一静，还是不迁回去为好。他很委婉地对张骞说："孩子们我叫不动，大臣们在这里过惯了，也懒得迁移。"这个答复，也在张骞意料之中。但他仍心有不甘，继续待在该国，想寻获一个建树大汉声威的机会。

与乌孙结盟联姻

乌孙国首府赤谷城城外东郊，有一个很大的天然牧场。有一条河，由南而北，贯穿牧场，给牧场带来湿润。可今天，河水已经干涸，变成了细细的一条曲线。河底卵石历历可见，牧人骑着马就可趟过。

乌孙国在北方寒带，地势较高，初秋季节，牧草就很少了，牧场上满目荒凉，牲畜找不到吃的草料。

牧场再好，没有水，也只好离开了。于是河西边牧场上，牧民们家家户户都在拆除毡篷，收拾物品，聚拢牛羊，打算集体搬迁，十分忙碌。

乌孙昆莫猎娇靡很关心牧场搬迁的事，这天，他骑着汗血天马，在乌孙大臣大禄翕侯的陪同下，来到牧场巡视。

六十多岁的猎娇靡眺望牧场，感叹道："这可是我们乌孙最好的牧场了！可惜河水干了，牧草枯了，牧民们不得不搬迁了！为什么河水会突然干了呢？"

大禄翕侯说："河水突然干的原因说不清，有经验的父老说，或许是从地底下流到大湖（今伊塞克湖）里去了。父王，明年开春之后，河水会多起来的，牧草又会长出来，牧民们会迁回来的。"

猎娇靡说："他们往哪里搬迁，去大湖吗？"

大禄翕侯说："他们必须在入冬之前搬迁到大湖南边去。虽说过冬的牧草家家都储存了不少，可是这里没有水，人和牲畜都无法生活……"

正当昆莫为牧场操心叹息的时候，乌孙都尉，也就是太子翕侯从他的领地骑马赶来了，说："大父王，匈奴特使来了，他要见你。"

猎娇靡说："唉，我不想见！什么匈奴特使，还不是你妻子的弟弟！你们又想搞什么把戏？"可紧接着，一名武士来禀报："昆莫，汉朝使臣张骞仍没走，他要见你。"

同时有两个国家的使节要求见昆莫，但昆莫却选择了汉使张骞，因为在头几次的接见中，昆莫对张骞产生了好印象。

昆莫答应接见后，约一刻钟工夫，张骞等汉使就来到昆莫、太子翕侯、大禄翕侯的面前。

太子翕侯见到张骞等汉使，面呈恶色，很有敌意，做出要动武的模样，立刻问："你们既然是和平使者，为什么都带着战刀和弓箭？"

张骞说："是为了防身御敌。在西域每个商队出行，都要带战刀和弓箭用来防身，我们为什么不能带呢？"

太子翕侯责问时，他的随从们都拔剑示威，摇旗呐喊，似乎准备武斗一场。张骞的随从们也不甘示弱，也举起武器。

大禄翕侯为了缓和气氛，上前行礼，说："你好，大汉使臣！我是乌孙大臣大禄翕侯。"

张骞说："乌孙大臣，你好！我听说过你，你是我们汉朝人的朋友！"

猎娇靡对左右的官员和武士们说："你们都退下！他们是我请来的贵宾，不得无礼！"

太子翕侯的随从们收起武器，纷纷退去。大禄翕侯见形势有利，就吩咐侍卫说："快去准备酒宴！昆莫将在大穹庐招待汉朝贵宾！"

张骞使出外交手腕，见机行事，问道："请问昆莫，几十年前，你们乌孙国是不是在祁连山下放牧？"

昆莫回忆说："是的，父老们还记得，祁连山下，那里的风景很美，牧草也多极了。但他们又说，后来似乎缺水喝，雪山的水断流了，氐羌的河流都干了，我们乌孙人才迁移到这里来了。"

张骞说："现在的祁连山下，天再干旱也不缺水。"

昆莫问道："为什么？"

张骞回答说："我们汉家人从地下打出水来了，开了很多井，水从井里冒出来，很多，很甜，人们叫甜水井。吃水，浇灌，放牧，都不发愁了。"

昆莫又问道："打井？我们这里能不能打井？"

张骞说："我想，这里地底下肯定有甜水！大湖离这里近，很可能是水从地下流到大湖里去了！"

昆莫又问："井怎么打，你会打井吗？"

张骞说："我们使团里，有三位是水利行家，都是打井高手。我让他们帮你们打几口井，如果顺利，过两三天，这里就有甜水井了！"

昆莫听了大喜，连忙下令道："太好了！快去传令！不迁移了！停止拆毡篷！"

侍卫奉命而去。

张骞马上把使者洪亮、沙波和汤奇叫过来商议打井的事。洪亮三人骑马在牧场四周察看了一圈，一致认为这里能打出甜水。

张骞对猎娇靡和大禄翕侯说了决定打井的事，猎娇靡十分高兴，说："大禄，好好配合大汉使者，要人给人，要物给物，打井的事一定要办好！"

大禄翕侯对张骞和洪亮、沙波和汤奇三位使者说："谢谢你们！出苦力的活儿，我们派人干！我再派些人跟三位使者学打井。"

一位侍卫说："昆莫，酒宴备好，请贵宾们赴宴吧！"

猎娇靡说："大汉使臣，请吧！"

宴会在一座大穹庐前的草地上开始了。一张很大的红色毯子，铺在草地上，猎娇靡、张骞、大禄翕侯和副使李勇席地而坐，酒肴丰盛，瓜果飘香。

草地中央，十二个乌孙少女身着靓丽盛装，跳起胡旋舞。舞姿轻快活泼，奔放热烈。

乐队弹奏琵琶、羯鼓，吹奏羌笛、胡笳，乐曲欢快而悠扬。

在宴会中，张骞和猎娇靡、大禄翕侯商定，汉国和乌孙国结盟，共同对抗匈奴，同时汉朝公主将远嫁乌孙，给乌孙王为妻。

猎娇靡说："好！我娶汉朝公主，并非贪图美色，而是一种象征性的外交大事，为的是同汉朝世代友好，结成同盟，共同抗击匈奴，联姻代表两国结盟。我和大多数乌孙人都痛恨匈奴！匈奴经常派兵攻打乌孙，杀乌孙人，抢夺财物和牲畜。单独作战，乌孙国太小，妇孺占多数，武士不多，打不过恶敌匈奴，我国和汉朝结成盟国，从而两面夹击匈奴，就能打胜仗！"

张骞说："皇上派我来乌孙国，我可以代表皇上，同乌孙国正式签订盟约！"

猎娇靡说："好！我们一起到赤谷城王宫里签订盟约吧！来，为了我们两国联姻结盟，干三杯酒！"

张骞和副使李勇同乌孙昆莫连干了三杯酒。

这时，太子翁侯走过来，作惊慌不安状，说："大父王，王妃突然得了急病，而且病得很重！她请你赶快回去！"

猎娇靡大吃一惊，对张骞说："对不起，我失陪了，我要去看看王妃，人命要紧。"

张骞起身，说："你快去吧！"

猎娇靡跟着太子翁侯骑马匆匆而去。

一名侍卫走过来，面呈紧张之色，低声对大禄翁侯说了一些话。

大禄翁侯听了，面容立刻显得十分严肃，他说："你快去通知昆莫的警卫队，做好战斗准备！另外，多派些人马，在牧场四周加强警戒！不许放走一个匈奴武士！"

侍卫领命而去。

大禄翁侯转身对张骞说："博望侯，情况有变，太子翁侯勾结匈奴特使要劫持昆莫！请你通知你的部下，战刀不要离手，马不要卸鞍，准备同匈奴武士开战！我们一定要打赢，不然国家面临危险。"

副使李勇说："我去通知吧！"

大禄翁侯说："博望侯，我们得商量一个计划，如何平息这场叛乱……"

这边猎娇靡跟着太子翁侯骑马驰到一座大穹庐前，太子翁侯说："大父王，到了，请下马！"

猎娇靡问："这是什么地方，王妃在哪里？我要见王妃，其他人我一概不见。"

太子翁侯说："王妃就在里面。你进去吧！"

猎娇靡将信将疑，下了马，走进穹庐不见王妃，却见匈奴特使一人在里面，这才明白中了圈套。

匈奴特使说："昆莫你好！王妃安好无恙，你可大放宽心，她也没有来，是我要见你。"

猎娇靡大怒，大骂太子："你这个畜生，竟敢骗我！莫非你要作乱？"

太子翕侯说："大父王息怒！刚才大汉使臣和你在一起，汉朝和匈奴水火不能相容，我怎么好说匈奴特使请你呢？"

匈奴特使说："昆莫何必生气呢？我是代表匈奴单于，特来向昆莫道喜的！"

猎娇靡说："向我道什么喜？"

匈奴特使说："单于答应把匈奴居次嫁给你，这可是大喜事啊！"

猎娇靡说："我从来没有向匈奴单于求过亲，我也绝不会娶居次的！我领受不起。"

匈奴特使说："你是想娶汉朝公主吧？"

猎娇靡说："是又怎样？这是我的家事，也是我国内政，与匈奴无关！"

匈奴特使说："大单于让我告诉昆莫，如果你真的娶了汉朝公主，跟汉朝联姻结盟，就是与匈奴为敌！匈奴大军就会过来扫平乌孙国！"

猎娇靡发怒了，说："滚！你胆敢威胁我！滚回去告诉单于，我们乌孙人不是绵羊，而是喝狼奶长大的，绝不会任人宰割！要打仗，我们奉陪到底！"

"好吧，我告辞了！"匈奴特使起身要走，被太子翕侯一把拉住了。

太子翕侯说："匈奴特使，你不能走！有话好说，我们再商量……"

猎娇靡说："放开他！让他滚！"

太子翕侯说："大父王，你不要迷信汉国，汉国离我国太远，匈奴一旦入侵我国，汉国想救也救不了，远水不救近火。匈奴就在我国旁边，千万可得罪不得，要结盟只有和匈奴结盟，哪有和遥远的汉朝结盟之理。"

猎娇靡说："匈奴历来欺负我们太甚，和他们和好，我吞不下这口怨气。汉朝没有打过我们，还欢迎我们回到它已经占据的河西地区去，做其近邻，这是一番好意。"

太子翕侯说："汉人是农耕民族，以龙为图腾，龙只适宜生活在水乡泽国，靠洪水活命，没有洪水它就生存不了，俗话说：龙游浅水遭虾戏。汉人的龙到我们畜牧地区就百无一用，只有挨打的份儿。而匈奴是熊的子孙，我乌孙是狼的儿子，熊和狼是能谈得拢的。"

猎娇靡说："我们是狼，但没有熊的笨拙，熊虽然块头大，但狼凭着灵巧，仍然可以战胜熊。同样，我们乌孙国虽然小，但只要上下一心，同仇敌忾，仍然可以战胜大国匈奴，你等着瞧吧！"

太子翕侯说不过祖父，便使出最后一招："匈奴大军已经来了！三万骑兵，离这里只有几十里路了！"

猎娇靡大为吃惊，神色骤变，"啊"了一声。

太子翕侯说："大父王，同匈奴联姻也是好事嘛！你娶匈奴居次的聘礼，我都准备好了！"

猎娇靡问："什么聘礼？"

太子翕侯笑道："汉朝使团带来的一百匹丝绸，和大汉使臣的一颗头颅呀！"

猎娇靡说："你要杀大汉使臣？不！我绝不允许！这是会招来灭国大祸的。"

太子翕侯说："大父王，我已经把兵马都布置好了，只要我一声令下……"

猎娇靡顿时颓萎，唉声长叹道："岑娶呀岑娶，你是个逆子啊！想不到我们乌孙国会断送在你手里！"

匈奴特使说："昆莫，何必叹气，应该高兴才是！乌孙和匈奴联姻，是大喜事啊！"

猎娇靡灵机一动，作同意状，说："事已如此，只好依你们的计谋办了！不过，我是昆莫，让我出去指挥兵马！"

匈奴特使说："不！你就在这里喝酒吧！外面的事，太子岑娶会办好的！"

猎娇靡烦躁不安，站起来打算出去，正颜厉色说："岑娶夺不了我的兵马指挥权！军队会听我的。"

匈奴特使起身相拦，说："昆莫，你出不去了！这座穹庐已被太子的手下重重包围了！"

这时，大禄翕侯和张骞突然持刀进来。

大禄翕侯手中的战刀顶住了匈奴特使的咽喉。

大禄翕侯说："匈奴特使，你笑得太早了！被重重包围的，不是昆莫，而是你！"

匈奴特使吓得魂不附体，软瘫如泥。

猎娇靡大喜，说："好儿子！杀了他！"

大禄翕侯随手一刀，杀死了匈奴特使。

张骞收刀入鞘，施礼问候，说："昆莫，你还好吧？"

昆莫说："唉，想不到太子会勾结匈奴来要挟我！太子呢？大禄，你不要杀他！"

大禄翕侯说："父王，太子岑娶是大哥的儿子，虽然他领兵谋反，我也不能杀他！叛乱已经平息，我把太子岑娶关押起来了。如何处置他，是父王的事！"

猎娇靡问："匈奴三万大军如何对付？"

大禄翕侯说："哪有什么三万大军！匈奴特使只带了二百骑兵，我派来六百多勇士，把他们包围了。"

这时牛角号又响了，是长长的三声。

大禄翕侯说："父王，这是战斗胜利的信号，我们全胜了！"

猎娇靡欣喜异常，说："走，我们出去看看！"

猎娇靡在大禄翕侯和张骞的陪同下，骑着马，再次巡视牧场，看见一群被绳索捆绑的匈奴武士垂头丧气地跪在地上……

两天之后，经过汉使专家和当地军民的日夜奋战，打井成功了。牧场上，三口井都喷涌出一尺多高的清澈的井水。数千名将士和牧民分别围绕着三口井，欢呼雀跃。

猎娇靡对张骞、洪亮、沙波和汤奇再三表示感谢。

十天后，早晨。

乌孙昆莫猎娇靡、乌孙王后、大禄翕侯及若干大臣策马来到牧场上的汉朝使团驻地，欢送张骞及三百位使者。

另外，有二十位乌孙特使将随张骞去汉朝出使。他们各骑一匹汗血天马，又各牵一匹驮有两箱礼品的汗血天马，同时来到汉朝使者的驻地。

猎娇靡致词："张使臣，你和你的使者们代表汉朝同我国签订盟约，帮助我击败了一次阴谋的叛乱，还帮我们打出了甜水井，我永远感谢你们！乌孙军民永远感谢你们！我派这二十位特使跟随你去长安，拜见汉朝皇帝和汉朝公主，学习汉朝文化和技艺。他们不懂汉朝礼仪，请博望侯多加关照！他们带去的四十匹乌孙汗血天马送给汉朝皇帝，马上驮着乌孙的毡毯，奄蔡的貂皮。还有四十箱珍宝，送给汉朝皇后和公主，这是我和王后的心意。如果今后能联姻，这四十箱珠宝就是聘礼。"

张骞说："昆莫，王后，请你们放心！汉朝与乌孙已经是联姻的盟国了，皇上会热情接待这二十位特使的！今后会送公主来的。等着吧！"

大禄翕侯说："张使臣，欢迎你再来！汉朝使者们，祝你们一路平安！我们期待中国公主下嫁敝国！"

张骞及使者们上了马，挥手告别，说："多谢了！再见！"

张骞一行和二十位乌孙特使策马扬鞭，离开了牧场，走出了赤谷城。

到赤谷城外后，张骞使团的三百位使者停住了，变换队形，一分为五。张骞率一百位使者为一队，其余四队各有一名副使臣和四十九位使者。

张骞面对五路人马，高声说道："弟兄们，我们出使乌孙国的使命圆满完成了！可是，我们出使各国的重任，只是一个成功的开始。为了寻求更多的盟国，为了汉朝与各国的友好交往，从今天起，使团一分为五。我率百位使者，陪同二十位乌孙特使回长安，办理与乌孙联姻的诸多事务。四位副使臣各带四十九位使者，分四路出使各国。弟兄们，在外出使，任重而道远。身在异域，长途艰辛，山川险阻，人地生疏，国情悬殊，祸福难料，凶吉难卜。我希望弟兄们相互关照，同心同德，勇往直前，百折不挠，多用智谋，化险为夷，完成使命，早日凯旋！"

使者们齐声回答道："请使臣放心！我们一定完成使命！"

他分派这些副使，有的到大宛，有的到康居，有的到大月氏，有的到安息，有的到身毒，有的到于阗。张骞把方向和路程告诉他们，并谆谆嘱咐说："你们到了这些国家，切记不要骄傲自大，看不起人。人家问到汉朝的富强广大，你们应该据实说明，切不能信口胡吹。他们如果愿意派人到汉朝来参观，你们要热情地表示欢迎，陪他们一同回来。当地的风俗、物产，要多方打听，记下来回去报告。便于携带的物品，可以带点回去。"

张骞给每个副使分配一批礼物，副使们分别出发了。

张骞此次乌孙之行，不久即见大效，两国遂结同盟，互通婚姻。后来当选的和蕃公主，乃江都王刘建的女儿名叫细君，于元封年间离开中国，远赴西域之乌孙，嫁给七十岁前后之乌孙王昆莫。细君在乌孙时，作黄鹄之歌，千岁以后，犹十分感人。其歌曰："吾家嫁我兮天一方，远托异国兮乌孙王，穹庐为室兮旃为墙，以肉为食兮酪为浆。居常土兮心内伤，愿为黄鹄兮归故乡。"汉朝与乌孙的结盟，予匈奴以重大打击。

再次回朝复命

张骞等人陪着乌孙客人回来了。汉家旌旗迎风招展，队伍整齐而严肃。他们在河西走廊的沙漠中，却遇到一小队骑兵，躲在沙丘后面窥视着他们。原来这是汉朝的大军，他们是来河西走廊巡逻的。

使臣队渡过了黄河，继续向东前进。张骞派了一个士兵骑着乌孙马，日夜兼程，先去长安报信。等使臣队伍到达长安城外时，武帝派了官员来迎接，长安居民拥挤在街道两旁观看，十分热闹。

武帝在上林接见张骞和乌孙客人。上林周围有二百多里，里面有山有湖，森林茂密，野兽出没，是武帝的狩猎场（位于现在陕西省西安市以西）。这里有一座武帝的"离宫"。张骞和乌孙客人进了宫。张骞先独自进殿拜见皇帝，他先向武帝行大礼，然后起身，双手把旌节交还武帝，低着头，检讨说：

"小臣劝乌孙东迁，没有完成使命，有罪有罪。现在邀请了乌孙客人来汉朝参观，他们求见皇上。"

"请他们进来吧。"武帝说。

武帝见到长相和汉人截然不同的乌孙人，非常高兴。

张骞于是又讲乌孙马好，会爬山越涧，跑步如飞，持久不倦，并告诉武帝：乌孙献马几十匹，已经带到上林来了。

武帝很喜欢马，也非常重视养马。因为他知道马在战争中能起相当大的作用。

第二天，张骞向武帝说明了乌孙不愿迁回老家的原因。武帝问："那么，河西走廊怎么办呢？汉人只知耕田，不会畜牧，迁到那儿去无法生存啊！"

张骞点头道："小臣愚见，河西虽有沙漠地，但祁连山雪水丰富，河流很多，还是能开垦大批良田的。如果皇上招募贫苦人民去河西开荒，他们靠种地也能过日子。官府给予资助，这样就会有大量人口迁去。以后我们驻军河西，就可以就地取粮。"

武帝抢着说道："好吧，试试看。我们就在河西建立官府，设置河西郡，进行治理吧！"

"河西的水又清又甜，有点像葡萄酒，不如就叫酒泉郡，更能吸引人们迁去。"

"酒泉郡，好！我明天就发出命令！"

武帝果然下令设置酒泉郡，并选派了一批官吏。同时，又下令招募贫民到河西开荒，对于搬家、建屋、种子、农具等方面的困难，由官府拨款帮助。

张骞热情地陪乌孙客人在长安参观。

几十个乌孙客人在长安过了一段愉快日子，看遍了长安的风物，要回去了。武帝又赠给他们一些丝绸。

张骞送客人到城门外，只见汉族贫民扶老携幼，挑担推车，向河西前进。他把情况报告给武帝，武帝很高兴。

张骞虽然没有把乌孙招回祁连山下来，可是他打通了通往西域的道路，引得几十个西域人到长安来，这个功劳也不小呀！于是，武帝就给了张骞一个名为"大行"的官职。

"大行"相当于现在的部长，主管和外国往来的事。

写匈奴史展望未来

石渠阁是汉代皇家图书馆，典籍珍贵，收藏丰富，主管官员就是御使中丞。

延阁也在石渠阁内，是太史令司马谈撰著之处。延阁里，典籍充栋，肃穆雅静。

司马谈，夏阳（今陕西韩城）人，是汉朝最有名的史学大师，官任太史令。自周朝起至今，其先辈世代都是朝廷的史官。司马谈不仅有记史的家学渊源，而且有无私无畏、秉笔直书的撰史人格，加之学识渊博，因而威望极高。

张骞经李广陪同，进入延阁，见到司马谈和他的儿子司马迁，然后施礼说："下官张骞拜见太史令司马大人！"

司马谈和司马迁说："博望侯来敝处有何贵干？"

张骞说："下官撰写《西域志》，本为太学开西域志科讲学而用，并未打算立著传世。动笔之后，方知著作之艰难，深感经历见识短浅，更觉典籍资料不足。西域三十六国，下官两次出使，到过匈奴、大宛、康居、大夏、乌孙、于阗、龟兹、车师等国，当时也曾留心询问该国历史地域及风俗民情，略有记录。但所知者褊狭，均不足以概全。目前，下官已写完《于阗志》《大宛志》《乌孙志》和《龟兹志》，以上均是西域小国，历史较短，地域甚小，人口不多。其沿革兴衰大体知晓，故撰写较易。"

司马谈和司马迁说："博望侯言之有理。"

张骞说："如今我开始写《匈奴志》，匈奴是西域最大之国，历史悠久，地域极广，政局多变，又与我朝时战时和，关系最切，故撰写最为困难，极需大人指点。"

司马谈说："在汉朝，你是出使西域的第一人，对西域各国了解最多，撰写《西域志》非君莫属，也责无旁贷。撰成之后，不仅可在太学讲学，而且可为编撰正史所用，可谓功德无量。但《匈奴志》你只能开头，无法收尾。"

张骞说："这是为何？"

司马迁说："写史的人应该先知五百年，后知五百年。据我看，匈奴至少还有数百年的发展。现在我们只看到它的崛起和受到挫折，势头稍衰，但它的人口这么多，历史这么悠久，据说是夏禹的子孙桀的后代。这个民族不会很快消亡的。它的历史没有完，未来还有个很长的发展过程呢！我们中国人，只看到它的一面，它的另一面我们无法看到。"

司马谈说："张大人，老夫一生撰史，深感写史之难，首先在于撰史之人须无私无畏，秉笔直书，不屈从于君王权贵而粉饰媚俗，也不鄙视贫贱草民而丑化诋毁。善良奸恶，功过是非，不可以自己的好恶为判定，不可被自身的偏见而左右。流传于后世，要经得起百代之检验。其次撰史之事，不可操之过急。张大人，不妨先尽你所知，完成初稿，以待时日，逐步修改完善。老夫未曾到过西域，所读史料典籍甚多，但却未见直接有关西域者。据老夫所知，先秦典籍涉及西域者，至今唯有《穆天子传》一种，但其中荒诞虚妄之辞极多，近于神话。不过，从周穆王之西行游踪，可知上古时西域各族分布和迁徙之梗概，也可见其风俗民情之一斑。"

第五章
张骞通西域以后的汉匈战争

第一节　汉朝彻底击败匈奴

上文说过，张骞回长安以后，汉军接着展开一连串对匈奴的主动进攻。

战果较大的共有三次，本书前文已经讲到，现再补充简述如下。

第一次出击发生在公元前 124 年，当年司马迁 21 岁。统率军队的是卫青，副统帅是苏建（苏武的父亲）、李蔡（李广的堂弟）等人，由高阙塞、朔方发兵。一年后（前 123 年），卫青又统率十万将士从定襄北上主动攻击匈奴。

第二次出击发生在公元前 121 年，当年司马迁 24 岁，统率军队的是霍去病。汉朝通过这次战争，取得甘肃黄河以西之地，后来在那里设置了武威、张掖、酒泉、敦煌四个郡县。匈奴的伊稺斜单于追究驻守河西地的匈奴浑邪王的责任，迫使浑邪王率领四万多人降汉，汉武帝将他们安置在天水、北地、上郡、西河、安定等地，分别建立五个属国。

第三次出击发生在公元前 119 年，当时司马迁 26 岁，统率军队的是卫青和霍去病。卫青从定襄发兵，与伊稺斜单于作战，将伊稺斜单于击败。霍去病从代郡（今山西东北部及河北省蔚县附近）和北平郡（郡治在今河北省平泉县）发兵，与匈奴左贤王军作战，将其军队歼灭。

最后那次出击，虽然把匈奴赶得远遁，但汉军的人马损失近百分之八十，使汉朝在短期内没有能力再度发起大规模进攻。后来，汉朝忙于征服闽越、南越国、朝鲜、羌和西南夷等地，无暇北上，匈奴又有了喘息机会。

公元前 114 年，伊稚斜单于死去，传位给其子乌维，称乌维单于。

公元前 105 年，乌维单于死去，传位给其子乌师庐，称乌师庐单于。

匈奴人在乌维单于（从头曼单于算起，匈奴第 6 世单于，前 114—前 105 年在位）和乌师庐单于（匈奴第 7 世单于，前 105—前 102 在位）的领导下，兵力稍有恢复。公元前 103 年，乌师庐单于曾大破汉朝的从票侯赵破奴。

公元前 102 年，乌师庐单于死去，传位季父呴犁湖单于（前 102—前 101 年在位），呴犁湖单于在位一年后死去。

公元前 101 年，匈奴第 9 世单于且鞮侯（前 101—前 96 年在位）初立，害怕汉朝追袭，于是释放了前任单于扣押的汉使路求国以求和，公元前 100 年，汉武帝派遣郎中将苏武带着厚礼去见且鞮侯单于，没想到且鞮侯单于却态度恶劣，并扣留了苏武，对他多方威逼利诱，苏武坚贞不屈，且鞮侯将苏武送到北海（今贝加尔湖）上牧羊，19 年后匈奴西汉和好，苏武才得以归来。扣押苏武的第二年，汉朝派贰师将军李广利率 3 万骑兵出九泉，在天山袭击匈奴右贤王军队，结果被匈奴大军团团围困，汉军死伤十之六七，将军李广利也几乎被俘。武帝不甘心失败，再派遣名将骑都尉李陵带领步兵五千人，从居延出发，和且鞮侯单于会战，开始打了不少胜仗，后来因与主力失去联系，李陵被匈奴包围，兵败被俘。部队得以回汉的仅仅 400 人左右。汉武帝大怒，下令杀李陵全家，甚至为李陵说情的太史公司马迁也被处以宫刑。但李陵在匈奴中受到且鞮侯单于器重，并且将自己的女儿嫁给李陵，后来又封李陵为右校王。此事下文还要详细讲述。

公元前 96 年，且鞮侯单于死去，传位给其子狐鹿姑，称狐鹿姑单于。狐鹿姑单于在位时，匈奴势力渐渐强盛，即位后第五年，即发兵攻入汉朝的上谷、五原，杀掠官吏和百姓。次年，又命匈奴人攻入五原、酒泉，杀汉朝的西部都尉。

公元前 85 年，狐鹿姑单于死去，传位给其子壶衍鞮，称壶衍鞮单于。壶衍鞮于公元前 85 年—前 68 年在位，共 17 年。初立时年少，政权由母亲阏氏执掌，阏氏行为不端，致使匈奴内部的左贤王、右谷蠡王等不服，公开不参加每年举行的龙城（今外蒙鄂尔浑河西侧的和硕柴达木湖附近）祭天大会。由于内部纷争，壶衍鞮穷于应付，对汉朝采取守势，前 81 年，他将扣留了近 20 年的汉朝使者苏武放回，以缓和与汉朝的关系。

公元前 71 年（宣帝本始三年），汉朝组织五路大军，与乌孙联合出兵 20 万，发动了一次规模巨大的出击战。这是西汉时期汉匈之间的最后一次大战。这次战争完全是由匈奴的侵犯引起的，汉与乌孙的出击只是反侵扰的行为。结果匈奴惨败，自食其恶果。从此匈奴大为衰弱，分裂为南北单于两支。"兹欲向和亲，而边境少事矣"（一心要与汉朝和亲，边境的战祸很少了）。

从公元前 129 年武帝发动战争，至此将近 60 多年，匈奴的威胁才完全解除，匈奴真是汉族的劲敌！如果没有这五六十年的反侵扰战争及其最后胜利，汉朝北边的安全，汉人的生命、财产，民族、国家的命运，封建社会经济文化的前途，都是不堪设想的。武帝及其以后的君主对匈奴战争的正义性质和进步作用，由此可见，不仅表现在解除了匈奴对汉族的侵扰，而且表现在解除了西域各族人民所受匈奴的奴役和剥削（虽然这不是武帝用兵的目的）上，使他们脱离匈奴落后的奴隶制的束缚，加强与汉族先进封建经济文化的接触，这在当时的历史条件下是有积极意义的。

武帝因发动自卫战争而招致无法避免的消极后果，即生产破坏、人口死亡、财力物力虚耗等损失，还有武帝后期发生的农民起义，但这些均不能抹杀武帝时期对匈奴用兵的正义性质和进步作用。

对匈奴作战是司马迁《史记》的记叙重点之一。在有关秦汉人物的《本纪》《世家》《列传》中，都有抗击匈奴的记载。

第二节　力战匈奴的三大将

司马迁在《史记》的《卫将军骠骑列传》中详细记叙了汉武帝时期的汉匈战争。同时对两位外戚出身的军人卫青和霍去病作了简略的评价。司马迁不抹杀他们的功劳，说：卫青将军领兵直出雁门云中以西等边塞，收河南地置朔方郡；霍去病将军进攻祁连山，大破敌军，开通西域，使北方的胡人的残兵败将再也不敢南下。但司马迁也不歌颂他们，他对卫青、霍去病的缺点和失误毫不放过。他写大将军卫青时，先说他宽宏、仁爱和善良，遇事能谦让，这固然是优点，但在皇上面前太温顺，有点弄臣的味道，就不好了，因此世人很少有称赞和推崇卫青的人格的。但卫青对下属还算宽容。有一次，苏建兵败，军队都散失了，他一人逃回，左右建议将苏建斩首，以显示军令的威严，卫青没有采纳，因为他自带兵以来，没有斩杀副将的先例。

卫青为官十分低姿态，权势很大时仍能保持谦虚谨慎，生怕引起汉武帝猜疑。苏建对他建议说，像他这样的名将，应该招贤养士，才能羽翼丰满。卫青拒绝了，他做每件事情，都看皇上的脸色行事，如果他家中门庭若市，形成自己的小王国，皇上必不高兴，因此他绝不能为。

卫青很懂得利用人际关系，得到好处懂得分享。公元前124年，卫青与匈奴作战后率军回朝，武帝赏赐他千金，他拿出五百金来送给汉武帝的一个宠姬王夫人的双亲。他知道，自己的显贵源于姐姐受宠，而一旦汉武帝移情王夫人，自己很可能成为打击目标，所以提前搞好关系。

卫青的外甥霍去病，年纪十八岁，就担任天子的侍中。他擅长骑马射箭，两次追随卫青出征，屡屡立功，被封为冠军侯。元狩二年（前121年）春天，又因战功被封为骠骑将军，称得上年少得志。他对武帝十分忠心，武帝要为他盖房庆功，他就说："匈奴未灭，无以家为也！"这句表态的话，已成为千古名句。但他不那么体贴下面的兵卒。司马迁说他"贵不省士"（高高在上，不体恤兵士）。有一次，武帝派官员运了几十车好吃的东西到军中慰劳他。他吃了一点点，剩下一大堆食物，不分给兵士吃，让官员仍旧运回宫去。他带兵到塞外作战，兵士们因行军而疲惫不堪，可他竟然有兴致在沙漠中派遣人力挖筑地下球场，以便踢球戏耍。

在记载霍去病的功劳时，司马迁的手法很耐人寻味，他没有直接说霍去病的功劳，而全部引用了汉武帝的话，通读之，给人的感觉是霍去病不可能立这么大的功劳，比如有一次汉武帝说："霍去病率军一万人，转战六天，跋山涉水，越过焉支山一千多里，杀敌八千，其中包括好几个匈奴的王。"以上古的原始交通工具和粗劣武器来分析，六天内不可能奔走这么远，也难以杀伤这么多敌人，这里面可能包含着虚报和夸大战功的情事。

霍去病常常带领一支人马，深入敌境，却从来没有被围困而陷入绝境的事发生，这是什么原因呢？司马迁解释说：霍将军手下的兵，都是千挑万选的精壮之士，作为受宠的外戚，他有挑选的权利，而其他老资格的将领，却不能挑选，只能带领被外戚军人们选剩的弱兵惰卒，所以常常行军迟留落后而不遇良机。司马迁还说，霍去病和卫青常打胜仗，是由于"天幸"（运气好）。所以唐诗云："卫青不败由天幸，李广无功缘数奇。"究其实，卫青和霍去病之所以不打败仗，是因为他们的兵士和给养都是上等的。

而司马迁的上司郎中令李广可没有这样的好运气，李广属于受歧视的关西秦人，他带的兵是次等的兵，获得的给养也是次等的，作战时却要充当前锋。但李广很爱护士卒，行军到缺粮缺水的地方，如果发现了水，他一定让士兵一个一个都喝过了，他才会走到水旁去喝；分粮食也是一样，非要等到士兵全领到了和吃过了，他才去领一份吃。他非常廉洁，每逢有赏赐，他一定分给他的部下，与部下共享。终其一生，四十几年仍只领二千石的俸禄，家无余财，也从不考虑置产之类的事情。

李广带兵，号令不烦琐，选择有水草的好地方驻屯，让兵士们放纵自如，充分休息，因此兵士们都喜欢追随他。

司马迁对上司李广十分推崇和尊敬，他评价李广说："勇于当敌，仁爱士卒，号令不烦，队伍不论老兵新兵，都衷心服从他。"《李将军列传》是司马迁写得最好的篇章之一，通过他的浪漫主义的笔墨，一个勇敢善战、性格鲜明、很有骨气、宁折不弯、廉洁奉公的武将栩栩如生地显现在读者面前。名篇《李将军列传》永远昭示后人，使飞将军李广成为无数诗人歌颂的对象。如王昌龄的《出塞》诗说："但使龙城飞将在，不教胡马度阴山。"高适的《燕歌行》说："君不见，沙场征战苦，至今犹忆李将军。"

在十八般武艺中，李广最精的是骑射，唐诗"林暗草惊风，将军夜引弓。平明寻白羽，没在石棱中"就是李广的形象性写照。四大名著《水浒》中的花荣善射箭，因此绰号小李广。李广是精良射术的化身。司马迁描述说："遇到敌人的猛攻，李广只有在敌人推进到数十步之内时，才张弓搭箭，如果没有射中的把握，他的箭就不射发，每次射箭，敌人必应弦而倒。"

司马迁写了李广与匈奴的三次战役，以表现这位名将的智勇双全的品质。

第一次在汉文帝时（当时司马迁未出生）。李广为了挽救一位被匈奴射伤的监军宦官的生命，率领百余骑，驰入敌阵，和匈奴的千余人马遭遇，在敌我兵力悬殊的情况下，他知道不能示弱和逃遁，这样就很容易被敌人追逐而歼灭，与之相反，必须显示自己的强大，使敌人摸不清底细，才能保全自己。于是，他下令继续向前冲，匈奴人以为他们是一支派来诱敌的小股军队，后面必有大军埋伏，因此不但不敢攻击他们，反而退到山上布阵，采取守势。李广率军进到离敌人一千米的地方，便停止前进。随即李广下令部下通通下马，解下马鞍，让战马吃草。

有一名匈奴将领出来探头探脑，李广带几个人飞身上马，迎面疾驰，射死了那个匈奴将领，之后又回到自己的骑兵队里，解下马鞍，放开马，随便躺卧。这时正值日暮黄昏，匈奴军队始终不敢进攻，到了半夜，竟撤兵而去！李广就用这小"空城计"吓走了胡兵，创下了战争史上的奇迹。

天亮后，李广带领人马回归汉军大本营，报告脱险经过，并问大本营为何不派兵来接应和支援他们，大本营的人回答说：实在不知道他们在何处，原以为他们已经失踪了呢。

第二次在前134年（武帝元光元年，司马迁11岁的时候）。李广奉命镇守雁门关，匈奴单于带领大批人马前来攻打李广，李广寡不敌众，受了重伤，被匈奴骑兵俘虏。

匈奴抓到他后，就把他放在两匹马中间，让他躺在绳网中。走了十多里，李广装死，匈奴兵放松了对他的警惕。李广偷偷地睁开眼睛，瞧见身边有个小个子匈奴人骑着匹骏马。他逮住机会，突然用尽力气来了个鹞子翻身，跳上那人的马，一把抢过那人的弓，把那人打下马后快马加鞭向南逃去。匈奴几百人紧追不舍，李广回身放箭，箭无虚发，最终逃出虎口，而且追上他那支被匈奴打散了的军队，带着他们逃回关内。

汉武帝知道后，竟下令把李广逮捕。司法官认为他造成许多官兵伤亡，自己又被匈奴活捉，竟判他死罪。当时死罪可以用钱赎免，李广筹集巨金赎免了死罪之后，被降为平民，隐居在终南山北麓的蓝田（今陕西省境内），经常以打猎消遣。

过了不久，匈奴攻进关内。武帝怕匈奴进逼京城，赶紧又召见李广，封他为右北平将军。匈奴得知李广镇守右北平，都远远地躲开他的驻扎地，并且称他为"飞将军"，好几年都不敢入侵。

第三次在元狩三年（前120年，司马迁25岁的时候），此次战争在本书第四章"作战失利废为庶民"小节已经谈到。当时，李广带领四千骑兵，从右北平出发迎击匈奴，被左贤王带领的四万骑兵密集包围。敌军十倍于汉军，李广部下的军士都十分恐惧，李广为了振作士气，派他的小儿子李敢带领十余骑兵拍马飞驰，向敌人冲锋，突破敌人的包围圈，然后十余人分为两队，一队疾驰包抄敌人的左边阵地，一队包抄敌人的右边阵地，再一同回到自己的阵地。由于骑术高超，如疾风闪电，十余人毫发无损。李敢回来向父亲报告说："敌人很容易对付。"军士们听了，心中稍稍安定了些。

李广将队伍排列成一个圆形的阵势，面向圆圈外的敌人。敌人发动多次猛烈攻击，矢下如雨，汉兵死者超过半数，汉兵的箭矢也快用尽了。李广临危不乱，他下令战士们张满弓弦，留箭不放，以待敌近，这样才每次发射必命中。他自己亲自张放大黄弩，连发数次，终于射杀了敌人的主将，随着又射杀几个敌将，匈奴兵见将官们纷纷被射倒，慌作一团，其紧逼的围困圈因此而松懈了。天渐渐黑了，汉军士兵都如惊弓之鸟，只有李广神色不变。他一面激励战士，一面迅速整顿好自己的军队。全军将士都佩服主帅的英勇，士气大振。第二天，李广带领军士更加奋勇战斗，正好博望侯张骞带领援兵来了，匈奴兵不得不撤围而去。十分疲惫的汉军也不追逐敌人，收兵而归。

事后，张骞因未能如期赶到战场，使得李广孤军遇险，被判死罪，用钱赎免，削职为民。而李广虽先败于敌人，但后来又转败为胜，功过相抵，不予封赏。

李广一生经历大小七十余战，司马迁不能一一记叙，只记下这三个典型的战例，让后人领略一下这员千古名将的作战风格。

第三节　李广父子离奇死亡

历史上许多名将不是死在战场上，而是死于政治斗争中。名将李广父子也是如此。李广在作战中遭受政治迫害，激愤之余，自杀而死。他的儿子李敢则死于政敌的暗箭。

李广父子之死是西汉的外戚军人和关西军人冲突的结果。每次与匈奴作战时，外戚军人坐在大帐中指挥，关西军人则冲锋陷阵，而作战的功劳则记在外戚军人的名下。封侯等赏赐没有关西人的份，这怎能不令关西军人激愤不平呢？外戚军人和关西军人的矛盾积聚已久，李广父子之死是这种矛盾的表面化。司马迁作为一个关西人，内心中自然十分同情关西军人，李广父子的死使他深受震撼。

李广的自杀发生在公元前119年（元狩四年），当年司马迁26岁。他死在那次大破匈奴于漠北的战役中。战前，李广听说又要发兵攻打匈奴了，就主动要求参加，为此当面请求武帝，这时他已六十多岁，武帝本来不肯，但拗不过他多次请求，才答应让他随大将军卫青出征。原来让他担任前锋，即负责正面攻击，可是，出塞之后，卫青从捕获的俘虏口中知道了匈奴单于的行军位置，却又临时改变部署，由他自己率精兵居前，而要李广绕东翼侧击。李广急忙以自束发以来就与匈奴作战，直到今天才第一次有机会碰上匈奴单于，并希望能效命为由，向大将军力争，但卫青不答应。

卫青执意不答应的原因是汉军中还有一个名叫公孙敖的副将，此人曾有恩于卫青。当年卫青的姐姐卫子夫刚得宠，而武帝的姑妈兼岳母、长公主刘嫖十分妒忌卫家，故意罗织罪名，要杀害卫青，公孙敖闻知，设法救了卫青一命。现在公孙敖刚刚失去爵位（侯爵），卫青想让他有机会建功，以便再度封侯，于是把李广调开，由公孙敖与自己一同出击单于。

李广当然明白个中的原因，所以经过一番力争仍无效之后，他只好含怒上路，由于心情不好，卫青又不给他派向导，他率领的部队不幸在沙漠中迷失了方向。

结果，匈奴单于跑掉了没追上，卫青的大军扑了个空。回途中，卫青碰到迷路的李广。卫青扬言要追究责任以呈报天子，命李广到他的幕府去接受审问，李广一时悲感交集，对他的部下说："我从年轻时候起与匈奴大大小小经历了七十多次战斗，这一次有幸跟随大将军迎战单于的直属部队，可是大将军又调我的部队走迂回遥远的路，偏又迷失了路，难道不是天意吗！况且我年纪六十多了，毕竟不能再受办案人员的侮辱了！"说完就拔剑自刎而死！

部将们见李广自杀，齐声号啕痛哭。消息传出，军营陷入一片哭声中。

消息传到朝廷，身为郎中的司马迁听了，十分悲痛和惋惜。他立即到李府吊唁，向李广的小儿子李敢和孙子李陵表示深切的慰问，李陵是李广的长子李当户的遗腹子，李敢的侄儿。

李广毕竟是三朝老将，对他的后代，汉武帝也不好看薄，便下令任命李敢为郎中令，接替他父亲的官位。这样，李敢成为了司马迁的顶头上司，两人共事十分融洽。司马迁知道，李敢武艺高强，曾以校尉的身份，率领部属跟随霍去病袭击匈奴，亲手夺得左贤王军中的战旗和战鼓，杀死许多匈奴兵。因为立下赫赫战功，武帝封他为关内侯，享受二百户的封地。

有一天，李敢进宫上朝，遇到大将军卫青，卫青倚仗皇帝的恩宠，不把这个新官放在眼里。李敢见了，不禁怒从心头起，他质问卫青说："你身为大将军，行动迟缓，匈奴单于才趁机开溜了，为什么要把这个责任推到我父亲身上，逼死我年迈的父亲？"

卫青竟强词夺理，说："你父亲未能赶到截击匈奴的地点，匈奴单于才逃脱的，所以你父亲是畏罪自杀。朝廷念你家三代为将，才让你接父亲的班，当这个官。"

李敢更加怒不可遏，便伸出拳头和他相打起来。结果卫青这个大将军被打得鼻青脸肿，颜面尽失。

司马迁知道这件事后，一直为李敢担心。

一段时间后，武帝召集卫青和霍去病到皇家猎场甘泉宫（陕西淳化西北）去打猎，郎中令李敢自然也带着他的部属同往。司马迁作为郎中，也跟随去了。但这次打猎却演变成一次惨剧，李敢奉令骑马驱赶公鹿，他将一头公鹿赶到皇帝面前，好让皇帝开弓射杀，武帝懒得举弓，命令霍去病代他射鹿，可是霍去病却朝李敢开弓，射死了李敢，他这是代他的舅舅卫青出气和报复。你敢打我舅舅，我可要你的命。这时，正是霍去病最红的时候，很受武帝宠爱，武帝明明知道是霍去病杀了李敢，却公开袒护他，宣称李敢是打猎时被鹿角触死的，并警告在场的人说：谁传播事情的真相，就处死谁。司马迁是目睹者，但他不顾这项严令，后来在写《李将军列传》时，将事情的经过如实写出："骠骑将军去病与青有亲，射杀敢。去病时方贵幸，上讳云鹿触杀之。"这就是司马迁的纯真的刚直的史笔。

司马迁紧接着写道："居岁余，去病死。"一年多以后，无法无天的霍去病也得病死去（死时才廿四岁），这种叙述顺序，似乎在说："你霍去病倚仗皇帝恩宠，杀了李敢，尘世无人敢声张此事，可天网恢恢，你自己也难逃天命的报应！"

李将军自杀的消息，26 岁的司马迁只是耳闻，但霍去病放冷箭射杀李敢的场面，他可是亲眼目睹的，他当时心中感触之深，我们今人仍可以想见，他自然要为这两位关西名将抱不平，他自己也是关西人啊！他写的《李将军列传》，是他"不平而鸣"的声音的充分表露。李家两代将领被害后，司马迁有一个心愿：无论如何要保护他们家的孙子李陵。后来，当他知道李氏一家有灭族的危险时，竟不顾自身的安危，挺身而出，在专制君主面前大胆替李陵辩护，因而受到腐刑，这就是这件史事的前因后果。事态的发展完全合乎逻辑、不违情理。因此可以说，司马迁从关西的杰出军人一家的悲惨遭遇中，已经听到了自己一生悲剧的不安的音符。

第四节　征服"西南夷"

李敢死后，司马迁继续担任郎中。以后几年，他经常随汉武帝到处巡游，寻找神仙。转眼之间，八年过去了。

　　元鼎六年（公元前 111 年），司马迁 34 岁了，汉武帝见他做事勤谨努力，便任命他为钦差大臣，前往西南少数民族地区督察和慰抚。这是一件十分重要而艰巨的战略任务，弄不好会送命的，以往汉朝的使者在西南地区被野性未驯的夷人杀掉的不在少数。当时的未开化的西南少数民族地区，除了指今天的云南、贵州两省外，还包括今四川宜宾以南，成都以西以北地区，还涉及甘肃东南部、陕西西南一角。这一片地区山川纵横交错，地形错综复杂，交通极其不便，消息非常闭塞，住在那儿的少数民族被称为"西南夷"。西南夷包括十多个城邦小国，都各自称王，不受汉朝节制，其中以夜郎（今贵州省北部桐梓、遵义一带）、且兰（今贵州省凯里市西北）、滇（今云南滇池一带）三国较大，此外还有邛（今四川西昌县）、笮（今四川汉源县）、昆明（今云南大理、保山一带）、斯榆（今四川天全县）等封闭性的微型小国。汉武帝从建元六年（前 135 年）起，就展开了征服这个地区的军事、政治行动，这项行动计划被称为"通西南夷"，即一面派兵讨伐，一面派文臣前往说服当地的土王、领主投降，然后设立郡治，任命汉官。这项行动到元封二年（前 109 年）最边远的滇国被安抚平定，才算完成，前后经历了 26 年。

　　司马迁"奉使西南"是汉武帝"通西南夷"行动的一个重要环节。在他之前，汉武帝已经先后派了番阳令唐蒙、中郎将司马相如、博士公孙弘（后来任御史大夫）共三人出使西南夷地区，取得了相当的成果，司马迁的任务是在他们三人已取得的成就的基础上，做安抚当地的土王势力、设置新的政府机构和任命新官员等工作。在司马迁之后，汉武帝又派外交使者王然宇等去该地区，继续完成司马迁等未了的事情——说服滇国归顺汉朝。

　　这事得从头说起：公元前 135 年（建元六年），司马迁十岁时，汉武帝派兵平定了闽越（今福建和浙江南部一带），随即派出番阳令唐蒙出使南越（今两广和越南一带），宣示汉朝的旨意。自秦末中原大乱以来，南越地区就在赵佗及其子孙的领导下，一直脱离中国独立。唐蒙到了南越，才知道南越西北有个夜郎国，唐蒙回京都后，向武帝建议，如要征服南越国，军队由长沙、豫章（今江西南昌）坐船去，逆水难行，且行到五岭，水路就不通了，不如先征服夜郎，得夜郎精兵，顺水行舟，出其不意，攻打南越。武帝依允，就封唐蒙为郎中将，率领一千多名士兵，以赏赐和威吓双管齐下，使夜郎和其旁边的小国归顺了汉朝，汉朝在那儿建立了犍为郡（其治所在今四川宜宾市西南）。

唐蒙奉命开通到夜郎的道路，他征发巴郡、蜀郡的官吏士兵一千多人筑路，又责令当地派出数万人从陆路和水路转运粮食。他制定严酷的军法，稍有迟延，就用军法处死领队的长官，因而应征的人有的自杀，有的逃跑。巴、蜀两郡人民十分惊恐，有骚动迹象。武帝闻知，便派郎中司马相如去西南责备唐蒙，并发布檄文告知巴、蜀的人民，说明唐蒙的这些做法并非皇上的本意。

司马相如是蜀人，曾用琴声打动富翁卓王孙的女儿卓文君和他私奔，在蜀地传为美谈。此时他受武帝指派，以中郎将的身份于元光元年（前134年）、元光五年（前130年）两次去西南活动，他同时写了两篇著名的檄文：《喻巴蜀檄》和《难蜀父老》，向当地百姓解释皇上的体谅百姓的用心，以消除唐蒙在当地擅自征兵所造成的坏影响。他利用自己在当地的声望，凭借三寸不烂之舌，说动古蜀国附近的邛、笮等小国归顺汉朝，汉朝在其地设十几个县，隶属于蜀郡（成都）。

但因道路阻塞，从巴蜀之地给西南夷地区运送粮食给养等困难问题仍难以解决，假如前方士兵有一千人，而为他们运送供养的后勤人员倒要万人以上；粮食要从几千里外运去，费十几钟（一钟合六石四斗）才能运到一石，换句话说，花费超过实效百倍。因此，驻守西南夷地区的士兵因为疲惫、饥饿、遭遇湿热而死的人很多。后来这些西南夷小邦又渐渐不听话，趁汉朝全力对付匈奴之机，纷纷反叛。汉朝派兵攻打，因交通不便，徒然耗费人力物力，收效甚微。武帝派博士公孙弘前往视察，公孙弘回来后，向武帝报告征伐西南夷的种种困难，说这些小邦情况复杂，君长反复无常，朝廷鞭长莫及。当时正全力在黄河边修筑朔方城堡（今内蒙古的杭锦旗北）以驱逐匈奴，公孙弘被提升为御史大夫后，他利用职务之便，多次建议停止对西南夷的讨伐，理由是西南夷祸害不大，最大的威胁是北方的匈奴。武帝便停止对西南夷的战事，只在那儿设置南夷、夜郎两县，派一都尉镇抚，同时命令犍为郡太守领兵自卫，只守不攻。

到司马迁 19 岁那年（元朔三年，公元前 126 年），历尽千辛万苦回到长安的张骞，带回一项信息，又引起武帝对西南夷的兴趣。他说他在大夏时曾看到邛地所产的竹杖和蜀郡所产的布，而大夏人说那些东西是从身毒（印度）买来的。又说大夏在中国的西南方，非常仰慕中国，只是被北方匈奴所阻挡，所以没法互通，如果能打通从蜀郡到印度的道路，那么从南方去大夏的道路也可以打通了。

于是四年后，也就是前 122 年（元狩元年），武帝开始陆续派遣使者，以实现在西南夷的地区开辟一条通往印度的道路的计划，达到绕道南方联络大夏夹击匈奴的目的。武帝先后派了王然宇、柏始昌、吕越人等十余人，分别从邛和僰（今四川宜宾县西南安边镇）等地出发，从小路经过西南夷地区，探查通印度的道路，他们各行一二千里，但每次探查都以失败告终，或者被未开化的部落拦截杀害，或者被滇王扣留在昆明地区，导致他们不能继续前进。

汉武帝的通印度的理想，直到七百多年后，才由唐朝的僧人玄奘实现。公元 627 年，玄奘为了求取佛教真经，穿过新疆和印度的大沙漠，越过世界屋脊帕米尔高原和大雪山，第二年到达印度，于 640 年在印度见到北印度盟主戒日王，向他陈述大唐国的情况。次年（贞观十五年）戒日王果然派使者通大唐。自汉武帝时代准备通印度却失败以来，这次算是第一次开启了中印外交之门，可说是玄奘之功。

古代的云南确实有一条通印度的道路：玄奘在印度求经学习时，到过今印度东北部，那儿离中国不远，玄奘发现有直路通中国云南。不过沿途极为艰险，兼以瘴气毒蛇，玄奘还是决定不走这条路线回国。

但在汉武帝的时候，由于有滇国从中作梗，由云南通印度的计划更难以实现。这滇国是战国时代楚国的将领庄蹻建立的，当年庄蹻奉楚怀王之命，侵略今天的云南贵州地区，庄蹻完成任务后，却无法回报怀王，因为回去的必经之路巴郡已被敌人秦国占领，庄蹻走投无路，只好留在偏远的云南，划地为王。汉武帝时代的滇王就是他的子孙辈，长期闭塞，不晓中原的事，向汉朝的使者提出一个可笑的问题："汉朝大还是我国大？"使得汉使们笑痛了肚皮。他们只好回朝据实报告，汉武帝听了，感觉十分好笑。

"汉朝大还是我国大？"当时夜郎国王也向汉使提出这个问题，成为千古笑柄，至今还有"夜郎自大"这个成语。

汉武帝初次派使者去云南的十年后，也就是司马迁出使的前一年（元鼎五年，公元前 112 年），南越国真的反了，宰相吕嘉进宫杀死愿意归附汉朝的南越王赵兴、王太后，一并杀了汉朝使者多人。武帝闻报，立即派路博德率兵十万，前往平叛。

在战争进行中，汉朝除了派水师从今湖南、江西南下外，还命令西南夷各国派兵南下助战。小邦且兰带头抗命，并且杀了汉朝的使者和犍为郡太守，邛、筰等小邦也学且兰的样，和汉朝作对。

这时离卫青、霍去病最后一次大规模征伐匈奴已经七年，中原长久没有战事，得到休养生息，要对付南越国，力量绰绰有余。汉武帝于是制订了一个一揽子作战计划，除了灭南越国外，要一并解决西南夷小国。

第二年（元鼎六年，公元前 111 年）初，武帝东行，至左邑的桐乡，前方捷报番禺（南越都城，今广州市）已破，遂在皇帝驻跸处建一个县叫闻喜县（今山西闻喜县西南），数月后，武帝又出行到汲县的新中乡，得报已获吕嘉的首级，又在驻跸处建一个县叫获嘉县（今河南新乡县南）。南越就这样平定了，汉朝在其地设置了九个郡。然后武帝对西南夷动兵，派郭昌等人率人马攻击且兰等小国，杀了且兰、邛和筰等小国的君长，西南夷各小邦受惊之下，纷纷请求归顺汉朝。

第五节　李陵孤军深入

我们前面已经说过，李陵是李广长子李当户的遗腹子，也就是被霍去病冷箭射死的李敢的侄儿、李广的孙子。他生于公元前 134 年，比司马迁小 11 岁，而司马迁则比武帝小 11 岁。李陵曾经任侍中，经常在皇帝左右办事，与司马迁可以说是同事。他善于骑射，爱护士卒，武帝曾命他率领八百骑，深入匈奴境内二千余里。他带回了不少沿途的地形资料，武帝因此封他为"骑都尉"，让他带五千士兵，驻扎在酒泉、张掖的前线，训练士卒，以防匈奴南下。

大宛攻破后，西域各国都畏惧汉朝，纷纷派使者朝见武帝。武帝决定腾出手来，对付匈奴。这年（太初四年，公元前 101 年）正好匈奴呴犁湖单于死去，新单于且鞮侯初立，年少气盛，竟扣留汉朝使者苏武等，汉朝和匈奴的外交和解因此破裂，武帝大怒。

两年后，天汉二年（公元前 99 年），武帝命李广利以三万骑出酒泉攻击匈奴右贤王。匈奴的右贤王管理的地区是匈奴王国的西部，正好面对汉朝的酒泉、敦煌地区。

与此同时，汉武帝召回驻在张掖的李陵，命令他负责征匈奴大军的"辎重"，这等于是后勤支援的任务。但李陵很不服气，他是名将的后代，作战应该独当一面，怎能甘心屈居人下，为这位庸将做后勤工作？

于是，他在武帝面前叩头请求，说他所练的兵，都是来自荆楚的勇士，力能擒虎，射必命中，希望能自成一队，独自作战立功。他自请的任务就是要出奇兵去攻击匈奴的核心地区——单于王庭驻地。

武帝听了之后，便存心让他去做牺牲的诱饵，吸引匈奴主力，以保证李广利的大军出击成功。

于是，武帝听了说："你愿意单独作战，很好！只是我出兵太多，恐怕分不出骑兵给你！"

当时与匈奴作战，非得以骑兵出击，才能稳操胜券。

李陵听了武帝的话，以为武帝信任他，为了不使武帝为难，就勇敢地表态说：

"用不着骑兵，臣愿意以少击众，只要步兵五千，每人携带硬弓强弩，就可以直捣单于的王庭！"

武帝立即答应了他。同时命令路博德带兵于中途负责接应李陵，可是路博德曾经获得"伏波将军"的荣誉称号，于十二年前（前111年，元鼎六年）削平南越，立了大功，这名老将怎么会愿意为李陵这样的后辈接应？

路博德既然不愿意做李陵的后援，就上书武帝，说眼下是秋天，正值匈奴马肥兵壮的时候，不适宜开战，不如等到来春，由他和李陵从酒泉、张掖各带五千骑兵，合击匈奴的东西浚稽山（在今蒙古国北部乌兰巴托之西，鄂尔浑河与图拉河之间，当时匈奴单于带领一批人，分居东西两山），到时必定可以大胜。

多疑的武帝一看路博德的奏疏，就非常生气，他怀疑这本奏疏一定是李陵受命后，又动摇反悔了，才要路博德写的。于是将这奏疏搁置一边，不予采纳。

恰好此时被匈奴俘虏的汉将赵破奴逃回来了，他带回情报说：匈奴正准备入侵西河（在内蒙古自治区和陕西省之间，鄂尔多斯高原西为朔方郡，东即为西河郡，因在黄河西而得名），于是汉武帝就命令路博德立刻带兵去西河守住交通要道，而命李陵九月间动身，从居延出发，到东浚稽山去观察敌情，如果没有发现敌人，就带兵回受降城让兵士休息。

受降城筑于太初元年（公元前104年），在居延之北的蒙古国境内。

就在武帝误会而意气用事之下，李陵率五千步兵从居延出发，加上一些随行慰军的女人出征了。队伍向北行三十天，到浚稽山扎营，李陵把所经过的山川地形绘制成图，并派部下陈步乐先回京城向武帝报告。

陈步乐在武帝面前述说李陵很得人心，兵士都愿为他效死命，武帝非常高兴，陈步乐因而被拜为郎。

第六节　李陵与匈奴单于激战

可是不久，李陵的部队和且鞮侯单于相遇，单于军队大约三万人，是李陵的六倍，而且是骑兵。他们居高临下，在两山之间以大车为掩护，把李陵包围起来。李陵见状，立刻集合部队，在营外摆出阵势，命持戟盾的站在前排，持弓弩的站在后排。匈奴军看汉军人数不多，想以大吃小，都离开掩蔽物向李陵阵前冲来。李陵鸣鼓，只见满天箭雨射向匈奴，匈奴士兵应声而倒，士气大跌，后面的纷纷退回山上。李陵穷追不舍，又杀了数千人。且鞮侯单于大惊，又调来八万多骑加入战斗。李陵一看情势不妙，开始边战斗边向南退却。后来退到一处山谷中。

经过几天连续的战斗，中箭受伤的士兵越来越多，李陵只好让受三处伤的坐车子，两处伤的扶着车子走，一处伤的仍然持兵器作战。有一天，李陵发现有些士兵懈怠起来，意图把随军的女人娶为老婆，战斗力下降了许多。他十分恼火，便把那些女人全杀了。士卒感到害怕，第二天又恢复了战斗力，一战又杀掉了三千多匈奴。

前线不断有胜利的消息传来，汉武帝十分高兴。群臣们也纷纷表示祝贺，并趁机谄媚皇上。有人呼：皇上圣明。也有人喊：皇上得此爱将，天之庇佑也！

匈奴们想：这样硬打下去不行，得改智斗。一次趁李陵军进入了干草中，便顺风点火，想给汉军制造一点混乱。谁知李陵沉着应付，命人将军队四周的草拔掉，这样火就烧不过去。

李陵的军队就这样且战且退，又到了一座山（大概是阿尔泰山的支脉）的山下。匈奴且鞮侯单于在山上扎营，命令他的儿子狐鹿姑率军攻击李陵，汉军在树林中与匈奴军搏斗，因为林中不适合骑兵，汉军占优势，又杀了数千人。李陵又命人发连弩（可连续射击的武器）射单于，且鞮侯单于被迫下山逃走。

这天李陵抓到一名俘虏，据其口供，且鞮侯单于怀疑李陵的军队是汉军的主力精兵，连战不疲，怎么打也打它不败，并且日日夜夜只顾向南跑，似乎在引诱匈奴军队越来越接近汉朝的边塞，且鞮侯单于担心会有汉军大队人马埋伏在汉朝边塞某处，于是考虑要撤兵，但匈奴的各将官都认为，单于亲自率领数万骑，如果打不过几千汉军，日后将如何指挥各部的军队？而且会使得汉人更看不起匈奴。他们建议："现在利用山谷地形，还可和汉军一拼。再过四五十里就是平地，到时候假如还是破不了，再行退兵不迟！"

由于这种唯恐越往南越可能中埋伏的心理，使战事更加激烈，李陵受到的压力比以前更大。匈奴以数量上的优势，一天战数十回合，但李陵军队越战越勇，又杀敌两千。匈奴终于觉悟自己仍然占不到便宜，只好准备撤兵。眼看着李陵的困境马上就要解决，可惜战况又急转直下。司马迁说："汉军不败是由于上天的护佑。"李陵作为一员汉将，却一点也得不到天佑，孤军深入而逢上强敌已经不幸，等到奋勇迎敌并挫其锋芒、降其斗志，马上可以胜利的时候，偏偏自己内部出了问题。

一位主管侦探敌情的军官（军侯），因为被军中某校尉所答责，而投降了匈奴。他把李陵军队的实情向且鞮侯单于报告，他告诉单于，李陵军队其实没有后援，箭也快用完了。领兵的只有李陵和校尉韩延年两人，各自率领八百人，编为敢死冲锋队，分别以黄白旗为帜。他建议单于只要派精壮射手把他们两人射中，汉军不攻自破。

且鞮侯单于获得这个宝贵的情报，犹如死后复生。在没有后顾之忧并深知汉军底细的情形下，再度发动猛烈攻势，而且边作战边指名大叫："李陵、韩延年快来投降吧！"

李陵被困在山谷之中，匈奴在山上占尽地形优势，箭像雨一般从四方八面射过来，但李陵还是神勇地突围，继续南下。可是还没到鞮汗山，所带的五十万支箭已经全部用完了，成倍的敌人尾追不放。李陵不禁大声叹息道："这下完了，战败了！"

他检点士卒，还有三千多人，但手中都只有空弓，没有箭，如何拒敌？随军还有许多车辆，他们索性将其全部毁弃，把车轮拆下来，以车轮上撑着轮圈的直木做武器，军吏持短刀，且战且走，终于到了鞮汗山。汉军都进入一道峡谷中，单于熟悉地形，绕道抄到李陵前面，从李陵军队必经之路的山上投下石块，并堵住前面谷口。汉军士兵被大石头打死不少，而且几乎不得前进，只好在山谷中暂驻。

黄昏后，李陵一人穿着便衣独步出营，交代左右的人不要跟随，他要一个人把且鞮侯单于抓来，他说："大丈夫应当独自一人擒杀单于！"话虽如此，但一出营帐外，便见前后上下，通通是敌人营帐，自知无法杀出。最后，李陵垂头丧气地回来，叹息说："战败了，只有一条死路了！"

部下劝慰着说："将军用少量军队抵抗成倍的敌军，威名已震撼全匈奴国，眼下只不过是运气不好罢了。何妨暂寻生路，将来总可想办法回去，当年的赵破奴战败后被匈奴所俘虏，近年逃回来，天子还不是对他很礼遇，何况是将军您呢？"

李陵断然回答说："请不要说了，我若不战死，如何称得上壮士呢！"

随即李陵下令把所有的旌旗砍断，连同随军所带的贵重东西全部埋到地下。然后召集所有的军吏，叹息道："只要再得到几十支箭，就足够我们突围，可惜我们现在没有兵器，如何再战？天亮以后，恐怕只好坐着受缚了！我看现在大家不如作鸟兽散，各自逃生，有逃得出的，还可以回去向天子报信。"

于是他发给士兵每人二升干粮，并要他们带一块冰，以备饥渴，各走各路，只要能逃得出，都到居延会合。军吏等奉令散去。

到了夜半时分，李陵下令击鼓拔营，鼓却不响，似乎不是好兆头。李陵一人冲在前面，韩延年在后紧紧跟随他，军士们也跟在后面，冒死杀出谷口，后面立刻有数千匈奴骑兵追赶而来。李陵部下的士兵一下子四散了。出谷后奔走才一里多路，李陵等就被敌人追上，因为匈奴的马跑得比人快，敌人将他们重重围困，韩延年战死。李陵环顾部下，只剩下十余人了，便长叹一声："没脸见天子！"只好投降。

主将被擒，匈奴人大概也没有彻底搜寻残兵，因此有四百多人逃回边塞。

第七节　李陵兵败原因

这就是李陵投降匈奴的经过，事后没有一个人在武帝面前为李陵说话，唯有司马迁仗义执言，为李陵辩护，因而受到酷刑。对于此事，历代史家各有各的评论，让我们从客观的立场，分析造成李陵投降的因素。

第一，有人说李陵之所以兵败被俘，是因为他逞英雄主义，只以五千步兵孤军深入，犯了兵法上的大忌。又说在沙漠作战，竟以步兵对骑兵，显然会吃亏，李陵出身将门而明知故犯，当然要败。

但是，我们应当看到，与匈奴作战不是李陵一人的私事，他是为了汉家朝廷卖命，战斗部署的错误应该归到汉家朝廷的头上，将战术失误归到李陵头上是天大的冤枉。任何有志气有才能的人，都不愿意屈居在李广利这样的蹩脚将军下面做事。都想能独当一面，摆脱李广利之流的控制，所以，"五千步兵""孤军深入"是不明智的，但李陵是迫不得已，才出此下策。他的铤而走险是被逼出来的。

第二，李陵最初只要求自成一队，独自作战，为了奖励他的积极性，武帝理应多派他人马，可是武帝反而向臣子叫苦，说"出兵太多，恐怕分不出骑兵给你"，李陵无可奈何，只好提出只需五千步兵就成。他这是为了给主上分忧，却全不为自己的安危考虑。

第三，我们再看武帝所说的"出兵太多，恐怕分不出骑兵给你"是否属实？二十年前，大将军卫青和骠骑将军霍去病出征匈奴的时候，场面大得吓人，两位将军各带五万骑兵，还有四万自带战马和装备的志愿军，跟随在后的步兵有数十万。一年多以后，武帝又发兵攻匈奴，出发作战的骑兵有李广利六万、公孙敖一万，此外，路博德的一万余也可能是骑兵，一共就有七八万之多，可见武帝说无骑兵可派并不是实话，他见李陵要求不多，就故意不给。

第四，最初，武帝还准备要路博德在中途接应李陵，后来因为路博德不愿意，上奏书而引起武帝误会，武帝竟然马上把路博德调到距离李陵预定回军路线很远的西河郡，而仍然要李陵孤军深入敌境，因此可以说武帝在误会、盛怒之下，撤销后援部署，根本是要李陵的军队去送死。在这个专制君主的治下，李陵只有挨整和送死的份。

第五，李陵自报愿意带兵牵制且鞮侯单于兵力时，是说到比较靠南的地方引诱单于的军队，可后来武帝却命令李陵深入浚稽山，浚稽山已经接近今蒙古国的最北边，汉武帝伐匈奴，从未超过这里。而武帝之所以要李陵远去浚稽山，是因为看了路博德的奏折的缘故。该奏折说，秋天不宜攻击，希望来春再和李陵合攻浚稽山。武帝看了此奏折后，心中产生了误会和怀疑，一怒之下，不但取消派军队接应李陵北攻的部署，而且索性派李陵孤军到浚稽山去，这样一来，接应没有了，征途反而更远，叫李陵怎么完成这个任务呢？

第六，根据《汉书》的记载，李陵兵败投降处，离汉军边塞只有百余里，当时，边塞把这消息向武帝报告，武帝听了，心里希望李陵能够死战，但又不知李陵是不是会战死，就把他母亲和妻子召来，教算命的为她们看相，算命的说看不出有"死丧"之色。后来果然又传来李陵投降的消息，武帝甚怒，就责问早先李陵派回来报告前线顺利并因而拜为郎的陈步乐，陈步乐吓坏了，就跑去自杀了。从这段记载可以看出李陵败降之前，武帝就已经知道战场离塞外只有一百多里，可是，他不但不马上派兵驰援，反而有闲工夫叫算命的来看相，看李陵会不会死，这种一开始就预备他死，最后又巴不得他战死的"死亡任务"，李陵实在没法为汉家卖命到底。

本书开头已经说过，当时有一种偏差的地域观念：关西出将，关东出相。关西这个尚武的地区虽然出了不少名将，但他们仍然是被征服的秦人的后裔，不可重用，只能受根子在关东的皇帝和宰相的驱使，为其卖命。在这种偏差的地域观念的作祟下，产生了关西军人李广一家的悲剧。李陵的悲剧是李广家族的悲剧的最后收尾。

武帝就是这样逼李陵兵败异域的。《汉书》记述道："李陵投降匈奴很久之后，汉武帝后悔没有给李陵救援！"他醒悟到，路博德的奏折是关键所在，他对左右检讨此事说，当初处理有错，为李陵安排后援，应当等李陵出塞后，再下令路博德负责去接应，这样就万无一失了。

但是这种后悔根本无济于事，武帝的多疑和随意杀人，使这个悲剧愈演愈烈，终于使李陵流落北地，永不复为汉人。而在这个后悔之前，武帝已经以同一件事制造了另一个悲剧人物——司马迁。

第八节　司马迁为李陵辩护

李陵败降的消息传到汉朝宫廷，不久以前还夸李陵多么多么厉害的大臣们，见到战事突变，立刻换了张嘴脸来咒骂李陵，说李陵本来就不是个好东西，李陵本来就不是个好人。

唯有司马迁在思考，他想，李陵只不过带了五千步兵，就敢深入汉匈多次作战的戎马之地，足踏匈奴王庭之所在，所冒的危险好比把自己当诱饵送入虎口，但他遇到强敌，仍不退缩，敢于向其挑战，和多他好几倍的大军连战十几天，杀敌的数目远超过他本身的能力范围。匈奴被他杀得连救护伤员也来不及，以致举全国之力来围攻李陵，李陵转战千里，战到箭已射完，路也不通了，可是救兵还是没来。从这点来看，李陵并没有辜负汉家，而是汉家辜负了李陵。

再者，司马迁平时观察李陵的为人，就知道他为人至孝，与人交往讲究诚实，遇财物时在取舍之间都合乎正义，对人有礼貌而且恭俭谦让。真没想到他这个英雄，却落到兵败被俘的下场。司马迁认为，这种悲剧的造成应该由汉家负责任。

司马迁那颗赤热的心肠，实在按捺不住想为李陵说几句公平话。可是太史令官秩不高，满朝文武中，哪有他发言的余地？终于机会来了，有一天，汉武帝召集群臣，讨论李陵的罪状。但朝臣们面面相觑，谁也不敢先开口。于是，武帝用点名的方法要臣僚开口，他首先问丞相公孙贺说："葛绎侯，说说你的意见吧！"这公孙贺的夫人是武帝卫皇后的姐姐，有这重关系，他做将军虽无大功，却两次封侯，并由太仆而升任丞相。此刻武帝问到他，他支支吾吾地说道："主上圣明，主上认为该判何罪是决不会错的……"武帝早料到这个尸位素餐的俗吏讲不出什么意见，便把目光转向执金吾杜周。杜周是个出名的酷吏，善于揣摩武帝的心思。此刻他见武帝看他，便立即俯伏奏道："臣以为李陵辜负天恩，刚愎自用，丧师辱国，不能赦罪，其家属也应当连坐。"这几句话正是武帝愿听的。

这两个带了头，其他公卿大臣们，像大鸿胪商丘成、光禄勋韩说等官僚，也就依样画葫芦，都说李陵应重重治罪。本来司马迁是用不着说话的，但武帝既欣赏其文才，又担心这位史臣将来如何落笔，故而特地问到了他。司马迁眼见这批官僚，前两天还盛赞李陵，今天又痛骂李陵，不给他留条退路，早就愤愤不平了。现在武帝主动问他的意见，他逮住机会，决定为李陵说几句好话，也算是仗义执言，于是说道："李陵只率领五千步兵，深入匈奴，孤军奋战，杀死的敌人数量比自己的军队人数还多。在救兵迟迟不到，弓矢都用完了，粮食也没有了的情况下，仍然奋勇杀敌，就是古代名将也不过如此。李陵自己虽然陷于失败之中，而他杀伤的匈奴之多，立下的赫赫功劳，也足以显赫天下了。他之所以不死，而是投降了匈奴，一定是想寻找适当的机会再报答汉室。"

待司马迁说完，群臣噤若寒蝉，只见汉武帝龙颜大怒，斥道："你的语言含讥带讽，似乎在暗示大将李广利没有尽到责任，是吗？李陵叛国投敌，罪不容赦，你和李陵是什么关系，竟要袒护他?"皇上将司马迁的话无限上纲上线，和李广利联系起来，就麻烦了。要知道李广利可是汉武帝当时最喜爱的女人的哥哥，岂能容得外人说他的坏话，即使暗示他无能也不行，攻击李广利就是攻击皇上。因此，司马迁一通大实话，反而给自己带来牢狱之灾。汉武帝当即以攻击污蔑咒骂皇上为罪名，将司马迁打入大牢。

这次对匈奴的战争，皇上的计划是以李广利为主力，李陵的任务不过是战略上帮他牵制匈奴兵力的助攻而已。但是仗打下来的结果，李广利领军从酒泉出发，和匈奴右贤王在天山（在今新疆吐鲁番或哈密一带）大战，据说斩虏万余级，成绩虽有，可是回来的路上却被匈奴包围，好几天断粮断水，死伤甚多，后来还是靠英勇善战的赵充国带领百余人组成的敢死队英勇突围，李广利才率领大军跟着逃出来，不至于全军覆灭，而当初以三万骑出战，回来时已损失了三分之二，总而言之，无战绩可言。

反观李陵，深入敌境，与且鞮侯单于相遇，以区区五千步兵，斩敌无数，几乎牵动匈奴全国，战果显然在李广利之上。

但武帝在军队配备及有关的部署方面，始终是厚此薄彼，即偏重李广利，而轻视李陵的。这是武帝绝不容许任何人触碰的"隐痛"，也是他心虚的地方，可是热心、多情、好正义的司马迁，偏偏去碰了它，无意间去"刺伤"了它。本来，司马迁准备了很充分的说词，想把事实的可能真相说清楚，同时用规劝的言辞排解武帝心中的郁闷，谁知他刚一开口表示同情李陵，并推崇其战果，就使"心虚"的武帝为之震怒。

武帝愤怒地认为他是以称颂李陵来讽刺李广利，所以不让他继续陈述意见就交付狱官审理。

司马迁下狱是天汉三年（公元前 98 年）的事情，而李陵败降匈奴是在前一年的冬天。

司马迁也够倒霉的，蒙冤入狱不算，又落到了当时有名的酷吏杜周手里。杜周对司马迁简直是严刑逼供。司马迁虽然瘦，可也是关中的硬汉子，又有文人气节，哪里肯为了少受些皮肉之苦而认罪。于是就一直困于牢中，等待皇上开恩释放。

第九节　李陵全家被杀

但武帝这方面也有转机，这位皇帝还是有头脑的，他经过一段时间冷静以后，深刻自我反省，醒悟到李陵之所以战败军没，是因为孤军深入，没有后援的缘故。他也想起当初是自己的安排有错误，致使老练奸诈的路博德能够上书愚弄他。于是，他派遣特使，带上一些当时较难得到的物品，去慰劳李陵军队中最后逃回边塞的四百余名士兵。

不过，司马迁的"罪嫌"并未因而消失，他仍待在黑暗的牢狱中等待判决。很不幸，在第二年又有一个天大的误会发生，使司马迁和李陵的悲剧急转直下。

天汉四年（公元前 97 年）春，武帝再次发动天下壮士，分道北征。如前所述，贰师将军李广利，带领骑兵六万，步兵七万，从朔方出发，担任正面主攻的任务；强弩都尉路博德，率万余人为后援；游击将军韩说，率领步兵三万人从五原出发，攻击匈奴。武帝又命令公孙敖将军领骑兵万余人，步兵三万人从雁门出发，寻找匈奴作战。各将奉命后，在金殿向皇帝辞行，皇帝将公孙敖唤到一边，向他耳语道："李陵败降匈奴，听说他有回国的志向，不知是真是假？你如果能利用此次机会，深入匈奴大本营，迎接李陵还朝，你也算不虚此行了。"公孙敖表示一定遵命办到。

由此可见，武帝此时对李陵已完全谅解，而这段时间，司马迁之所以迟迟没有定罪，与武帝这种心情或许也有关系。这个迎接李陵还朝的行动如果成功，可能也会对司马迁的判决产生良好的影响。

汉朝三路兵马陆续出塞，随即有匈奴侦骑飞报且鞮侯单于，单于将老弱辎重都转移到北边，自己带着精壮骑兵十万，屯驻南边，等李广利的兵马到了，双方交战数次，互有杀伤。李广利没有占到半点便宜，他担心军队疲乏和军粮断绝，便带着人马向边塞撤退，匈奴兵却随后追来，恰好路博德带领的后援兵赶到接应，匈奴兵方才退去。李广利也不愿和路博德联兵再进攻，就一同南归。游击将军韩说到了塞外，没有遇到匈奴兵，也随即折回。

公孙敖将军一到塞外，就遇到了强大的左贤王军队，战不多久，汉军损兵折将，匈奴占了上风，形势不利，公孙敖慌忙退兵。他自思自想，回朝后没有什么好的战果可报的，恐怕受处分，不如捏造谎言，回奏武帝，只说从捕得的俘虏口中得知，李陵在匈奴国大受重用，正为匈奴加紧练兵对付汉帝国，所以为臣不敢深入，只好回军。他在武帝面前，把自己"无所得"而回，归因于李陵的资敌行为。

这个假情报实在足够令武帝头昏眼花，他又在暴怒之下抄了李陵的家。李陵的父族、母族、妻族全部的亲戚都被抓了起来。武帝命人先在他们脸上刺字，割掉他们的鼻子，再切掉两脚的指头。在一片呼天抢地的惨叫声中，李陵的亲人被执刑的人用棍子活活打死。这还不够，又把他们的头一个个砍下来，挂在旗杆上，把尸体剁成肉酱丢到集市，任凭百姓拿去饲养猫狗。当时的人类离野蛮状态不远，帝王都嗜血好杀。只有孔子、孟子等圣人才劝人少杀、止杀。

第十节　司马迁受宫刑

武帝杀了李陵全家后，又想到司马迁还在牢里，没有定罪，马上把酷吏杜周找来，命令他立刻判司马迁死刑。于是，可怜的司马迁被判"诬罔"之罪，即"无中生有欺骗皇帝的罪过"，按照汉朝法律，犯"诬罔"罪应当处死。

这简直是晴天霹雳，司马迁本来期望能无罪释放呢！一听到被判死刑的消息，他首先想到的是自己没有完成父亲的遗愿。《太史公书》还未定稿，只是一堆混乱的竹简，就这样死了，如何有脸面去见九泉之下的父亲。

司马迁在思索，如果这次能避免死亡，在有生之年，还可做很多事情，特别是完成这部已经写了一半的《史记》。于是他努力寻找一条免死而出狱的道路。

当司马迁在监狱中努力寻找一条免死出路的时候，李陵案件的事实真相又进一步被弄明白。前96年，武帝改元太始，取与民更始的意思。恰好这年匈奴的且鞮侯单于死了，其子狐鹿姑单于继立，派使者到汉朝报丧，汉朝也派使者前往吊唁。李陵闻知家属被戮，痛苦而困惑地询问一位汉使者："我为汉家率步兵五千，横行于匈奴，以无援而败，我有哪点地方负于汉家？为什么被满门抄斩！"

使者就把原委告诉他，李陵这才恍然大悟，原来他又被误会了，他哪里有为匈奴练兵的事啊！那个为匈奴练兵的不是他，是另一个汉朝的降将李绪。一字之差，使他遭受了人间最大的惨祸！他愤怒地派人把李绪杀了，但因当时李绪在匈奴国的地位在李陵之上，单于的母亲大阏氏闻李绪被杀，就想杀李陵，幸赖单于把他藏在北方，等到大阏氏死了之后才放他回来。单于对李陵甚为礼遇，把女儿嫁给他，立为右校王，居在外，有大事才召回参议。从此，李陵断了归汉之心，胡服胡语，永为异域之人。他恨汉家斩了他满门，他恨"老母已死，虽欲报恩将安归"！

这个真相很快传回汉帝国，已经六十岁的武帝显然发现自己又错了。

也许武帝真有赦免司马迁的意图，早在前97年，他就下令公布一条法令："令死罪人赎钱五十万，减死一等。"

五十万钱究竟是多少？当时发行的是五铢钱，五十万个五铢钱，约合黄金五斤的价值。拿出五十万钱就可免死，是给司马迁一条生路。可是，他父亲当太史令30年，他自己到入狱时也担任了十年太史令，两袖清风，并没有积下什么财富。如果司马迁和张骞一样，干的是实事，当然有钱赎免（当年张骞也犯死罪，就花钱赎免了），但司马迁当的是有职无权的官，干的不是实事，无法弄钱。转向朋友求援的结果，竟是"往日交游的朋友没有一人愿意救他"，"左邻右舍和亲戚来往的人中没有一个替他说话"，谁敢为一个因触怒皇帝而被判刑的罪犯出钱出力？谁又敢保证帮了他的忙以后，会不会惹祸上身？

这条法令看似有一线生机，实际上却对司马迁失去作用。所以此时的司马迁要避免死亡，只有另一条生路——受腐刑以免死。这条法令最早见于五十年前，即汉景帝中元四年（公元前146年），武帝时仍然沿用。

两害相权取其轻，他选择受腐刑以免死。

腐刑就是男人去势的宫刑，因为男人去势后，无法再生育，有如腐木不再生果实，所以称为腐刑。谈到腐刑就会使人想起宦官。其实司马迁以前的古代，受腐刑和做宦官的，与普通人士比起来，并没有如后世那样的受歧视。

大概在天汉四年与太始元年（公元前97—前96年）之间，司马迁下到了蚕室——接受这种刑法的人，畏风怕冷，随时都有生命危险，因此在施刑的牢房当中必须保暖，就好像民间养蚕的屋子一样，所以，受宫刑也叫下蚕室。

受刑后的司马迁，一天之内，要承受多次精神痛苦的折磨，在家独坐，则神不守舍，六神无主，似乎自己已经不在尘世；出门走走，则不知道自己该到哪里去。恍恍惚惚，不可终日。俗话说："病从口入，祸从口出。"只因为多说了几句话就横遭此祸，他那些乡亲们都耻笑他，说他污辱了祖先！他自己也愧对死去的父母，觉得没有面目再去父母的丘墓前祭拜，每念至此，就痛苦万分。这种痛苦的心情，直到五六年后，在他写给朋友任安的信中，才尽情倾吐。

受了腐刑之后，司马迁已不再适宜担任太史令。而武帝这边，李陵案已经过去，他心里明白李陵是被他几次误会所逼，该事件已没有必要再追究下去。他对司马迁感到一丝歉疚，因此，他又把司马迁从狱中调到自己身边工作。

自从太初元年（公元前 104 年）司马迁执笔写《史记》以来，到李陵案发生而下狱时，这项工作已进行了六年。接着在狱中的两三年期间，据说他也没有停止写作，但他的心情已全然改观，并延续到写完为止。李陵案的余响在《史记》中，往往可以闻见，其所受的创伤在书中也有了相当程度的反映。

第十一节 《报任安书》申述为李陵辩护的原因

自司马迁被任命为太史令以后，我们能看到的有关他生平的资料，只有他五十五岁时写给朋友的一封信。这就是《报任安书》。这封信写来荡气回肠，极为感人，千古以来为人们所传颂，是研究司马迁的不可或缺的资料。郭沫若先生根据这封书信写了历史小说《司马迁发愤》。这封信是比《太史公自序》更加富于情感的一篇自序，也等于是把他毕生忍受着的痛苦和无限的愤恨抒发了出来。在这封信里他详细地申诉了自己对李陵事件的看法，以及接受宫刑前后的心态。最后，他还郑重宣布《史记》一百三十篇已经完成了，但是他会把那些书简藏之名山。至于藏在哪儿，他也没有告诉任安。

司马迁写的原信较长，下面选择信中的主要意思，用白话文表述出来：

少卿兄：

前次您给我写信，教我慎于接物，效法古贤，引荐人才，替正直的人说话，语气那么诚恳，好像怨我庸碌无为，与俗人一般见识。我岂敢如此啊！……

最痛苦的事，是因伤心而心碎；最丑恶的事，是侮辱自己的祖宗；最令人轻蔑的事，是一个人受到阉割。受过腐刑的人有很多，也不是现在才有，但他们自古就被人厌恶……即使是个卑贱小人，说起自己受阉割的事也会感到羞耻，何况慷慨激昂的大丈夫！现在我已经成了这个样子，即使朝中再没有人才，也轮不到我这个刀锯下的废物去推荐豪杰呀！……唉，我还能做什么呢？

皇上因为先父的缘故，让我继续担任太史令。为了无愧于这个职务，我谢绝客人来访，不为家庭经营产业，日日夜夜只想着一件事：怎样竭尽全力为朝廷作贡献，争取皇上的信任。谁知命运中却有意想不到的狂风巨浪。

我与李陵，虽然都在朝中，但他是武官，我是文士，交情不多，但我敬佩他的为人。……他和单于交战后，使者来报功，大臣公卿都向皇上祝捷。过了几天，败讯传来，大臣公卿就说他的坏话了。皇上为他的事很不痛快，因此我说了几句宽慰皇上的话，分析李陵失败的原因是矢尽援绝，无可奈何，他对汉朝还是忠心耿耿的。结果呢，一片拳拳之心没有得到好的报偿，却被下狱，判了诬罔大罪，面临死刑，家贫无钱赎死。这时候，平素交往的人中没有一个出来援救，最亲密的朋友也不为我说一句话，都唯恐受连累，皇上左右近侍也没一个仗义执言的。身陷幽室铁窗，面对酷吏狱卒，我向谁呼救？

李陵一家人终于全部遭到诛戮，固然惨不可言。我身受腐刑之后离不开蚕室，也够凄惨的！坦率地说，我担任这个太史令的官职，干的是编写史书和制定历法的差使，地位接近那些占卜的巫师和管祭祀的道士，本来就是供皇上作弄和驱使的，一般人士也看不起我们。如果我就刑赴死，对满朝的文武大员来说，只不过损失了九牛一毛，跟踩死了一只蚂蚁没有什么区别。别人或许还会骂我罪该万死呢！

人固有一死，有的死重于泰山，有的死轻如鸿毛，全在于是否死得其所。因腐刑而死，显然是等而下之了！这样死去比鸿毛还要轻好多倍。猛虎占山为王，陷入陷阱，也不得不摇尾乞怜，这是因为处境改变的缘故。人在狱中，见到狱吏就磕头求饶，见到狱卒就心跳个不停，害怕极了，势所难免呀！

我之所以要在屈辱中活下去，是因为我的使命还没有完成，还没有为后世留下点有价值的东西。古往今来，大富大贵者人死名灭，只有卓越的人才得以风流万世。周公作《周易》，孔子作《春秋》，屈原作《离骚》，都是圣贤发愤才创作，他们心中有郁结，才追往思来，寄大志于书中。我也一样，虽然受辱，却一直在尽我所能，将从古至今的历史编纂成一部书，并总结各代成败兴衰的原因。现在已经理顺归纳为表十篇、本纪十二篇、书八篇、世家三十篇、列传七十篇，总共一百八十篇。我想通过这些文字，探究天地间的规律，研究古往今来的变化，表达出自己独立的见解！我当时甘愿忍受酷刑，而苟延残喘地活下来，就是因为这部书还没有写完。如果我写成的著作能保存下来，流传给那些能够理解我的人，这就是对我的最大安慰了。即使再被杀一万次，我也绝不后悔……

《报任安书》问世后，司马迁也消失了。有一种说法是，司马迁的这封信落到了汉武帝的手里，当时任安已经腰斩。汉武帝看到信中随处流露出的对自己的不满，一气之下，将司马迁也给腰斩了。

第十二节　武帝的家庭悲剧

《报任安书》的背景就是巫蛊之祸。巫就是巫师或女巫。蛊的本意是蛊毒，造蛊之法是把百种毒虫放在一个器皿之中，让它们相食相斗，最后战胜百虫而独存者，就是蛊。如果把蛊放在食物中，会使人昏狂失志。

当时的巫师使用巫术害人也叫"蛊"，巫蛊之祸的"巫蛊"，指的就是这层意思。当时最普遍的巫术手段是将一个木偶埋在地下，当做被

诅咒者的化身，然后祭祀鬼神，诅咒所恨的人，使被诅咒者倒霉，所以
"蛊"也指埋木偶。这种巫术由来已久，而以武帝时最猖獗，这和武帝
信鬼神很有关系。

汉朝历史上所称的"巫蛊之祸"，是指发生在征和二年（公元前91
年）的一次皇室互相残杀的悲剧。早在公元前130年（汉武帝元光五
年），即司马迁15岁那年，就曾经发生过陈皇后以巫蛊被废的案件，
被杀的有三百人。而征和二年这次，死者前后将近20万人，被害的主
要人物是戾太子和其母后卫子夫。

这个悲剧发生的原因有三：

第一，事件发生前三年（公元前94年），武帝的某个夫人生皇子
刘弗陵（即汉昭帝）。因为怀孕期长达十四个月，武帝就命其诞生的地
方为"尧母门"。这个举动使一些奸臣觉得武帝极疼爱这个幼子，可能
会传位给他，于是将要废掉戾太子和卫皇后的谣言四处流传。

第二，武帝严苛而太子宽厚，因此，群臣中心地宽厚的人多数依附
太子，而武帝最亲信的大臣都诽谤太子。自从卫青去世后，卫皇后母子
在朝廷中很孤立，那些反太子的人士组成一个集团，欲加害太子。

第三，当时有一个专门为武帝监视贵戚近臣的情报机构，其头目是
江充，他与戾太子有隙，戾太子早就想除掉他。此时武帝已六十多岁，
江充担心将来要是由戾太子继位，就会对他不利，所以时时等待机会要
加害太子。

在这三种情况之下，戾太子的处境实在是非常危险！不幸的是，这
个时候武帝仍在求神仙，一些方士女巫都齐集在长安为其求福。后来，
有人到武帝面前告密，说某某人诅咒皇帝，武帝大怒，杀了涉嫌的数百
人。但也从此疑神疑鬼，有一次白天睡觉也梦见有数千个木人，持杖来
攻击他。

江充觉得这是个千载难逢的好机会，于是向武帝说他的病完全是巫
蛊作祟，武帝就派他为使者，专门惩治为蛊者。狡猾的江充先到民间大
肆制造冤案，杀了数万人，再回过头来，把矛头指向宫中，说为蛊者不

但民间有，宫中也有。结果真"准"，在戾太子宫中挖出大批的木偶，他说："太子宫中挖到的木偶特别多，又埋有帛书，书上写的都是些大逆不道的话，此事应当详细奏明皇上！"太子最初仍保持镇定，自以为根本没有加害父王的理由，自信稍加解释就可无罪。可是后来因为始终无法与在皇家猎场甘泉宫养病的武帝取得联系，又被江充逼得走投无路，最后只好听从少傅（太子的师傅）石德的话，派人伪装为皇帝使者，搜捕江充，宣布武帝卧病甘泉宫，江充谋反而发兵，并亲自监斩江充。但武帝在甘泉宫误听江充门人的报告，以为太子谋反，于是令丞相发兵与太子交战，双方军队在城中混战五日，死者数万人，血流成河，非常惨烈，结果太子兵败，最后与卫后皆自杀而死。

司马迁的朋友任安，字少卿，早年在大将军卫青门下，卫青后来逐渐失势，卫青的故人多弃他而去，只有任安不变，仍然效命于卫青。

在巫蛊之祸的戾太子事件中，任安担任护北军使者，手中握有兵权，戾太子派人持节到他那里要求发兵助战，他受了节，却毫无动作，没有出兵接应太子。

事平后，武帝赏赐那些抓捕太子的人，把那些为太子助战的人都治以重罪。任安没有帮助太子作战，武帝没有责怪他。可是后来有人上书为戾太子辩护，说太子是在"向前进却见不到皇帝，向后退则被乱臣所困"的情形下，不得已而"儿子盗用父王的兵"，其实并无邪心，武帝终于感悟到太子是冤枉的。父子之情到底比君臣关系要浓厚，于是，朝令夕改，那些与太子作战的人全部变成了罪人，被判重刑。江充虽死，仍被判灭三族，领兵与太子作战的丞相被腰斩，任安当时不帮助太子，坐持两端，准备看谁胜就依附谁，是怀有二心，于是武帝处他死刑（腰斩）。

司马迁接到这封信时，心里相当为难，他实在不愿意再遭到第二个李陵之祸。司马迁也非常明白武帝晚年十分思念太子，悔恨交加，拿臣僚们的生命送上太子的祭坛，给太子报仇，成了武帝化解心中的痛苦的方法。任安的死刑，绝无改判的可能。他要把自己见死不救的苦衷，向老朋友说明，并请他谅解。于是，在征和二年（前91年）十一月，五十四岁的他写了一封长信给任安，即上述的《报任安书》。

信的开头，他自称"太史公牛马走司马迁"，太史公是指他父亲司马谈，"走"是"仆人"的意思，即：为太史公司马谈掌管牛马的仆人司马迁。

信的内容，本书已在前面提到、讲述或引用。至于他不去受刑就死，他的解释是：第一，如果当时就死去，则他的死对当时的社会来说好比是九条牛脱掉一根毛，而且还会被认为是"智力穷尽、罪大恶极"。第二，当时就死，他无法对父亲的写完《史记》的遗命有所交代。这也等于告诉任安，现在的我，已不是单纯的我，我的生命就是《史记》的生命。二者已经合为一体，我就是《史记》，《史记》就是我。我已不是原来的能自主的我。为你"推贤进士"（司马迁在回信中，用以隐指任安来信求援之事的暗语），我可能会因此而丧命，虽然，我可以为老朋友死，《史记》却不可以为你而牺牲。

任安终于被腰斩了，司马迁也在感叹中度完他的余生。

第十三节　武帝下"罪己诏"

写完《报任安书》以后不久，司马迁完成了《史记》。然后，他无声无息地离开了这个世界。有人说，他因写《报任安书》激怒了武帝，被再度下狱，或死于狱中，或被腰斩；也有人说，他的死亡晚于武帝。无论他是怎么死的，他死时，《史记》这部伟大著作已经完成，他的声名凭借这部书，足可以不朽，至于他的有形生命的存在，已无关紧要。

但他的《史记》倒是要比他的下场好。在他死后，他的家人便把《史记》转移藏匿在他女儿家中。女儿的丈夫叫杨敞，在汉昭帝时期，还曾经官至宰相。他们有两个儿子，大儿子名叫杨忠，小儿子名叫杨恽。这杨恽自幼聪明好学，很像他外公司马迁。他母亲便把珍藏的《史记》拿出来，一本一本读给他听。谁知小杨恽很快就被书中的内容给吸引住了，便一字字、一篇篇，非常用心地把《史记》给读完了。他成年以后，还念着这本书，有空就看看。每读一遍都是热泪盈眶，扼腕叹息。他知道这是外公用生命换来的史书，于是立下一个心愿，一定要让它得到天下人的承认。在汉宣帝时，他被封为平通侯后，便上书汉宣帝，把《史记》献了出来。从此司马迁这部巨著才得以重见天日。

那位超级帝王汉武帝，在戾太子事件之后四年（前 87 年），在怀念亲子的心痛中崩逝，享年六十九。临死之前，他下了"罪己诏"，他自己责备自己，说自即位以来，所为狂悖，使天下愁苦，他非常后悔。他承认讨伐匈奴过程中有失误，他宣布："从今天起，所有损害老百姓的事情，和浪费国家财物的举措，全部停止进行。"

武帝册立刘弗陵为太子，但事先赐太子母亲死，以免主少母壮，再发生另一个吕后之祸。刘弗陵即位时年仅 8 岁，朝政大权由霍光执掌。在霍光辅佐下，刘弗陵采取轻徭薄赋、休养生息，对外则与匈奴和亲的政策。因此，刘弗陵在位时，百姓充实，四夷宾服。刘弗陵在前 74 年死去。继位的是戾太子的儿子刘询，号汉宣帝。在位 25 年，创中兴之世。史称刘询聪明刚毅，高才好学，为励精图治，他广开言路，任用贤能，凡封为刺史、太守一类的官员，刘询事先都要亲自接见，当面考察其言行。刘询还下令平狱缓刑，轻徭薄赋，发展生产。在对外关系方面，他巩固了汉武帝开创的成果，在西域设立都护府，使西域正式进入中国版图。汉宣帝以后的元帝、成帝、哀帝、平帝等都是没有作为的昏庸皇帝，西汉帝国在公元 8 年亡于王莽。

第十四节　匈奴族从中国消失

匈奴人进入中原，称王称帝，出于其民族特性，他们无法和其他民族融合。据史载，他们对中原的汉人的杀戮是大批而残酷的，光是战争中的杀戮就数十万计，更不用说战后为巩固政权的种族屠杀了。所以当时北方的汉人大都逃难到南方去了。

历史上有明文记载的，战争中的匈奴人对汉人的杀戮如下：

公元 308 年，匈奴人刘渊称帝，次年迁都平阳，派刘景等进攻洛阳，在延津击败晋军，杀死晋朝民众男女共三万余人。

公元 311 年，刘渊的第四子刘聪派遣石勒围攻宁平城晋军王衍所部，杀死十万余众，复攻晋军李悍所部，杀死晋宗室诸王和官吏数十人。刘聪又派遣呼延晏带领匈奴军攻打洛阳，屡败晋守军，杀死三万余人，后来王弥、刘曜带领的匈奴大军赶至，大举围攻洛阳，洛阳被攻陷，晋怀帝司马炽被俘。匈奴军对汉人大肆杀戮，光都城内的王公士民就杀了三万多人，并纵兵掳掠，烧宫室官府民房，使洛阳城几成灰烬。

公元 316 年，刘聪派遣刘曜攻陷长安，俘虏晋愍帝司马邺，西晋灭亡。刘聪自称大单于，后又夺位称帝。

和汉人作战数百年的匈奴人似乎取得了最后胜利，终于进入了汉人的腹心地区。但他们无法和汉人融合，而他们对汉人的大肆杀戮激起汉人反抗，余下的汉人随时准备消灭入侵的匈奴人。前赵最后的皇帝刘曜被部将石勒杀死。羯族人石勒建立后赵。

石勒为上党武乡羯人，其先祖是匈奴别部，所率部众亦是匈奴人。319 年，石勒称大将军、大单于。330 年，僭号赵天王，行皇帝事，旋即帝位，改元建平。333 年，石勒死去。350 年，后赵的最后一个皇帝石鉴被专权的大臣冉闵杀死。冉闵杀石鉴后，称帝，改国号为大魏，都邺（今河北临漳西南），史称冉魏。

冉闵又名石闵，本为汉人，久处匈奴之中，知胡人不为己用，乃屠灭石氏，杀戮匈奴人。这是又一次种族大屠杀，汉人为了报复匈奴人四十年前的大屠杀，以匈奴人杀汉人的手段屠杀匈奴人。

冉闵屠杀匈奴人从公元 349 年就开始了。据史书记载，该年"冬十二月，石闵（即冉闵）亲率赵人诛杀诸胡、羯，无贵贱，男女、少长皆斩之，死者二十余万"。

冉闵建立的政权大魏（350—352），由于实行种族灭绝，存在时间极短，公元352年为前燕慕容俊所灭。冉魏虽很快灭亡，但它存在期间所杀的匈奴人也够多的了。

因此势力最盛的匈奴族系，经此变乱之后，其在陕西东部实力，亦就大为衰落。久已汉化的匈奴族人，亦因此更加迅速融化于汉族之中。

五胡乱华时代，汉人和胡人（其主体是匈奴人）互相实行种族灭绝行动，这当然是一个悲剧。但最后被消灭的不是汉人民族，而是胡人（匈奴人）的民族。因为汉人的人口是胡人（匈奴人）的一百倍，汉人是很难杀尽的，即使胡人杀尽中国北方的汉人，中国的南方还有大量汉人存在。于是，在这样的种族互相屠杀中，匈奴族被消灭了，或被汉人融化了。

此后匈奴族就从中国史书上消失了。

尾　声

如上文所述，东汉时期，窦宪、班固等带领大军深入漠北扫荡，北匈奴逃往欧洲。南匈奴与汉朝和亲，入居内地。但匈奴等游牧民族仍然是中原心腹之患，后来匈奴和其他胡人（羯、鲜卑、氐、羌等）一起，灭亡了中原的西晋帝国。匈奴人自以为大胜了，便一窝蜂似的涌入中原，不再留在草原上了。但福兮祸所伏，以后，汉人冉闵短暂夺得北方政权，以致人数不多的匈奴人在汉人的反击和屠杀下绝灭。但匈奴的变种突厥人是唐朝的大敌，突厥的变种蒙古人后来入侵中国，建立元朝。

一个伟大的历史时代一定产生伟大的帝王，一个伟大的帝王身边必定有伟大的人物存在。汉武帝刘彻周围既有李广、卫青、霍去病等抗匈奴名将，又有伟大的史学家司马迁，更有凿空西域的探险家张骞。张骞既是旅行家，为中国发现了西域，又是抵抗匈奴的将领，其贡献无人可比。

附 录
班超的故事

一、投笔从戎

班超，字仲升，东汉扶风郡平陵县（今陕西咸阳西北）人。属于关西人。公元 32 年（汉光武帝建武八年），他出身在一个世代是读书人的家庭。家庭住处离长安不远，长安是西汉的都城，那儿还保存了不少西汉的遗存，如西汉的典籍、文物等，近水楼台先得月，这些为一家人的发展准备了条件。

班超的父亲班彪不是朝廷大官，而是当时有名的史学家，曾经续补司马迁的《史记》，作《后传》六十五篇。因他不涉足政界，所以不像司马迁那样后期遭难。他的哥哥班固继承父亲的遗业，在《后传》的基础上，决心用毕生的精力编写西汉的历史著作《汉书》。可是因插足政界，后来死于狱中。以后，《汉书》的未竟之篇，又由他妹妹班昭补充完稿。这样一个学术气氛十分浓厚的家庭，对班超志趣的形成，是很有影响的。父亲的教育、哥哥和妹妹的鼓励，对他生平的导向起决定性作用。

当时，面对北方匈奴的威胁，许多人对匈奴及西域的形势非常关心。也可以说，对匈奴作战的成败，有关汉室的生死存亡。东汉因战败匈奴，得以生存两百余年，后来晋朝一统天下，却亡于匈奴。班氏一家，对汉史有精深的研究，匈奴和西域更是他们研究的重点之一。内容翔实的《汉书》，对匈奴的兴衰消长，以及在各个时期和中原的关系，都有系统详尽的记述。在研究的基础上，班彪和班固都曾提出关于匈奴和西域的对策。班超在对匈奴和西域的研究中，特别佩服张骞和傅介子①，并决心向他们学习，在西域立功封侯。

班超体魄魁伟，仪表堂堂，这和他的家族遗传有关。他很有口才，思维敏捷，具有外交家的素质。特别是，他分析问题深入细致，条分缕析，能使人信服。他为人不拘细节，坚毅勤劳。他从小就和哥哥班固一起跟着父亲读书，但他并不雕章琢句，钻牛角尖儿，而是博览群书，增长见闻，并从中吸收符合自己志趣的有用知识，学以致用。这是他以后在事业上有所作为的必要条件。

公元 62 年（汉明帝永平五年），在班超 30 岁时，他的家庭遭遇了意外的事变，使班超不得不为此奔波。当时哥哥班固发愤编写《汉书》的时候，却有人向皇帝告发，说班固私修国史。在那个时代，私修国史就有毁谤朝政之嫌，就要被判罪。为此，班固被关到监狱里，未完成的《汉书》也被搜去。这对班超一家是一个巨大的打击。这时他父亲班彪已经去世，妹妹班昭年幼，又是个女孩子，班超为了替哥哥辨明冤屈，决定到京城洛阳去，向皇帝说明事实真相。班超的家乡距京城洛阳很远，那时的交通也很不便利，他饱历艰辛，终于来到了京城。班超通过各种关系，见到了汉明帝，他对汉明帝说，他哥哥修《汉书》，目的是颂扬汉德，为汉朝的光荣历史留下记录，并无毁谤朝廷的意思，别人的诬告，是毫无根据的。恰在这时，被搜去的《汉书》未完稿也被送到京城。汉明帝看到班固的《汉书》对当时的朝政并无微词，其中对汉朝的皇帝都有正面的评述，并且，汉明帝对班固的修史才华非常赏识。

---

① 傅介子（？—前 65），西汉北地（今甘肃庆阳西北）人。汉昭帝时，为平乐监，因西域的龟兹、楼兰贵族曾联合匈奴，杀汉朝派去的官员，他奉命以赏赐为名，携黄金锦绣赴楼兰，在宴席上刺杀楼兰王，后封义阳侯。

他下令释放了班固，并把他召到京城，委任他做兰台令史。通过这件事，汉明帝对班超的口才和学识也有了深刻的印象。

由于班固在京城任职，班超和母亲也随之迁居洛阳。京师洛阳是达官贵人聚居之地，他们过着灯红酒绿、纸醉金迷的奢侈生活。对一般百姓和低级官吏来说，却物价奇贵，生活艰难。班固的薪俸相当微薄，母亲和弟弟又要靠他来赡养，生活很难维持。为了帮助哥哥养家糊口，班超便替官府抄写文书。可是对于班超这样有远大志向的人来说，抄抄写写，简直和受刑罚一样，枯燥乏味，苦不堪言。在伏案挥笔、忙忙碌碌之余，班超常常想到自己的远大抱负，驰骋着理想的翅膀。眼下的乏味工作，无疑像牢笼一样锁着他，使他不能展翅飞翔。他越想越气愤，越觉得烦躁。他不爱这项工作，说明这工作对他很不适合，对他的才能是一种束缚。一天，他突然拍案而起，投笔于地，大声叫喊："大丈夫没有别的志向，应当效法傅介子、张骞，在异域立功封侯，哪能总在笔砚间讨生活呢！"周围的人对他这突如其来的举动，先是一惊，继而又发出耻笑声，认为他太狂妄了。班超更加气愤，向左右鄙视了一眼说："你们这些庸庸碌碌的人，哪能理解壮士的志向！"

后来，班超和他哥哥班固一样，也当上了兰台令史这样的小官。这虽然比抄抄写写的差事要好得多，但仍是笔墨生涯，并不符合他的志趣。没多久，他这个兰台令史也因事被免官。公元 73 年（汉明帝永平十六年），汉朝派遣奉车都尉窦固等统领四路大军征伐匈奴，拉开了东汉王朝和匈奴的战争序幕。这次战争，也使得班超由笔墨生涯转向戎马生活。他在战争中找到了发挥才能的机会，他梦寐以求的新生活开始了。

班超跟从窦固北征，在军中任假司马。这一路大军，出酒泉（今甘肃酒泉），北至天山，大败匈奴呼衍王，占领了伊吾庐（今新疆哈密），并设置了宜禾都尉，留士兵在伊吾庐屯田守卫。伊吾庐是匈奴侵扰汉朝的必经之地，也是匈奴通西域的咽喉要道。汉朝控制了它，既可以制止匈奴南进，又可以牵制匈奴与西域各国的联系。有才能的人不会长久埋没，班超在这次战争中初露锋芒，表现出他的军事才能，深得严明的将领窦固的赏识。为了联络西域各国，孤立匈奴，恢复汉朝同西域的友好关系，窦固决定派班超出使西域，并派从事郭恂等 36 人做他的随从。窦固能重用班超，说明他独具慧眼。

经过短暂的准备，班超便率领部下，风尘仆仆地向西域进发。

二、深入虎穴

鄯善国是汉朝通往西域的南北两道的出发点，它在塔里木盆地的最东边，是汉朝通西域的必经之地。班超这次出使，旨在先打通南道，因为南道诸国是匈奴控制的薄弱环节。因此班超这次出使，必须首先联络鄯善。

班超一行经过长途跋涉，越过漫无边际的沙漠，来到鄯善。这时，由于汉朝大军新破匈奴，鄯善失去了依靠，所以对于汉朝的使者非常欢迎。鄯善王给予班超等人很高的礼遇，时常亲自到使者驻地问寒问暖，甚是热情。可是没过几天，又忽然对班超等人怠慢起来。班超看到这种情况，就料定必有原因。于是他对部下说："你们不觉得鄯善王对我们冷淡疏远了吗？"他的部下漫不经心地回答："人家变得冷淡，这跟我们住久了有关，大概没有别的缘故吧？何必多心呢！"班超不以为然地说："据我看，事出有因，一定是匈奴的使者也来到鄯善，鄯善王受到匈奴使者的胁迫，正在犹豫不决，所以对我们也就无形中疏远了。精明的人能觉察到将要发生的事情，何况现在的事情已经很明朗了呢！"

于是，班超把侍候他们的鄯善人找来，出其不意地突然问道："匈奴的使者已经来了几天了，他们住在哪里？"侍者被这突如其来的问话弄得张皇失措，知道瞒不住了，便结结巴巴地承认说："已经来三天了，住在三十里以外的地方。"班超微微地点了点头，下令把侍者关起来，以防止走漏消息。

根据侍者透露的情况，班超很快就拟定了对付的办法。他把 36 人召集到一起，饮酒行乐，等他们喝到酒酣耳热的时候，故意激怒大家，说："你们跟我来到西域，不过是为了建立功业，求得功名富贵，现在匈奴的使者才来三天，鄯善王就对我们如此无礼，如果他把我们绑赴匈奴，我们只好束手就擒，做豺狼的口中物了。你们想想，该怎么办好呢？当年张骞出使西域，途中就被匈奴扣留十一年，回国时又被扣留一年，前车可鉴，我国如今强大了，不能重蹈覆辙。"众人齐声说道："现在处于危险境地，生死关头，我们全听你的。"班超便斩钉截铁地说："不入虎穴，焉得虎子！根据现在的形势，只有趁黑夜用火攻打匈奴使者，才能转危为安。大伙一起干，他们不知道我们人数多少，必然会震惊异常。在他们惊魂未定之时，我们趁机一举歼灭匈奴使者！这样，鄯善王就会闻风丧胆，我们可以大功告成了。"众人听了班超的计划，说道："此事应该和从事郭恂商量才好。"班超听了，怒气冲天地说："成败决定于今天，从事是个怯懦的书生，他听了这个计划，必然恐惧。要是因此走漏了风声，死了也只是个窝囊鬼，这绝不是壮士所干的！""好，就按你的计划行事！"众人一致拥护。

这天夜里，恰巧刮起大风，正是火攻的好时机。班超带领部下奔向匈奴使者的驻地，他命令十个人带着大鼓藏在匈奴使者驻地的后面，并和他们约定，以火为号，看见火起，立即猛力擂鼓，大喊大叫。其余的人都带着兵器埋伏在门旁。然后，班超顺风点起火来，刹那间鼓声叫喊声响成一片。匈奴人生性粗鲁凶猛，但在锐不可当的班超面前，显得十分无能。他们弄不清是怎么回事，无人指挥，乱作一团，纷纷向外逃跑。班超顺手杀了三人，他的部下也杀了三十余人，其余的匈奴人不敢出来，都被烧死。

接着，班超把鄯善王请来，把匈奴使者的人头放在他的面前，鄯善王大为震惊，十分不安，同时对汉人再不敢小瞧。班超就对他好言抚慰，劝他归附汉朝，不要再依附匈奴。鄯善王一一答应，并愿把自己的儿子送往汉朝，作为质子。

班超回去以后，把这一胜利向窦固作了汇报，窦固把班超在鄯善的勇猛杀敌的事迹上奏汉明帝。汉明帝早就对班超的才智有很深的印象，这时又了解到他的勇敢和韬略，认为他是军事上难得的人才，便提升他为司马，派他再次出使西域。

窦固以为班超手下的人马太少，势孤力单，打算再给他派一些兵马。班超谢绝了窦固的好意，说道："只要原来的30多人就够了。如果出现了什么意外的情况，人多了反而是个累赘。"他的意思是，队伍要精，不能滥用庸人，以这36名亲信为骨干，到当地再招募人马。于是，班超仍然率领着36名壮士，又向西域进发了。

班超一行出了玉门关，经过已经臣服中国的鄯善国，来到这次出使的第一站——于阗国。

三、联络于阗和疏勒

于阗是南道的一个大国，善养蚕织绸，经济发达，贸易兴盛，可是，这时已臣属匈奴。匈奴在于阗派有常驻的使节，监护于阗。名为监护，实际上掌握着于阗的大权。这种不利的形势，给班超带来很大的困难。由于有匈奴使者坐镇，于阗王对班超一行的到来比较冷漠，认为中国太远，远水不救近火，还是疏远中国使者吧！这当然是班超意料之中的事情。

于阗本来迷信之风甚盛，人们的生死祸福乃至国家大事，都要求问神巫。有一天，神巫受了匈奴的请托，对于阗王说："大事不好，天神发怒了，他责问道，你们为什么要归附汉朝？汉朝是天神的叛国。汉朝的使者有一匹浅黑色的马，赶快把马牵来杀死祭我，这样才能避免灾难，否则就要大祸临头了！"

于阗王听信了神巫的话，就派人向班超索要那黑马祭神。班超早就看穿了这套鬼把戏，他一点也不怕这个"天神"，并已打定了主意，于是就很痛快地回答说："要黑马可以，为了两国友好，我国不吝惜一匹马，不过需要神巫亲自来牵，一切听凭他处置。"过了不大工夫，神巫以为班超怕他，就大摇大摆地来了。谁知，还没等他开口，班超就手起剑落，斩下了他的头，班超杀人立威，同时破除迷信，他派人提着神巫的头去见于阗王，并晓以利害，对于阗王说："你看看，到底还是大汉使臣厉害？还是匈奴的代言人神巫厉害？"于阗王早就听说班超在鄯善诛灭匈奴使者的事情，十分恐慌，便杀掉匈奴的监护使者，归服了汉朝。班超也把带来的金银珠宝，重赏国王和他的臣子。于阗的老百姓听说已经归顺汉朝，都很高兴，因为他们要学习汉朝织绸的技术。

这样，经过班超等人的努力，鄯善和于阗都摆脱了匈奴的控制，恢复了和汉朝的交往。这时，西域南道的不少小国纷纷和汉朝通好，整个南道的形势已大为改观。

公元74年（汉明帝永平十七年），班超又踏上新的征途，继续向西面的疏勒挺进。

疏勒位于南北两道在西端的会合点，地理位置十分重要，是汉朝和葱岭以西各国交通的必经之路，又是通商的要道，西域各国商人都在此互市财货。不连通疏勒，汉朝西去的道路仍然不通。

此时的疏勒，被北道强国龟兹控制着。龟兹本是音乐之国，但此时的龟兹王是匈奴扶持起来的，他依仗匈奴的力量，在北道称王称霸，并派兵攻破疏勒，杀了疏勒王，另立了一个名叫兜题龟兹贵族来统治疏勒。疏勒人民在兜题残酷野蛮的统治下，过着十分悲惨的生活，因此对兜题非常愤恨。

班超在未到疏勒之前，就周密地分析了疏勒的形势。他率领部下从冷僻的小路进入疏勒，并且神不知鬼不觉地出现在距兜题居住的槃橐城九十里的地方，然后挑选了一个智勇双全的名叫田虑的壮士去招降兜题，并指示他说："兜题本不是疏勒人，由于他的残暴统治，疏勒人对他恨之入骨。现在你去劝他投降，先文后武，他若不肯，你就立即把他抓来，由我处置他。"

田虑只身一人来到兜题的王宫。兜题十分傲慢，他见田虑身材矮小，根本不把田虑放在眼里，因而也并不戒备。田虑劝他投降汉朝，他哪里肯屈服？田虑乘其不备，突然跃上前去，把兜题捆绑起来。兜题的卫士被田虑的突然行动吓得四散逃跑了。田虑把兜题挟在腋下，纵身上马，飞也似的去见班超。班超等人见已捉到兜题，大喜，便策马扬鞭，急奔槃橐城而去。

到了那里，班超把疏勒的文武官员召集起来，向他们宣布龟兹攻灭疏勒的霸道行径以及兜题的种种暴虐行为，并征得疏勒文武官员的同意，废掉兜题，推举新王，经过一番协商，立了被龟兹杀死的疏勒国王的侄子来做国王。疏勒老百姓见班超帮助他们除了一大祸害，非常高兴和感激。

一国不容二主。由于疏勒的上上下下早就对兜题恨透了，所以国王和他的官吏们一致请求班超，要求把兜题立即杀掉。班超对如何处置兜题已经胸有成竹，他这时想起了中国儒家的施仁政的教导，便劝说他们："兜题好比一只被擒的老虎，把他杀掉是容易的，但这样做，对我们或龟兹国都没有什么好处，反而会增加两国之间的仇恨。不如把他放回去，让龟兹也知道我们的威德和仁义。你们西域诸王也领教一下汉国的仁义道德吧！"于是就派人把兜题送回龟兹去。

就在班超在西域取得节节胜利的同时，这年十一月，汉朝派窦固、耿秉等统帅大军进击北道的车师国，与班超相呼应。经过短时间的战斗，降服了车师国。此时，西域的形势发生了很大变化。南道基本打通，北道东西两端也为汉朝所控制。根据这种形势，汉朝决定重新设置西域都护和戊、己二校尉，以陈睦为西域都护，驻扎在龟兹的它乾城，耿恭为戊校尉，屯驻车师后部的金蒲城，关宠为己校尉，屯驻在车师前部的柳中城。

这么一来，由王莽撤销的这些行政机构，这时又得到恢复，汉朝与西域各国的使者往来和货物的交流，又重新频繁起来了，双方都获得很大的好处。

然而这种局面并没有维持多久，由于匈奴的复振，西域的形势出现了逆转，几乎使班超一行陷于绝境。

四、孤军奋战

北匈奴长期奴役西域各国人民，并以西域为基地，对汉朝进行侵扰。对汉朝在西域的节节胜利，匈奴是不甘心的。百足之虫，死而不僵，虽然由于窦固等统帅大军北征匈奴，并且取得了不小的胜利，但是匈奴很快又卷土重来了。

公元 75 年（汉明帝永平十八年）春天，北匈奴全民皆兵，出动了二万骑兵袭击车师，占领了车师大部，车师王素来是个两边倒的人物，这时乘机反叛汉朝。汉朝在车师的势力，只剩下孤立的戊、己两校尉的驻城兵力。

同年八月，坚决抵抗匈奴的汉明帝死去。北道的焉耆等国也趁机背叛汉朝，它们在北匈奴的支持下，出兵围攻西域都护，杀死都护陈睦。龟兹、姑墨等国也多次派兵进攻班超所在的疏勒。班超和疏勒王互为首尾，固守槃橐城，尽管他们兵力单薄，仍然以少胜多，坚守了一年多。

公元 76 年（汉章帝建初元年），决心不大的汉章帝听从了放弃西域的主张，撤销了西域都护和戊、己两校尉，玉门关重闭，刚刚恢复的汉朝和西域各国的交流，又告断绝，繁荣的商业活动受阻，商人纷纷叫苦。同时，汉章帝担心班超等人难以坚持，命令他们撤回汉朝。

班超壮志未酬，但是君命不可违，孤掌难鸣，他只好默默地准备行装，此地终究是他乡，不能久留。

班超一行要离去的消息，迅速在疏勒国传开，引起上上下下的极大恐慌和不安。有一个叫黎弇的都尉素来亲汉，此时悲愤地说："汉朝的使者一旦遗弃了我们，我们疏勒国就会再一次被龟兹灭亡。我们实在不愿意看到这样悲惨的前景，更不忍心让汉朝的使者离去。"说罢，就引刀自杀了。班超听到长期归附汉朝的都尉自杀的消息，十分悲痛，但又无可奈何，只好依依不舍地离开了疏勒。

经过一段艰苦的跋涉，班超一行又来到了于阗。于阗的王侯和老百姓听说班超一行要回汉朝，纷纷呼号悲泣，向班超等人诉说他们的苦衷："我们依赖汉朝使者就像孩子依靠父母一样，你们万万不可离去呀！"不少人匍匐在地，抱住班超等人的脚，苦苦挽留。这时，刺骨的寒风卷起扑面的黄沙，景象凄凉，哭声震野，使人悲痛难忍。班超看到这种情况，脑际又浮现出疏勒都尉自杀的悲壮情景，想到一统西域的志愿还没有完全实现，"大丈夫没有别的志向，应当效法傅介子、张骞，在异域立功封侯"……几年前的豪言壮语又回响在耳际，尤其是于阗父老无论如何不肯让他离开这里。经过短暂的沉思，权衡得失后，班超毅然决定，留在西域。他的理由是：将在外，君命有所不受。于是他抬头挺胸，马鞭子向空中一挥，掉转马头，又向疏勒驰去。于阗人见班超等人如此举动，知道他们决心留在西域，一个个如释重负，欢天喜地地奔走相告。

事情正如疏勒人所担心的那样，在班超离开以后，疏勒就有两座城的首领反叛，投降了龟兹。班超赶回疏勒以后，知道事情紧急，便使出他的惯招，先下手为强，以迅雷不及掩耳之势，捕斩了反叛的首领，使疏勒再度安定下来。

班超再度回到疏勒以后，便坐镇那儿，冷静地分析西域的形势，考虑和筹划今后的出路。这时，形势非常紧急，北道各国仍在匈奴控制之下，但南道各国除莎车以外，都和汉朝通好。虽然这时汉朝已重闭玉门关，放弃西域，暂时中断了联系，但多数西域国家却不愿再受匈奴的统治。因而班超可以联合南道诸国，逐步向北扩展，最后沟通南北两道。要实现这个计划，单靠他所率领的三十几人显然是不行的，可后援无望。经过深思熟虑，班超决定依靠当地的力量组织战斗，这就是以疏勒为基地，联合附近各国，努力打开局面。

公元78年（汉章帝建初三年），班超统率疏勒、于阗、扞弥以及康居诸国的士兵一万多人，一举攻破了姑墨。这是一次一石二鸟的战役。当时姑墨臣属于龟兹，是匈奴在北道最西面的据点。攻下姑墨，一方面解除了从北面对疏勒的威胁，同时也孤立了北道强国龟兹，重建了汉朝的威望。

公元 80 年（汉章帝建初五年），班超上书汉章帝，向朝廷汇报了他在西域的活动，欢欣地描述他孤军取得的胜利，同时分析了西域各国的形势，提出应当采取的策略，并建议汉朝联络乌孙，以牵制匈奴。自从汉朝关闭玉门关以后，朝廷对班超的活动一无所知，以为班超等已经被匈奴扣留了。看到班超的书奏，汉章帝才知道班超不但没有落入匈奴手中，而且在西域取得了很大的成绩，这真是孤军立下的奇功，颇为满意，于是准许他留在西域，继续他的事业。为了加强班超的力量，朝廷也积极行动，派平陵人徐干为代理司马，率领一千余人去增援班超。

援兵来得正是时候，当徐干赶到疏勒的时候，正遇上疏勒都尉番辰受莎车的引诱而发动叛乱，徐干便协助班超，杀掉番辰，迅速平定了这次叛乱。

班超得到徐干带来的一千多人马，声势大壮。以后汉朝又派和恭带来了八百余人，合起来共一千八百余人，力量更强大了。班超凭借这支力量，并联合西域各国的力量，着手执行这段时间早已深思熟虑的计划，那就是：南破莎车，北弱龟兹。

五、调虎离山破莎车

莎车可不能小视。它是南道的一个大国，也是一个强国。在此以前，它曾经征服了大半个西域。当时不少国家的国王都是莎车王派去的，连北道强国龟兹也曾被它征服过。但莎车的强大不能持久，终因它用兵过甚，对各国的压迫剥削过于苛刻，引起各国的怨恨，纷纷杀掉它派去的国王而独立。在各国的围攻中，莎车的力量已经大为削弱了。

莎车本来打算迎接汉使，归服汉朝，但因汉朝关闭玉门关，不再往西域派兵，便迫不得已投降了北道强国龟兹。有了龟兹的支持，莎车便独自称大，不服汉朝，成了沟通南道的一大障碍。

不服就打掉它。经过长时间的准备，在公元 84 年（汉章帝元和元年），班超率领部下一千八百余人，并联合疏勒、于阗等国的兵士，准备大规模地进军莎车。

在班超准备一举大破莎车的时候，意外的情况发生了。原来，莎车已经获得班超要打它的情报，立刻积极防御，同时为了牵制班超的进攻，大肆进行外交活动。莎车派人去贿赂疏勒王，并和他约定，在班超进攻莎车时，让他在疏勒发动叛乱，使班超前后受敌。果然，在莎车的唆使下，疏勒王很快在乌即城发动叛乱。

班超得到这一情报，知道莎车已有准备，为了确保自己根据地的稳定，决定暂时推迟进攻莎车的计划，回头去镇压疏勒王的叛乱。疏勒王在乌即城叛乱后，又联络康居，求得康居的援助。由于疏勒王有康居的援助，双方作战难分胜负，对峙了半年之久，疏勒王成了一个难啃的骨头。班超考虑到他的主要目标是莎车，因而不打算在和疏勒王的斗争中消耗过多的兵力，但长期作战也不可取。他分析敌我形势，认为疏勒王之所以能和他抗衡，主要是有康居的支持，如果失去康居的支持，疏勒王独木难撑，班超就可以消灭他了。于是班超便派遣使者到大月氏，送给大月氏王许多贵重的礼物，让他去说服康居王罢兵。这一招果然很灵，康居王便把疏勒王带回康居国去了，疏勒完全为班超控制了。后来疏勒王又和龟兹勾结，打算用伪降的办法再回疏勒，乘机在疏勒内部捣乱。班超已料到这种诡计，便将计就计，答应他投降。等疏勒王回到疏勒时，班超便把他杀掉。

疏勒内乱已平，就可一心打莎车了。公元 87 年（汉章帝章和元年），班超联络于阗等国，调集二万五千余人，浩浩荡荡，向莎车进军。莎车慌了，急向龟兹求援，龟兹王连忙征集姑墨、尉头、温宿等国的兵力，凑齐五万余人，前来救援莎车。两军各在莎车边界扎下大营。

敌方有五万兵，己方只有二万五千余人，面对力量悬殊的不利形势，不能打硬仗。班超经过反复考虑，决定用计策来争取胜利。他使用的是调虎离山计。他把手下将领和于阗王召集起来，以商议军计为名，分析敌我形势，他故意装出怯战的样子，对大家说：“人家有五万兵力，我们才只有二万多人，怎么能取胜呢？我们不如各自散去吧！于阗王，你带领你的军队向东回国，我们也从这里撤兵，回疏勒去。夜里以鼓为号，听到鼓声，便开始撤退，各奔东西。"消息传开以后，班超悄悄嘱咐看守俘虏的士兵放松戒备，让被俘的龟兹兵士逃回去报告这个虚假的消息。

龟兹王得到逃兵带回来的情报，不禁哈哈大笑。本来他也听到过班超的威名，认为这名汉将不可轻视，可是现在双方还未交手，班超就如此畏怯，要落荒而走，于是骄傲轻敌的情绪油然而生，打算一举战败班超。根据情报，龟兹王作了这样的布置：自己带领一万骑兵埋伏在西路，准备截击回疏勒的班超；另一路由温宿王率领八千骑兵，埋伏在东路，拦击东归的于阗王。布置已定，便分头行动，心想这下子必使班超的军队全军覆没，有来无回。

班超在战场上不是弱者，一切都在他掌握中。他打探到龟兹王和温宿王分东西两路埋伏以后，知道对方已中计，暗暗心喜，便秘密地召集各部的将领，约定鸡叫头遍时赶到莎车的营地，乘它兵力单薄，发动突然袭击。

这时，莎车的阵地上只剩下莎车本国的士兵，因为龟兹王和温宿王各自领兵埋伏去了。莎车的士兵以为班超的军队逃走了，东西两路又埋伏下重兵，他们的任务大概只是等待胜利的消息和痛痛快快地喝顿庆功酒了，于是兵将们都钻进毡帐里睡觉去了。

鸡叫头遍的时候，班超和于阗王率领的二万五千大军，神兵天降似的出现在莎车的阵地上。这时莎车兵将睡得正香，听到一阵阵喊杀声，还懵懵懂懂地不知出了什么事情。结果不战自溃，大半逃散，全军瓦解。莎车王左右只剩下少数兵将，他知道大势已去，孤军难战，便投降了班超。

再说龟兹王和温宿王，他们在东西两路等了一夜，却不见班超和于阗王到来，探马来报莎车王受困的消息，自知中计。本想赶回莎车救莎车王，又怕遭到班超的伏击，便各自回本国去了，无功而返。

经过这场战斗，班超完全达到了预期的目的。他的不可战胜的威名传遍了整个西域。

六、坚壁清野退月氏

在班超攻破莎车，正计划沟通北道的时候，意外的情况又发生了。公元90年（汉和帝永元二年），大月氏副王不甘心葱岭以东全入班超掌握中，便率领七万士兵东越葱岭，来和汉朝争夺西域了。

大月氏是葱岭以西的一个大国。原来它游牧在敦煌至祁连山一带，西汉时被匈奴冒顿单于所破，大月氏王被杀，大月氏余部游牧到葱岭以西，征服了大夏，并据有其地。这里自然条件优越，物产丰富，大月氏很快强盛起来。

原来大月氏和汉朝一直保持着良好的关系。西汉时张骞出使西域，打算联合月氏，共同抗击匈奴。在班超镇压疏勒王的叛乱中，大月氏国王倾向汉朝，曾帮助班超说服康居王罢兵。

公元87年，大月氏国王派遣使者，带着珍宝和狮子来到班超的驻地，向汉朝进贡，并要求娶汉朝的公主做妻子。由于班超没有得到汉朝的指令，不敢擅自做主，所以就拒绝了大月氏王的请求。两国联姻，是国主分内的事，班超怎能决定。但大月氏王十分恼火，便以此为借口向东入侵。

大月氏七万大军压境，而班超能动员起来的力量不过二三万人。由于众寡悬殊，班超的部下十分恐慌。班超却非常镇静。他熟读中国古代兵书，明了用兵之道。他知道"劳师袭远必败"和"三军未动，粮草先行"的道理。他分析了大月氏的弱点，为了减轻部下的恐慌情绪，鼓励士气，他对部下说："大月氏的兵力虽说有七万之众，可是他们远道而来，长途跋涉，翻山越岭，到这里已经是强弩之末，精疲力竭了。再者，它的运输线长，给养补充困难，这是它的致命弱点。它人数虽多，又有什么可怕的呢？人数多，粮食消耗大，如不速战，便陷入死地。只要我们储备足够的粮食，坚守不战，大月氏坚持不了多久，就会因饥饿而投降。不过数十日，胜负自见分晓!"他这番入情入理的分析，使将士们转忧为喜。

于是，班超把粮食、物资都储存到后方，使敌军得不到，在前沿阵地上筑起高垒，作好了迎敌的准备。

大月氏依仗人多势众，满以为可以一鼓荡平疏勒，进而征服西域。当他们来到疏勒的前沿阵地时，并无一人出来迎战。大月氏多次发动进攻，班超指挥的军队奋力坚守，大月氏一步也前进不得，这就是"靠死守疲软敌军"的战略。不懂兵法的大月氏吃了哑巴亏。双方相持了一段时间，大月氏军队随身带来的粮食已经吃光了，国家太远，后方又接济不上，大月氏副王便放纵士兵四处抢掠。由于班超事先早已有了对策，他实行的是严格的"坚壁清野"战略，所有的粮食和军用物资都隐藏起来了，深挖洞，藏备粮。大月氏人一无所获，没有粮食，军队怎么能打仗呢? 饥饿使得大月氏士兵怨声载道，厌战和恐慌情绪笼罩着全军。最后，大月氏官兵饿得无举戟之力了。大月氏副王知道这样下去就等于坐以待毙，于是便想出一个计策，派出使者携带大量财物去龟兹，请求龟兹的接济。

班超料事如神，他早已料到大月氏人粮尽以后，必然求救于附近的龟兹，便预先在大月氏使者必经之路设下埋伏。正当大月氏使者心急如焚地向龟兹前进的时候，突然遭到伏击，全部被歼，使者的首级也被割下来。大月氏副王得知派去的使者被杀，大为惊恐。这时他身陷绝境，进退维谷，只得派人去向班超请罪，但愿得到赦免，让他活着回去。

班超为了不和大月氏结怨，乘此机会重修旧好，便宽容地放大月氏军队回国，不予追击。大月氏得以免除全军覆没的命运。

从此，大月氏检点自己以往的错误，非常感激班超，年年派遣使者向汉朝贡献财物，和汉朝和好如初。

七、"但愿生入玉门关"

班超在统一了整个西域之后，便着手巩固汉朝和西域各国的关系。经过几年的努力，西域各国在摆脱匈奴的残酷统治之后，又医治了战争的创伤，生产也有了发展，特别是畜牧业欣欣尚荣，农业也有发展，天山南北呈现出一派和平兴旺的景象。

班超看到自己大半生为之奋斗所得到的成果，心里十分欣慰。同时，他壮志已酬，他给自己定的奋斗目标已实现了，威名震西域，在他一生驰骋的玉门关以西的广阔的地域，无人敢向他挑战，万里觅封侯的志愿以偿，有"侯"的名分对班超已足够了，难道他想异地裂土称王吗？班超是汉室忠臣，不会有这样的妄图。但是，功成身归的念头，也油然而生。从第一次出使西域，到这时已经过了20多个年头。初到西域时，他还只有40岁，而这时已经是老态龙钟、弯腰驼背的老人了。20多年的鞍马生活，复杂激烈的斗争，生死攸关的拼搏，以头颅做赌注的冒险，举目无亲的孤独，恶劣艰苦的生活环境，使他的健康受到损害。公元100年（汉和帝永元十二年），他给汉和帝写了一封书奏，让回汉朝的儿子班勇带回洛阳。这封书奏大意是说，他思乡之情殷切，但愿早日还归。恐怕风烛残年经不起风霜，一旦倒下，会使后世人有功业已就而身死异域之叹。书奏中有"不敢望到酒泉郡，但愿生入玉门关"两句，词义尤为恳切。这位转战沙场的英雄，在生死关头不曾眨一眨眼，这时却百感交集，不禁老泪纵横了，他早已把生死置之度外，但他不愿埋骨他乡，有叶落归根之意愿。

在专制社会里，帝王对建有功业的臣子，往往采取"飞鸟尽而良弓藏"的态度。因西域已开通，大功已成，朝廷对远处边陲、老病交加的班超也置之脑后了。班超这封书奏送去三年之久，竟无人理睬。班超为汉家的西域事业贡献了毕生精力，功劳盖世，可这时已被他的主子忘却，多么令他痛心！幸而，后来他的妹妹班昭又上书汉和帝，备述班超的功绩和他年老多病的惨状，迫切希望一家骨肉团聚。汉和帝看了班昭的书奏，这才下诏调班超回汉。班超在西域整整 31 年，直到公元 102 年（汉和帝永元十四年）八月，才得以离开异域他乡，以老病之身回到洛阳。当年骑着骏马，雄赳赳离开洛阳，如今归来，已是白发苍苍、步履艰难了。

原来班超已经患有胸痛病，外加各种老年病症，回到洛阳后，见到家人，不免感情过于冲动，身体经受不住，病情更加恶化。就在这年的九月，这位智勇双全、叱咤风云的老英雄便与世长辞了，终年 70 岁。

八、功垂后世美名扬

历史上的杰出人物，之所以能够以显赫的功业传之后人，世世代代为人们所怀念、尊敬，根本的一点是他们的所作所为符合历史发展的需要，反映了广大人民的愿望和要求。时势造英雄，英雄开拓性的创举为后世造福无穷。今天我国"一带一路"的方针路线就是沿着张骞和班超开辟的道路前进。我们现在能得到西域的乐器和水果也得感谢张骞、班超这些沟通东西方的先驱，更不用说今天东西方文化、科学、技术的交流和融合了。客观形势给杰出人物提供了广阔的活动舞台，使他们得以发挥自己的聪明才智，演出光彩照人的史剧来。

从汉武帝时张骞通西域以来，西域各国和汉朝长期保持着良好的密切关系。这种关系促进了西域和中原地区的经济发展和文化交流。但王莽篡汉，政策失度，通西域的道路又闭塞了。东汉王朝建立以后，经过 40 余年的稳定发展，社会经济逐渐繁荣起来，军事力量也随之壮大，再通西域才成为可能。班超在西域各国各族人民的支持和帮助下，终于恢复了历史上早已存在的良好传统，迎来了中西交通史上继西汉以后的又一个繁荣时期。但这种局面，如果没有班超这样的孤胆英豪，恐怕也难以实现。班超是张骞第二，但后来没有产生更多的张骞、班超式的英豪，令人惋惜。

《后汉书·西域传》曾生动地描写当时的景象：在通往汉朝的大道上，西域各国的使节乘马来来往往，四方客商成群结队络绎不绝。这条大道像一条长长的纽带，把中原和西域、汉族和西北各少数民族，以至中亚西亚各国联系起来。通过彼此交往，加深了相互之间的了解，促进了经济和文化的发展。通过这条道路，中国和康居、大月氏、条支（在今伊拉克境内）、身毒（今印度）、安息等国建立了友好关系。这说明中国和中亚、西亚、南亚之间的道路都已打通，建立了国与国之间的关系。公元98年（汉和帝永元十年）班超派甘英逾越葱岭，出使大秦（即古罗马帝国），直达地中海东岸，成为我国到达地中海海岸的第一人。令我们惋惜的是，甘英的冒险精神还不够，不然的话，东西方两大古代文明——中国和罗马之间就建立正常的外交关系了。

班超个人的外交、军事才能，坚韧不拔的奋斗精神，无比的勇敢固然是他成功的原因，而他知人善任，能容人之过的品质，也是他成功的重要原因之一。班超在西域度过了三十余年的鞍马生活，驰骋不下几万里，加之气候恶劣，斗争频繁，若没有远大的志向和坚强的毅力，简直是不可思议的。

班超能容人之过的可贵品质，有一个小故事足以说明问题。公元78年（汉章帝建初三年），汉朝按班超的建议联络乌孙成功，朝廷派一个叫李邑的人，护送乌孙使者回国。在他到达于阗的时候，正值龟兹攻打疏勒，吓得他不敢前行。他为了掩盖自己的怯懦，恶人先告状，反而上奏诬蔑班超拥娇妻、抱爱子，在西域享乐，忘记了汉朝。班超听到以后，只是摇头叹息，但他又担心朝廷真的会因此怀疑他，妨碍他功业的实现，便毅然把妻子送回汉朝。汉章帝知道班超在西域的处境，不相信李邑的诬陷、并下诏责备李邑，同时下诏说，李邑是否留在西域，由班超决定。班超并未借此机会为难李邑，或给李邑穿小鞋，而是仍让他回到洛阳。对这种处理，部下徐干有些不解，并劝班超说："李邑以前诬蔑你，企图破坏你的功业，现在有皇帝的命令，为什么不把他留下来，给他点颜色看看，让他畏惧呢？"班超不以为然地说："你这话说得不对。正因为他诬蔑我，我才派他回京城，我自问无愧，还怕别人造谣么？我若快一时的私意，把他留下，故意整他，未免显得器量太小了。"这件事说明，班超之所以能够率领部下，在艰苦的条件下，同心同德，长期奋斗，其容人之量，也是一个重要原因。

班超为了开通西域，密切汉族和西北各少数民族的关系贡献了毕生的精力。他在西域的创举，他为我国历史的发展和统一做出的贡献，长期以来人们均给予他很高的评价，并称颂他的功绩"拔乎傅介子、张骞之上"，这并非虚誉。后世人在他的家乡建立祠堂纪念他，正表现了对他的尊敬和怀念。①

---

① 这一篇写作中参考了魏连科先生写的《班超》，特此致谢。

参考书目

[1] 司马迁著：《史记》。

[2] 班固著：《汉书》。

[3] [日] 桑原骘藏著：《张骞西征考》，商务印书馆 1934 年版。

[4] 闵玉如著：《班超 附张骞》，正中书局 1936 年版。

[5] 杜呈祥著：《张骞 苏武》，青年出版社 1946 年版。

[6] 谭一寰著：《张骞的故事》，少年儿童出版社 1978 年版。

[7] 冯惠民编著：《张骞通西域》，中华书局 1979 年版。

[8] 彭卫著：《张骞》，陕西人民出版社 1981 年版。

[9] 蔡泽华译注：《张骞 李广利》，中华书局 1983 年版。

[10] 玉恒著：《张骞西域探险记》，河北人民出版社 1980 年版。

[11] 周建新著：《张骞》，花山文艺出版社 2000 年版。

[12] 辉煌前程编：《张骞传》，学苑音像出版社 2004 年版。

[13] 周国汉著：《张骞大传》，宁夏人民出版社 2007 年版。

[14] 陈绍棣改编：《张骞》，人民美术出版社 2010 年版。

[15] 姜正成著：《出塞英雄——张骞》，海潮出版社 2014 年版。

[16] 魏连科著：《班超》，中华书局 1981 年版。

[17] [苏联] 古米廖夫著：《匈奴史》，载《莫斯科》杂志，约 20 世纪 60 年代出版。

汉武帝画像

张骞石像

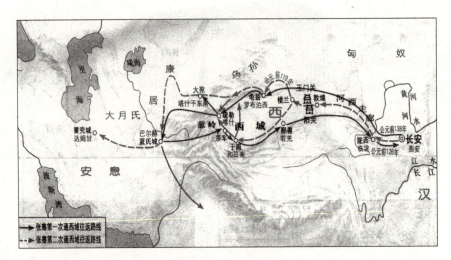

张骞出使西域路线图

与西域各国结盟